青少年道德养成教育

祖国在心中

徐红梅　孙卫红 ◎ 主编　　封士香　吴金亮 ◎ 编

QINGSHAONIAN DAODE YANGCHENG JIAOYU
教育
经典宝书

华龄出版社
HUALING PRESS

图书在版编目（CIP）数据

青少年道德养成教育 / 徐红梅，孙卫红主编 . -- 北京：华龄出版社，2021.12
ISBN 978-7-5169-2151-7

Ⅰ . ①青… Ⅱ . ①徐… ②孙… Ⅲ . ①品德教育－中国－青少年读物 Ⅳ . ① D432.62

中国版本图书馆 CIP 数据核字 (2021) 第 269125 号

选题策划	人文在线	责任印制	李未圻
责任编辑	高志红	装帧设计	颀曈书衣

书　名	青少年道德养成教育	作　者	徐红梅　孙卫红
出　版 发　行	华龄出版社 HUALING PRESS		
社　址	北京市东城区安定门外大街甲 57 号	邮　编	100011
发　行	（010）58122255	传　真	（010）84049572
承　印	三河市龙大印装有限公司		
版　次	2023 年 9 月第 1 版	印　次	2023 年 9 月第 1 次印刷
规　格	710mm × 1000mm	开　本	1/16
印　张	24	字　数	250 千字
书　号	ISBN 978-7-5169-2151-7		
定　价	98.00 元（全五册）		

前言

PREFACE

人民有了信仰，民族才有希望，国家才能有力量。中华民族的伟大复兴不单单需要丰富的物质能力，更需要强大的精神力量。进入新时代，中华民族的伟大复兴正处于一个关键的节点，在这个关键时刻更需要统一思想，达成共识，汇聚力量。爱国主义是中华民族的民族心、民族魂，是中华民族最重要的精神财富，是中国人民和中华民族维护民族独立和民族尊严的强大精神动力。

2019 年 4 月 30 日，习近平总书记在纪念“五四运动”100 周年大会上强调，“当代中国，爱国主义的本质就是坚持爱国和爱党、爱社会主义高度统一”。《中华人民共和国宪法》第一条明确规定：“社会主义制度是中华人民共和国的根本制度。中国共产党领导是中国特色社会主义最本质的特征。禁止任何组织或者个人破坏社会主义制度。”2019 年 11 月，中共中央政治局召开会议，审议了《新时代爱国主义教育实施纲要》。会议强调指出：要坚持全员全过程全方位育人，在广大青少年中开展深入、持久、生动的爱国主义教育，让爱国主义精神牢牢扎根。可见对青少年开展爱国主义教育意义深远。那么，如何在学校有效开展爱国主义教育呢?

第一，要让爱国主义教育形成体系。爱国主义教育要与文化课教材相结合，使其有机融为一体，由浅入深，根据学生成长的不同阶段的认知特点，分步实施。要完善中小学课程体系，充分利用语文、思想品德、科学等课程媒介，对学生进行爱国主义教育。

> 爱国，是人世间最深层、最持久的情感，是一个人立德之源、立功之本。孙中山先生说过，做人最大的事情，"就是要知道怎么样爱国"。我们常讲，做人要有气节、要有人格。气节也好，人格也好，爱国是第一位的。
>
> ——2018年5月2日，习近平在北京大学师生座谈会上的讲话

第二，要把爱国主义教育贯穿于整个学校教育的全过程。爱国主义教育是一个长期的过程，不可能一蹴而就，因为一个人的成长是一个长期的过程，其对问题的思考角度、方法也在不断变化，对外界信息的接受能力也在不断增强。外界信息不仅包括积极、向上的正向信息，也包括消极、堕落的负向信息。人在成长过程中，除了会得到正向信息的引领、同化外，也会受到负向信息的诱惑、腐蚀。爱国主义教育，如逆水行舟，不进则退。这就要求在学校教育阶段，必须把爱国主义教育贯穿始终。

第三，要充分发挥现代媒体的作用。现在，除传统的纸质媒体外，随着电视、互联网、手机的普及，学生自我主动教育已经变成了现实。国家相关部门要引导文化产业多创作一些宣传社会正能量的作品，如影视、音乐、游戏等，充分利用现代媒体的作用，正确引领社会风尚，要把"尚真、尚善、尚美"的主流价值观深深植根于学生的心中。

第四，要充分发挥爱国主义教育基地的作用。爱国主义教育基地要面向青少年学生免费开放。收费会阻碍青少年接受爱国主义教育的机会，影响爱国主义教育基地作用的充分发挥，违背了国家建立爱国主义教育基地的初衷。因此，必须将这些爱国主义教育基地免费向社会开放，向青少年开放，争取有更多的人能接受爱国主义教育。

今日青少年，明日接班人。作为教师的我们，一定要做到全员全过程全方位育人，在广大学生中开展深入、持久、生动、有效的爱国主义教育，让爱国主义精神牢牢扎根。

2020年8月

目 录

CONTENTS

01 辉煌史

HUI HUANG SHI

02 屈辱史

QU RU SHI

03 奋斗史
FEN DOU SHI

04 扬发展
YANG FA ZHAN

05 中国梦
ZHONG GUO MENG

01 辉煌史
HUI HUANG SHI

五千年历史文化的中华大地

中国、古埃及、古印度和古巴比伦是世界“四大文明古国”，只有中国的文明自始至终从未中断，绵延至今。

在若干万年前，中华民族的祖先就劳动、生息、繁衍在这块土地上。在距今7000年前的新石器时代中期，黄河中游一带生活着一群黄土地的儿女，他们在这里开始了中国最早的旱作农业，中华文明的航船从此扬起了风帆。从很多考古遗迹中发现，大约在5500年前，中国就已经有了稻作文化、彩陶文化以及干栏式木屋建筑，干栏式建筑直到20世纪50年代在中国海南黎族聚居区仍能看到。黄河流域、长江流域、东南沿海、西南地区和北国牧场都在这一时期先后跨入文明的门槛，以各自特有的文化共同创造了中华文明。

公元前2070年，中国历史上第一个王朝——夏王朝建立。继起的商朝是中国历史上第一个有文字记载的朝代，这时的中国已进入高度发达的青铜时代，有相当发达的农业和手工业。之后周人代商而有天下。中国最早的这三个朝代，是先后建立政权、相互继承的王朝。之后的春秋战国是中国历史大动荡、大变革的时期，当时社会经济迅速发展，在思想和意识形态领域开始了诸子争辩、百家争鸣的中国古代学术辉煌的时期，出现了孔子、墨子、庄子、老子等一大批思想家。诸子百家的思想不断被后人继承和发展，进而对后来的社会意识形态产生深远的影响。

公元前221年秦始皇统一六国，建立了中国历史上第一个统一的多民族共融的中央集权制国家，把所辖疆域泛称为“中国”。之后又经历汉、三国、晋及南北朝、隋、唐、五代十国、宋、辽、金、西夏、元、明、清、民国等朝代或时期。但是无论朝代怎样更迭，“中国”的专称从未改变过。几千年来中国人民依靠自己的勤劳和智慧，创造了举世瞩目的华夏文明。中国的科学技术从春秋战国时起的两千多年时间里一直领先世界：战国时的《黄帝内经》是世界医学发展史上的里程碑；那时的“干支记日法”沿用至今；汉朝的造纸术、晋朝的火药、宋朝的指南针和活字印刷术，这四大发明为人类文明做出了巨大的贡献；中国的瓷器、丝绸、茶在世界上享有极高的声誉；从1405年起，郑和率领当时世界上最大的远航船队七下西洋，在世界航海史上留下了划时代的印记。上下五千年，悠悠华夏史，中华民族创立的灿烂辉煌的文明，永远是华夏儿女的骄傲。

中国历史朝代歌

中华民族历史悠久
炎黄子孙不忘源流
尧舜禹　夏商周
春秋战国乱悠悠
秦汉三国晋统一
南朝宋齐又梁陈
北朝又分魏齐周
隋唐五代又十国
宋辽夏金相并存
元明清朝帝王休
民国三十又八年
苦难煎熬到了头
一九四九得解放
五星红旗飘神州

秦始皇和他的帝国

公元前 221 年，秦始皇嬴政结束了长达 250 多年的诸侯纷争的战国时期，建立了中国历史上第一个统一的多民族共融的中央集权制国家——秦朝。秦始皇统一了文字，统一了度量衡，统一了货币，建立了郡县制度。由他奠定的封建国家框架在以后的 2000 多年中一直被沿用。他在十几年的时间里组织数十万人在中国北部修筑了绵延 5000 千米的长城，并在生前就开始修筑庞大的陵墓。1974 年发现的秦兵马俑震惊了世界。8000 个如真人大小的陶俑、陶马和战车栩栩如生，被誉为“世界第八大奇迹”。

钢铁长城

早在战国时期，这个浩大的修筑工程就已经开始了。秦始皇统一六国后，为了防止匈奴的入侵，动用了近百万人来修筑长城。这条长城以六国时秦国、赵国、燕国北部的原为防御匈奴而修筑的旧长城为基础，修葺、增补，同时又建造不少新的城墙，将它们连接起来，使之屹立于秦王朝的北方。这条长城西

长城

起临洮，东至辽东，沿广阔的黄河流域，依陡峭的阴山山脉，行经内蒙古草原，蜿蜒曲折，全长约5000千米。这不仅保证了中原王朝的完整统一，也为后世留下了一道天然的屏障。

秦兵马俑

秦兵马俑

秦兵马俑是古代墓葬雕塑的一个类别。古代实行人殉，奴隶是奴隶主生前的附属品，奴隶主死后奴隶要作为殉葬品为奴隶主陪葬。兵马俑即用陶土制成兵马（战车、战马、士兵）形状的殉葬品。

秦始皇兵马俑，简称秦兵马俑或秦俑，位于今陕西省西安市临潼区秦始皇陵以东1.5千米处的兵马俑坑内。据《史记》记载，秦始皇陵由丞相李斯主持规划设计，大将章邯监工，修筑时间长达39年之久，兵马俑是修筑秦陵的同时制作并埋入随葬坑内的。1974年3月11日，兵马俑被发现；

兵马俑坑

1987年，秦始皇陵及兵马俑坑被联合国教科文组织批准列入《世界遗产名录》，并被誉为“世界第八大奇迹”。至今已有200多位各国国家领导人参观访问，成为中国古代文明的一张名片。

汉代和“丝绸之路”

公元前206年，刘邦建立了汉王朝。汉代的农业、手工业、商业都有了极大的发展，人口也达到5000万。汉武帝刘彻在位期间（前140—前87年）是汉王朝最为强盛的时期，他使中央政权实际控制的地方从中原扩展到了西域（今新疆及中亚一带）。他派使臣张骞两次出使西域，打开了从长安（今陕西西安）经新疆、中亚直抵地中海东岸的道路，被称为“丝绸之路”，中国绚丽的丝织品经此源源西运。随着东西方交往的密切，佛教也于公元一世纪时传入中国。公元105年，蔡伦总结了民间造纸的经验，改进了造纸术，使人类的书写材料发生了根本性变化。

丝绸之路

丝绸之路，简称“丝路”，是指西汉（前202—8年）时，由张骞出使西域开辟的以长安（今西安）为起点，经甘肃、新疆，到中亚、西亚，并连接地中海各国的陆上通道。因为这条路上主要贩运的是中国的丝绸，故得此名。

1877年，德国地质地理学家李希霍芬在其著作《中国》一书中，把“从公元前114年至公元127年间，中国与中亚、中国与印度间以丝绸贸易为媒介的这条西域交通道路”命名为“丝绸之路”，这一名词很快被学术界和大众所接受，并正式运用。

狭义的“丝绸之路”一般指陆上丝绸之路，广义的“丝绸之路”除了“陆上丝绸之路”，还包括“海上丝绸之路”。

丝路商队

"海上丝绸之路"是古代中国与外国交通贸易和文化交往的海上通道，该路主要以南海为中心，所以又称"南海丝绸之路"。"海上丝绸之路"形成于秦汉时期，发展于三国至隋朝时期，繁荣于唐宋时期，转变于明清时期，是已知的最为古老的海上航线。

海上商队

2014年6月22日，中国、哈萨克斯坦、吉尔吉斯斯坦三国联合申报的"丝绸之路：长安—天山廊道路网"成为首例跨国合作而成功申遗的项目。

关于"丝绸之路"的发展，背后还有一个的故事——《一件"长袍"》。古罗马恺撒大帝去剧场看戏的时候，他身上所穿的那件绚丽夺目的长袍，震惊了在场的所有观众，大家目不转睛地盯着皇帝的新装，赞不绝口，一番打听之后才知道，原来那件漂亮的长袍是用中国丝绸制作而成的。也就是从那个时候开始，欧洲各国都开始用中国丝绸制作衣服，中国丝绸也成了当时最珍贵的衣料，等同于黄金的价值，那时人们都把中国称为"丝绸之国"。

唐代盛世

汉之后又经历了三国、晋、南北朝、隋等朝代，到了公元618年，李渊建立了唐朝。李渊的儿子唐太宗李世民（626—649年在位）实行一系列开明的政策，把中国封建时期的繁荣昌盛推向了顶峰：有发达的农业、手工业和商业，纺织、染色、陶瓷、冶炼、造船等技术也都有了进一步的发展，全国水陆交通纵横交错。7 世纪 60 年代，中国的力量不仅在塔里木盆地、准噶尔盆地、伊犁河流域牢牢扎根，甚至扩展到中亚的许多城邦。中国与日本、朝鲜、印度、波斯、阿拉伯等许多国家建立了广泛的经济和文化联系。

贞观之治

唐太宗

“贞观之治”是指唐太宗在位期间的清明政治。唐太宗继承了唐高祖李渊制定的尊祖崇道的国策，并进一步将其发扬光大，运用道家思想治国，取得天下大治的理想局面。其间唐太宗能任人廉能，知人善用；广开言路，尊重生命，自我克制，虚心纳谏，并采取了以农为本、厉行节约、休养生息、文教复兴，完善科举制度等政策，使得社会出现了安定的局面。他还大力平定外患，并尊重边疆各族风俗，稳固边疆。当时年号为“贞观”（627—649 年），故史称“贞观之治”。这是唐朝的第一个治世，同时为后来的“开元之治”奠定了厚实的基础。

开元盛世

“开元盛世”又称“开元之治”，是指唐朝在唐玄宗李隆基的治理下出现的盛世。

唐玄宗登基以后以道家“清静无为”的思想为宗旨提倡文教。在政治上任用贤能，改革官职，整顿吏治，励精图治，使得唐中期的朝政趋于稳定，为

唐玄宗

以后经济的发展和恢复奠定了基础。

唐玄宗先从经济方面改革。为了增强国力，加大财政收入，他制定了新的经济措施打击豪门士族，解放劳动力；改革实施封建制度，以增加政府财政收入，减轻人民负担；打击佛教势力，淘汰僧尼；大力发展农业。

唐玄宗还对兵制进行了改革，采取了其他很多的整军措施，在边境地区大力发展屯田，提高军队战斗力，扩张疆域。对外实行和解的民族政策，改善民族关系，使国家得到进一步统一。同时，开元年间和睦的民族关系对于社会稳定和经济发展也起到了很大的促进作用。

由于唐玄宗采取了一系列积极的措施，加上广大人民的辛勤劳动，使得唐朝的经济迅速发展。此间，唐朝在各方面的发展都达到了极高的水平，国力空前强盛，社会经济空前繁荣，人口也大幅度增长，天宝年间唐朝人口达到8000万人，国家财政收入稳定。商业十分发达，国内交通四通八达，城市更为繁华，对外贸易不断增长，波斯、大食商人纷至沓来，长安、洛阳、广州等大都市商贾云集，各种肤色、不同语言的商人身穿不同的服装来来往往，十分热闹。此时，唐朝进入全盛时期，中国封建社会达到顶峰。因当时年号为“开元”，史称“开元盛世”。

四大发明

2007年，英国《独立报》评出了改变世界的101项发明。中国古代科技的四大发明：造纸术、印刷术、火药、指南针赫然在列。中国古代的四大发明在宋元时期相继传入世界各地，对世界文明做出了巨大贡献。

造纸术

西汉初年我国发明了造纸术。1986 年，甘肃天水放马滩出土的汉景帝时期的纸，是迄今所知最早的纸。公元 105 年，东汉蔡伦改进了造纸术，时称“蔡侯纸”。造纸术是书写材料的一次伟大革命。

> 蔡伦，字敬仲，桂阳人也。……伦有才学，尽心敦慎，数犯严颜，匡弼得失。……伦乃造意，用树肤、麻头及敝布、鱼网以为纸。元兴元年奏上之，帝善其能，自是莫不从用焉，故天下咸称“蔡侯纸”。
>
> ——《后汉书·蔡伦传》

印刷术

隋唐时出现了雕版印刷。868 年印制的《金刚经》是世界上现存最早的雕

造纸术

印刷术

版印刷品。11 世纪初，毕昇发明了活字印刷术，比欧洲早了 4 个多世纪。中国印刷术东传朝鲜、日本，西传埃及、欧洲。印刷术的发明，对于人类文化的传播和保存，是一个重大贡献。

宋元时期，我国已有套色印刷技术。山西应县木塔内发现了辽代的红、黄、蓝三色佛像版画，这是目前发现的我国最早的雕版彩色套印印刷品。

火药

我国古代炼丹家发明了火药。唐中期的书籍中记载了制成火药的方法，并于唐末运用于军事。南宋时发明了“突火枪”，13 世纪火药传入阿拉伯和欧洲。火药的发明和传播，改变了中世纪的战争模式，在军事上具有划时代的意义。

指南针

我国战国时期人们制作出了指示方向的仪器——“司南”，后来用磁石指南的原理制成了指南针。北宋时期指南针开始运用于航海。13 世纪指南针传入阿拉伯和欧洲。指南针的发明和传播，为欧洲航海家探索新航路提供了重要条件。

火药

司南

知识拓展

中国古代的伟大发明

5000 年前，伏羲发明了二进位制；

公元前 2800 年，发明了绳索；

公元前 2400 年，发明了赤道式天文仪；

公元前 14 世纪，发明了十进计数制；

约公元前 3300 年，发明了第一种颜料——漆；

公元前 1000 年，发明了米酒；

公元前 8 世纪，发明了弓箭；

公元前 6 世纪，发明了铁犁；

公元前 6 世纪，发明了大定音钟；

约公元前 589 年，发明了长明灯；

公元前 550 年，发明了算盘；

公元前 5 世纪，发明了地毯；

约公元前 4 世纪，发明了石油照明法和天然气照明法；

公元前 3 世纪，发明了立体地图；

公元 2 世纪前，张衡发明了地动仪，华佗发明了麻沸散并创编五禽戏；

1500 年前，祖冲之发明了圆周率。

★★★★★

02 屈辱史

QU RU SHI

中国是一个文明古国，拥有 5000 多年的悠久文化与文明史，作为炎黄子孙，我们感到无比自豪。但在历史的长河中，她也有屈辱的一面。

鸦片战争

第一次鸦片战争是因英国向清政府走私鸦片而引发的，战争最终以中国失败并割地赔款而告终。

英国经常称第一次鸦片战争为“第一次英中战争”或“通商战争”。虽然这场战争只是鸦片战争的一部分，但有时也把它称作“鸦片战争”。这场战争持续了很久，其间的一系列战斗和军事行动相互之间并无关联。

“闭关锁国”后的清政府逐步落后于世界大潮，但是在对外贸易中，中国一直处于贸易顺差地位。为了扭转对华贸易逆差，英国开始向中国走私鸦片，以获取暴利。

1838 年，清道光帝派湖广总督林则徐为钦差大臣，奔赴广东查禁鸦片。林则徐到任后，严行查缴鸦片 2 万余箱，并于虎门海口尽数销毁。打击了英国鸦片走私贩的嚣张气焰，同时影响到了英国的利益。为打开中国市场的大门，

林则徐禁烟

英国政府以此为借口，决定派出远征军侵华，英国国会也通过了对华战争的拨款案。1840 年 6 月，英军舰船 47 艘陆军 4000 人在海军少将懿律、驻华商务监督义律的率领下，陆续抵达广东珠江口外，封锁海口，鸦片战争开始。

鸦片战争前期，中国军民奋起抵抗，沉重打击了英国侵略者，但是腐朽的封建制度和腐败的清政府抵挡不住英国的侵略，战争以中国失败并割地赔款而告终。

1842 年，清政府被迫在南京的静海寺与英国政府议约，并在 8 月 29 日全部接受了英国提出的议和条款，签订了中国近代史上第一个不平等条约——中英《南京条约》。

鸦片战争使中国开始沦为半殖民地半封建社会，丧失主权，并促进了自然经济的解体。

课后活动

（1）你想知道《南京条约》有哪些内容吗？可以上网查一查。

（2）中国称这场战争为“鸦片战争”，而英国一直称之为“通商战争”，在你看来，有什么不同？

（3）结合相关内容，你认为鸦片战争后中国社会发生了哪些变化？

★★★★★

圆明园之殇

1856年10月，第二次鸦片战争爆发，英法联军来势汹汹，于1860年10月攻入北京城。10月6日，英法联军绕过北京城东北郊直扑圆明园，西郊驻军不敢抵挡，反而是圆明园内的技勇太监“八品首领”任亮率部20余人拼死抵抗，可惜实力差距太过悬殊，最后都以身殉国。

英法联军在圆明园内疯狂洗劫两天后，向城内开进。10月11日，英军又派出数千人将圆明园洗劫了一遍。10月18日，英国侵华头目为了“震慑”清朝统治者，竟下令火烧圆明园。当天，3000多名英军冲进圆明园，四处纵火，大火足足烧了三天三夜，浓烟滚滚，整个北京城都清晰可见，大火过后，这座人类史上的建筑奇迹只留下残垣断壁，满目疮痍！

据《清实录》所载：英法联军烧毁的面积远不止一座圆明园，具体来说应是“三山五园”，几乎整个西郊的皇家园林都毁在这场大火之中！

除去园林的毁灭，更让人痛心的是国宝的遗失。圆明园内珍藏有无数奇珍异宝，都是历代清朝统治者的心爱之物，价值连城，而这些珍宝中能带走的都被英法联军洗劫一空，带不走的则被其恶意毁坏，由于数量太多，我们竟无法统计出一个确切的数字！

当时《泰晤士报》的一则通讯称：“据估计，被劫掠和被破坏的财产，总值超过600万镑。”这个数字不足为信，圆明园内很多珍宝都是无价之宝，根本不能用金钱来衡量，当时在园内只是用作“水龙头”的“十二兽首”现在都拍出了天价，动辄千万！

落后就要挨打，拥有数亿人口的大清王朝竟被几千外敌攻入首都，这是何等耻辱！

天下虽安，忘战必危！

被毁前的圆明园

课后活动

观看电影《火烧圆明园》。

★★★★★

中日甲午战争与瓜分中国狂潮

甲午战争（又称“中日甲午战争”“第一次中日战争”“清日战争”“清日甲午战争”；日称“日清战争”），是中国晚清年间日本侵略中国和朝鲜的战争。由于发生在1894年即清光绪二十年，干支为甲午，中国史称“甲午战争”。甲午战争历时9个月，分为陆战和海战两个战场，日军攻下朝鲜的平壤，在黄海海战中大败北洋水师，之后又攻下中国的旅顺和威海，并于1894年11月22日在旅顺进行大屠杀，血洗全城。战后双方签订了《马关条约》，规定中方向日方割地赔款，清政府因此背负沉重外债，国力日趋衰退，沦为半殖民地半封建国家，中国的国际地位也一落千丈。西方列强便开始了瓜分中国的狂潮。

19世纪末，西方列强掀起的瓜分中国的热潮，激起了义和团反帝爱国运动。为了镇压义和团运动，扩大对华侵略，英、法、德、奥、意、日、俄、美八个帝国主义国家借口清政府排外，联合进兵中国。1900年6月，八国联军攻占大沽炮台；7月，攻陷天津；8月，占领北京。八国联军在华屠杀平民，掠夺财物，践踏中国主权。慈禧太后等人逃往西安，派李鸿章等人求和。11月，八国联军的人数增至10万分别入侵山海关、保定、正定等地，并进兵山西。沙俄还单独出兵17万分六路入侵中国东北。1901年9月，清政府签订了丧权辱国的《辛丑条约》。

旨全行照允足容諸國之意妥辦 附件一
第一款
大德國欽差男爵克大臣被戕害一事前於西歷本年六月初九日即中歷四
月二十三日奉
諭旨 附件二
欽派醇親王載灃爲頭等專使大臣赴
大德國
大皇帝前代表
大清國
大皇帝暨國家惋惜之意醇親王已遵
旨於西歷本年七月十二日即中歷五月二十七日自北京起程

光緒條約卷三十六 各國約 録款 八
二十七年辛丑 西一九〇一年

第一款之二
大清國國家業已聲明在遇害處所竪立銘誌之碑與克大臣品位相配列
叙
大清國
大皇帝惋惜兇事之
旨書以辣丁德漢各文前於西歷本年七月二十二日即中歷六月初七日經
大清國欽差全權大臣文致
大德國欽差全權大臣 附件三 現於遇害處所建立牌坊一座足滿街衢已於
西歷本年六月二十五日即中歷五月初十日興工

辛丑条约

日本侵华战争

“九·一八”事变

1931年9月18日晚，盘踞在中国东北的日本关东军按照精心策划的阴谋，由铁道“守备队”炸毁沈阳柳条湖附近的南满铁路路轨，并嫁祸于中国军队。这就是所谓的“柳条湖事件”。日军以此为借口，突然向驻守在沈阳北大营的中国军队发动进攻。由于东北军执行“不抵抗政策”，当晚日军便攻占了北大营，次日占领整个沈阳城。日军继续向辽宁、吉林和黑龙江的广大地区进攻，短短4个多月内，128万平方千米，相当于日本国土3.5倍的中国东北全部沦陷，3000多万人成了亡国奴。这就是震惊中外的“九·一八”事变。

七七事变

日本侵略者自1931年“九·一八”事变后，为进一步挑起全面侵华战争，陆续运兵入关。到1936年，日军已从东、西、北三面包围了北平。从1937年6月起，驻丰台的日军连续举行挑衅性的军事演习。1937年7月7日夜，日军以一个士兵失踪为借口，要进入北平（今北京市）西南的宛平县城搜查。中国守军拒绝了这一无理要求。于是日军开炮猛轰卢沟桥，向城内的中国守军进攻。中国守军第29军吉星文团奋起还击，掀起了全面抗日的序幕。

日本侵略者对中国人民的残酷屠杀，伴随着侵华战争的全过程。你还知道日本侵略者在中国犯下了哪些罪行吗？和你的好朋友谈一谈，说一说吧！

03 奋斗史

FEN DOU SHI

辛亥革命与中华民国的建立

辛亥革命，是指发生于中国农历辛亥年（清宣统三年），即 1911 年至 1912 年初，旨在推翻清朝政府专制，建立共和政体的全国性革命。

1911 年夏，湘、鄂、粤、川等省爆发“保路运动”，运动在四川省尤其激烈。9 月 25 日，荣县独立，成为全中国第一个脱离清王朝的政权，也把“保路运动”推向高潮。10 月 10 日晚，新军工程第八营的革命党人打响了武昌起义的第一枪。汉阳、汉口的革命党人分别于 10 月 11 日夜、10 月 12 日攻占汉阳和汉口。起义军掌控武汉三镇后，湖北军政府成立，黎元洪被推举为都督。武昌起义胜利后短短两个月内，湖南、广东等十五个省纷纷脱离清政府宣布独立。1912 年 2 月 12 日，清宣统帝宣布退位。至此，中国 2132 年的帝制宣告结束。

中华民国（1912—1949 年），是辛亥革命以后建立的亚洲第一个民主共和国，简称“民国”。为第二次世界大战的主要战胜国及联合国五个主要创始会员国之一。

1911 年辛亥革命爆发后，革命党在南京建立临时政府，各省代表推举孙中山为临时大总统，1912 年元月，中华民国正式建立。以袁世凯为首的北洋

孙中山

孙中山（1866.11.12—1925.03.12），名孙文，字载之，号逸仙。中国近代民主主义革命的先行者，中华民国和中国国民党创始人，三民主义的倡导者。首举彻底反封建的旗帜，“起共和而终帝制”。1905 年成立中国同盟会。1911 年辛亥革命后被推举为中华民国临时大总统。1929 年 6 月 1 日，根据其生前遗愿，将陵墓永久迁葬于南京紫金山中山陵。1940 年，国民政府通令全国，尊称其为“中华民国国父”。

势力主政中国，北洋政府分崩离析后政局动荡不安，孙中山南下广州，召开国民党第一次代表大会，建立黄埔军校，随之建立国民政府，促成国共合作后的孙中山不久病逝。1926 年，蒋介石继承孙中山遗志领导国民革命军北伐，意欲统一中国，到 1928 年东北易帜，国民政府从形式上统一中国，蒋介石成为继孙中山之后的国民党领袖。统一之后，中华民国进入黄金十年建设时期，此间社会稳定，教育稳步发展。1937 年抗日战争全面爆发，中国成为反法西斯同盟国，国际地位大大提高，一举成为美、英、中、苏四大国。1949 年因国共内战失利，中华民国时期结束。

中华民国坚持共和制政体，主权属于全体国民。初期颁布临时约法，后以三民主义和《建国方略》为背景，国民政府实施军政期、训政期、宪政期，抗战后召开国民大会，确定了总统制。

课后活动

课外阅读一些关于革命党人事迹的书籍，讲述（1900 年至 1912 年间）一个革命党人为革命不惜抛头颅、洒热血的故事。

★★★★★

五四运动

五四运动的导火索是巴黎和会上中国外交的失败。1919 年 1 月 18 日，第一次世界大战获胜的 27 个协约国，在巴黎凡尔赛宫召开和平会议。中国作为战胜国之一，派出了陆征祥、顾维钧等 5 位代表参加会议。参会的英、美、法等国不顾中国提出的维护国家领土主权的三项提案，背信弃义，把德国在山东的特权全部转让给日本。

5 月初，巴黎和会上中国外交失败的消息传到国内，激起各界人士的强烈义愤。5 月 4 日下午二时，北京大学、北京高等师范以及工业、农业、医学、政法等十几所专科以上学校的 3000 余名学生，高呼“还我青岛”“取消二十一条”“外争主权，内除国贼”等口号，冲破反动军警的阻挠，从四面八方汇聚到天安门前，举行抗议集会，并火烧签订“二十一条”时的外交次长、卖国贼曹汝霖的家——赵家楼。

反动军警当场逮捕 32 名爱国学生。反动政府的倒行逆施更激起了社会各界的义愤，纷纷支持学生的爱国行动。5 月 5 日，北京各大专学校开始罢课。5 月 6 日，天津、上海等地的 20 多所院校行动起来，声援北京学生。社会名流和各界人士也纷纷谴责反动当局。6 月 1 日，反动政府接连发出两道命令：一道为卖国贼曹汝霖、章宗祥、陆宗舆辩护；一道诬蔑学生的爱国斗争为非法行为。卖国竟然有功，爱国反而有罪，反动当局的罪恶行径，刺痛了爱国学生和民众的心，一场更大规模的反帝爱国运动兴起了。

6 月 3 日，北京各校学生 2000 余人走上街头，展开反帝爱国演讲，当天有 170 名学生被捕。6 月 4 日 4000 多名学生上街演讲，又有 700 余人被捕。消息传到上海，具有光荣革命传统的工人阶级挺身而出，投入反帝爱国斗争的行列，发起影响深远的“六五”政治大罢工。五四运动进入了第二阶段。

6 月 5 日上午，上海日商第三、四、五纱厂的 5000 多名工人在“不替仇人做工”的口号声中首先宣布罢工。下午，陆家嘴、杨树浦一带多家工厂的 2 万余名工人投入反帝爱国大罢工。随后几天，上海各行业的工人积极响应，6

上海工人大罢工

月 10 日形成全市总罢工，并发出誓言："不达惩办曹、章、陆目的，誓不开工。"在此前后，学生罢课，商人罢市，出现了声势浩大的"三罢"高潮。

北京、上海的反帝爱国运动迅速波及全国各地，济南、青岛、天津、南京、杭州、宁波、武汉、南昌、扬州、安庆、厦门、广州、西安、沈阳、成都、昆明等 100 多个大中城市，万众一心，同仇敌忾，形成前所未有的反帝爱国浪潮，充分显示了中国人民维护民族尊严、捍卫领土主权的坚强决心。

此时"五四运动"的性质已经发生了重大变化，中心由北京转到了上海，主力由学生转变为工人。尤其值得重视的是以这次大罢工为标志，中国工人运动已从经济斗争转向政治斗争，中国工人阶级以独立的姿态登上政治舞台，为中国共产党的建立奠定了阶级基础。

中国人民的爱国热情和顽强斗争的精神，极大地震撼了反动统治集团和帝国主义。北洋政府迫于压力，不得不宣布罢免曹、章、陆的职务，"五四运动"取得了初步胜利。

6 月 28 日是巴黎和会的签字日。此前北洋政府曾电令中国专使，如期在严重损害中国主权的巴黎和约上签字。消息传出，再次引起全国人民的义愤，一场拒签和约的运动又在全国开展起来。驻巴黎的中国使团收到要求拒签和约

五四运动

的电报 7000 余份，旅法华侨和留学生 1 万多人于 6 月 28 日凌晨包围中国使团寓所，警告专使如在和会上签字，将当即被捕杀，并列出偿命名单。中国专使最终拒绝赴会签字，“五四运动”取得了重大胜利。

“五四运动”是中国近代史上划时代的里程碑，它以辛亥革命所不曾有的姿态，展开了彻底地反对帝国主义和封建主义的斗争，标志着中国新民主主义革命的开端，也为中国共产党的建立做了思想上的准备。

中国共产党的诞生

1920 年夏，在共产国际的帮助下，陈独秀在上海建立了中国第一个共产党早期组织。接着，北京、长沙、武昌等地也先后建立了共产党早期组织。

1921 年 7 月，中国共产党第一次全国代表大会在上海秘密召开。参加大会的有毛泽东、李达、董必武等 13 人，他们代表着全国 50 多名党员。共产国际代表马林和尼克尔斯基出席了这次大会。

中共一大会址

大会通过了中国共产党的第一个党纲，党纲确立党的名称为中国共产党；奋斗目标是推翻资产阶级政权，建立无产阶级专政，实现共产主义。大会确立党的中心工作是领导和组织工人运动，成立了党的中央领导机构中央局，陈独秀当选为中央局书记。就这样，中国无产阶级的先锋队——中国共产党诞生了！

第一次国共合作

1924 年 1 月，在孙中山的主持下，中国国民党第一次全国代表大会在广州召开，李大钊、毛泽东、林伯渠、瞿秋白等共产党员参加和组织了工作，大会通过的宣言对三民主义做出了新的解释，把旧三民主义发展为新三民主义，在实际上确立了联俄、联共、扶助农工三大政策。中国国民党第一次全国代表大会的召开，标志着国民党改组的完成和国共合作的正式建立。

第一次国共合作的形成，极大地推动了中国民主革命的进程。但是，革命统一战线仅维持了三年半的时间，在革命形势一片大好，即将取得国民革命胜利之时，国民党右派却突然叛变革命。1927 年，蒋介石制造“四·一二政变”，汪精卫制造“七·一五政变”，疯狂屠杀共产党员、革命群众和国民党左派，国共合作宣告破裂。虽然轰轰烈烈的第一次国民大革命失败了，但它基本推翻了北洋军阀的统治。

课后活动

（1）黄埔军校人才辈出，为国共两党培养出了一大批高级将领。收集资料，讲讲他们的事迹。

（2）课后阅读有关第一次国共合作的故事。

抗日战争

1937 年 7 月，日本帝国主义发动全面侵华战争。中国共产党制定了抗日救国的纲领，提出全面抗战的路线和持久战的战略方针，为争取抗日战争的胜利指明了道路。中国共产党领导的八路军、新四军及其他抗日人民武装力量深入敌人后方，发动人民群众，开辟敌后抗日根据地，建立抗日民主政权。根据地军民逐步成为抗日战争的中流砥柱。在抗日战争进入相持阶段后，中国共产党领导敌后军民坚决同日本侵略者浴血奋战，并同国民党顽固派进行有理、有利、有节的斗争。中国人民经过十四年的艰苦斗争，终于取得了抗日战争的伟大胜利，并为世界反法西斯战争的胜利做出了不可磨灭的贡献。

课后活动

收集资料，了解抗日战争时期家乡人民的抗日事迹。

解放战争

1946年6月底，国民党统治集团悍然发动全面内战。人民解放军在中国共产党的领导下，挫败国民党的军事进攻，并转入战略进攻。解放区开展土地改革运动，广大农民踊跃支援前线。国民党统治区掀起的以学生运动为先导的人民运动，成为配合人民解放战争的第二条路线。“中间路线”遭到破产，人民民主统一阵线更加巩固和扩大。国民党政府陷入了全民包围中。

中国共产党领导人民解放军进行辽沈、淮海、平津三大战役，消灭了国民党赖以维持其反动统治的主要军事力量。中国共产党的七届二中全会为夺取全国胜利和建立中华人民共和国做了政治上、思想上的准备。人民解放军渡江作战，解放南京，宣告了国民党反动统治的覆灭。中国共产党领导的反帝反封建的新民主主义革命，取得了伟大的胜利。1949年10月，中华人民共和国成立，中国人民站起来了，中国历史从此开始了新的纪元。

课后活动

上网收集具体史实，说说解放区的军民是如何进行自卫反击的。

★★★★★

回望历史，我们才能懂得，走得再远都不能忘记来时的路。

04 扬发展

YANG FA ZHAN

作为炎黄子孙，触摸历史、传承文化、开创未来，是我们义不容辞的责任和义务！

锦绣山河

长江黄河

长江是中国第一长河，世界第三长河，干流全长6300多千米，经青藏高原、云南、四川、湖北、湖南、江西、安徽、江苏等省区，注入东海，沿途汇集了700多条支流，流域面积达180多万平方千米，约占中国土地总面积的20%。长江的源头在青藏高原巴颜喀拉山与唐古拉山脉间，在唐古拉山脉主峰各拉丹冬峰西南侧。这里冰川广布，冰雪融水就是长江的源头。长江可分为三大段：四川宜宾以上为上游；宜宾至湖北宜昌为中游；宜昌以下为下游。上游段约长3500千米，楚玛尔河是长江的北源；木鲁乌苏河是长江的南源，流程较长，水量也较多，按照“河源唯远”的原则，其最长支流沱沱河应为长江的

长江

正源。自当曲河口到青海玉树一段称通天河，长 813 千米，河道较宽，水流舒缓。自玉树到宜宾称为金沙江，古称丽水，从北向南流，穿过横断山脉，到云南石鼓附近折向东北入四川盆地，在宜宾与岷江汇合，全长 2300 千米。自宜宾以下才称长江。中游段约长 1000 千米，因流经四川盆地，故俗称川江。从宜宾到重庆，河道颇曲折。自奉节白帝山到宜昌南津关一段，江水穿过四川与湖北边境山区的大峡谷地带，自西至东有瞿塘峡、巫峡、西陵峡，统称三峡，全长 204 千米，滩多流急，江水落差甚大，自古称为长江天险。下游段约长 1850 千米，江水落差甚小，水流缓慢，江面宽阔，一般都超过 2 千米，最窄处也有 650 米。河道非常曲折，尤其是自湖北枝江到湖南城陵矶一段，古称荆江，素有“九曲回肠”之称。由于流速缓慢，泥沙淤积多，每当汛期来临，极易造成溃堤泛滥灾害，自古有“万里长江，险在荆江”的说法。从宜昌到芜湖一段，两岸湖泊极多，其中以洞庭湖和鄱阳湖为最大。洞庭湖是长江的天然水库。江水入江苏后，因受山势所阻，向东北绕过宁镇山地。自镇江以下，折向东南，进入三角洲地区，地势平坦，湖泊星罗棋布，水道交织似网，一片水乡泽国的景象。江口竟宽达 80 千米，呈现江海相连的壮观景色。

长江两岸多名山大泽，风光秀丽，有许多游览胜地。由于流程长，流域广，土地肥沃，灌溉便利，中游有“天府之国”，下游多“鱼米之乡”，物产

长江

丰富。沿江有不少名城，如重庆、宜昌、武昌、南京、上海等。上海更是中国最大的工商业城市。两岸有许多名胜古迹，是了解中国历史的珍贵资料，还有不少神话传说，是中国文学的宝贵遗产。长江干支流自古以来就是中国南方横贯东西、纵连南北的水上交通大动脉，航道总长8万多千米。万吨级轮船可达南京，3000吨级轮船可抵达汉口，1000吨级轮船可至重庆，500吨级轮船可通宜宾。

黄河仅次于长江，是中国第二长河，干流全长5464千米，流经青海、四川、甘肃、宁夏、绥远、陕西、山西、河南及山东九个省份，成“几”字形，向东注入渤海，沿途汇集了30多条主要支流和无数溪川，流域面积达75万多平方千米。中游段流经广大的黄土高原地区，许多支流夹带大量泥沙汇入，为世界含沙量最多的河流，河水呈黄色，因而得名。

黄河发源于青海巴颜喀拉山北麓的约占宗列渠，海拔5400多米，四周高山终年积雪。黄河源头有星宿海，是一片有无数小湖的沼泽。黄河河道以源头和上游段最曲折，中游段次之，而下游段则笔直。从兰州到潼关，河水绕流一个长方形的三边，那就是著名的河套，约长2000千米。古时下游河道游移不定，河水有时在山东丘陵以北注入渤海，有时在山东丘陵以南侵夺淮河流入黄海，两者相距达500千米。

黄河流域是中华民族的摇篮，也是世界古文明发祥地之一。“蓝田猿人”化石的发现证明远在五六十万年前，中华民族的祖先已在现今陕西蓝田县一带生活。古代黄河流域的气候比现在温暖、湿润得多，加上黄土质地疏松，利于耕种，十分适宜人类居住。5000多年前，黄河中下游地区出现了仰韶文化，在河南、山西、陕西、甘肃、青海等省发现的遗址有1000多处，发现的器物有石器、骨器、陶器等，以表面红色而带彩纹的陶器最多和最具特色，因此仰

黄河

壶口

韶文化又称彩陶文化。从发现殷墟可以证明 3000 年前中华民族在黄河中下游流域建立了最古老的文明大国。

杭州西湖

“上有天堂，下有苏杭”说的就是苏州和杭州。杭州美，最美是西湖。西湖之景，让人不知不觉沉醉其中。唐代大诗人白居易曾经说过：“未能抛得杭州去，一半勾留是此湖。”

西湖，位于浙江省杭州市西部，是中国主要的观赏性淡水湖泊，也是中国首批国家重点风景名胜区。西湖三面环山，面积约 6.39 平方千米，东西宽约 2.8 千米，南北长约 3.2 千米，绕湖一周近 15 千米。湖中被孤山、白堤、苏堤、杨公堤分隔，按面积大小分别为外西湖、西里湖、北里湖、小南湖及岳湖五片水面，苏堤、白堤越过湖面，小瀛洲、湖心亭、阮公墩三个人工小岛鼎立于外西湖湖心，夕照山的雷峰塔与宝石山的保俶塔隔湖相映，由此形成了“一山、二塔、三岛、三堤、五湖”的基本格局。2011 年 6 月 24 日，杭州西湖列入世界遗产名录。

西湖一

西湖二

钟山名胜区

钟山位于江苏南京城东，自古被誉为“江南四大名山”之一，有“钟山龙蟠”之美誉。钟山集山、水、城、林于一体，自然景观丰富优美，文化底蕴博大深厚，中山陵景区、明孝陵景区、灵谷景区三大核心景区分布着各类名胜古迹200多处，其中，世界文化遗产1处、全国重点文物保护单位15处，钟山风景区荣获“国家风景名胜区”“5A级旅游景区”等称号。

钟山名胜

钟山因山顶常有紫云萦绕，又名紫金山。钟山与后湖相依相望，其间龙蟠虎踞，山、水、城林浑然一体，可谓南京山水人文之钟萃。故诸葛亮有“钟山龙蟠，石头虎踞，此帝王之宅也”的盛赞。

钟山囊六朝文化、明朝文化、民国文化、山水城林文化、生态休闲文化、佛教文化系列于一山之中，成为“中华城中人文第一山”。

知识拓展

明孝陵

明孝陵是明朝开国皇帝朱元璋和皇后马氏的合葬陵墓，因皇后谥“孝慈”，故名孝陵。作为中国明陵之首的明孝陵壮观宏伟，代表了明初建筑和石刻艺术的最高成就，直接影响了明清两代500多年帝王陵寝的形制，依历史进程分布于北京、辽宁、河北等地的明清帝王陵寝，均按南京明孝陵的规制和模式营建，在中国帝陵发展史上有着特殊的地位，故而有“明清皇家第一陵”的美誉。

明孝陵坐落于南京紫金山南麓独龙阜玩珠峰下，东毗中山陵，南临梅花山，是南京最大的帝王陵墓，也是中国古代最大的帝王陵寝之一。2003年，明孝陵入选世界文化遗产。

风土人情

中国是一个多民族国家，所有的民族都保留着属于本民族特有的风情和人文特色，当我们出门旅游时有没有注意那里的民族风情呢？如果没有就看看下面的介绍吧，如果到了那里一定要体验当地的风土人情。

北京

古老的东方文化一直是人们感兴趣的话题。文明的更迭兴废，使无数繁华一时的大都市随岁月流逝而灰飞烟灭，让后人无迹可考。在中国北方，有一座古城却幸运地保存下来，留下了世界上最庞大的宫殿建筑和完整的文化遗产，这就是北京，“在北纬40° 上下的世界各大城市，只有北京是历经3000年而不衰的都城”。

雄伟的紫禁城、宏大的天安门广场显现出她的庄重威严；颐和园、天坛有着皇家的雍容华贵；万里长城则是这个东方古老民族的脊梁。北京的美，还在于她的前卫。在这里，你可以感受到极具现代感的火热节奏和真正国际化的Techno舞曲。北京也是高科技和新经济的中心，每年都有无数国际性的展会在这里举行。

老北京人在入秋后有“吃秋”之俗，民间亦有“立秋炖大肉”的俗语。为什么要“吃秋”呢？这与先民们把夏季称为“恶季”“夏老虎”有关。旧时环境卫生差，各种疫病丛生，害病后体质瘦弱；又因数伏时节气候酷热潮湿，人们常出现胸闷不适、四肢无力、出汗较多、精神萎靡、胃纳欠佳等症状，使人体日渐消瘦，所谓“一夏无病三分虚”，古人称这些症状为“苦夏”。

吃秋，在旧时不同的阶层有不同的吃法。一般中下层的人家讲究“吃秋鲜儿”，他们认为吃新粮和新鲜的蔬果最富有营养。俗语有“去暑找黍，白露割谷”之说，入秋后各家各户的主妇要尝鲜，常去购买新上市的玉米面、玉米糙、高粱米和新小麦磨成的白面，用这些新粮为一家人蒸制出美味的枣窝头、

北京四合院

全聚德烤鸭

枣馒头、懒龙、花卷及玉米灯是灯是馇粥、高粱米饭等花样主食，或者割点肉，买点新上市的韭菜、茴香、小白菜制作出馋人的水饺、锅贴、菜团子、糊饼、馅盒子等。家境较好的人家入秋后常烹制红烧肉、红烧鱼、炖鸡鸭等富含蛋白质的肉类佳肴来“贴秋膘”。而一些社会名流、文人墨客、演艺界名伶们的“吃秋”则非常讲究，常携家人或约好友下饭馆。聚餐、饮酒、品尝名肴或吃烤鸭、烤肉、涮肉等名吃。一些人还会手提着全聚德的烤鸭或水果等相互馈赠。这些“吃秋”及送礼之俗曾是旧时北京街市及四合院的一道市井秋景。如今人们的生活已发生翻天覆地的变化，北京人也不再因为缺营养而去贴秋膘，人们在进入秋冬后更需多吃些蔬果和五谷杂粮以平衡膳食，以使人体更加康健，益寿延年。

重庆

1997 年 6 月 18 日，重庆成为中华人民共和国成立以来的第四个中央直辖市，这座年轻的直辖市却有着丰厚的历史文化。

重庆地区大江纵横，山地连绵，气候温润炎热，这一气候特点及其特有的地理环境，培养了一代代优秀的巴蜀儿女。古有三国时期的名将严颜和甘守，明末石柱地区的土家族女将军秦良玉。今有革命烈士江姐，她不畏强暴、顽强奋战的精神，激励了无数人。

重庆"棒棒"

重庆人性格开朗豪爽，幽默耿直，热情好客。无论是行走在散发大都市气息的解放碑，还是具有民族风俗的磁器口古镇，随处可见窈窕时髦、艳丽妩媚的重庆靓女展示着这座城市的青春活力。

重庆还有一个极具代表性的群体，那就是著名的山城"棒棒军"，他们为重庆的发展做出了巨大的贡献，成为重庆独有的文化符号。有人如此评价："凭借一根棒棒谋求全家生活，是一种地位不高但极有骨气的生存方式，是那些憨厚老实，也绝无谋生技能的农民兄弟不甘贫穷的一种积极态度。"是啊，他们的奋斗拼搏又一次向外界展示了重庆人不怕吃苦、任劳任怨的优良品性。

重庆有 21 个民族，其主要的少数民族是土家族。土家族人热情淳朴，摆手舞是其千百年来传承下来的文化精粹。吊脚楼作为土家族人民的建筑形式也浑身散发着历史的气韵。来到土家族的居住区，你会感受到一种扑面而来的民族风情。

心灵手巧的土家族人，在舞蹈上拥有非凡的天赋。每年正月初三至十五，土家族都要举行盛大的祭祀、祈祷、喜庆活动。男女老少穿起节日的盛装，跳起欢快而热烈的摆手舞，一时间，鼓乐喧天，舞影婆娑。

骁勇善战的苗族，则对唱歌情有独钟，婚礼时，更离开了歌，主人要对客人唱谢客歌，对媒人唱谢媒歌，大家要对新婚夫妇唱祝福歌，亲朋好友要相互赛歌、对歌、盘歌。

"赶秋"是苗族一年一度的传统节日。立秋这天，山寨的苗家人换上节日盛装，从四面八方涌向秋场，场上锣鼓喧天、歌声萦绕，打秋千、上刀梯、舞狮子、玩龙灯、跳猴鼓舞、歌台赛歌，热闹非凡。青年男女还可以在"赶秋"时物色情侣，歌郎歌娘大展歌喉，借歌声互表衷情。

这是2016年11月“苗族赶秋”列入联合国教科文组织人类非物质文化遗产代表作名录后，国内首次在立秋这天进行集中赶秋展演活动。图为来自花垣县的苗族同胞在表演迎秋鼓。

此外，苗族的节日还有“三月三”“六月六”“七月七”“过苗节”和“羊马节”等。

云南

美丽、富饶的云南，是祖国西南边疆的一块宝地，它土地辽阔、山川壮丽、资源丰富。它是中华文明重要的发祥地之一，具有悠久的历史、古老的文明。

云南的民族音乐，包括民歌、民族器乐、民间歌舞音乐、说唱音乐和戏曲音乐五大类。在各民族的文化生活中，民间歌唱、民间器乐演奏和民间歌舞活动都占有重要地位。

云南的民族舞蹈不仅历史悠久、形式多样，而且每个民族都有自己独特的舞蹈。

云南各少数民族最具代表性的舞种

傣族	彝族	瑶族	藏族	纳西族	哈尼族	苗族	基诺族	佤族
孔雀舞、象脚鼓舞	阿细跳月、烟盒舞	铜铃舞	锅庄舞	勒巴舞	扇子舞	芦笙舞	太阳舞	木鼓舞

滇剧是云南的主要地方剧种，有200多年历史。它源于秦腔、徽调、楚腔和汉调，结合云南人民的生活习俗、审美趣味，特别是地方语言和民间音乐，形成了经丝弦、胡琴、襄阳三类声腔为主体的滇剧音乐唱腔，具有浓厚的乡土气息和独特的艺术风格。滇剧舞台上曾出现过许多蜚声艺坛的演员，他们精湛的技艺深受广大观众的喜爱。花灯是深受云南人民喜爱的一种民间歌舞小戏。它以民歌小调和民间歌舞为基础发展演变而成，有200多年历史，以对歌、舞蹈为主，具有对歌风味，可唱可舞，也可以演出大中型的传统与现代戏。花灯有琴、笛、弦子、月琴和鼓、锣等伴奏乐器，曲调有1000多首，唱腔优美动听，通俗易懂，富于生活气息。

云南各民族都有其独特的社会结构、生活方式和风俗习惯。流传甚广、版本甚多的“云南十八怪”从一定程度上来讲，也是云南民族风情的一种体现。其中一种版本是这样的：“鸡蛋用草穿着卖，米饭饼子烧饵块，三只蚊子炒盘菜，石头长到云天外，摘下草帽当锅盖，四季服装同穿戴，种田能手多老太，竹筒能做水烟袋，袖珍小马有能耐，蚂蚱能做下酒菜，长年都出好瓜菜，好烟见抽不见卖，茅草畅销海内外，火车没有汽车快，娃娃出门男人带，山洞能跟仙境赛，过桥米线人人爱，鲜花四季开不败。”这个顺口溜在一定程度上体现了多姿多彩的云南民族风情。

云南米线

云南丽江

云南西双版纳的泼水节

文化自信

孔子学院

中华悠久的历史文明赐予我们的最宝贵的财富，就是中华优秀的传统文化。中国博大精深的优秀传统文化是“我们做中国人的骨气和底气”，是中华民族最深厚的文化软实力，积淀着中华民族最深沉的精神追求。

在 21 世纪的今天，中华优秀传统文化不仅灌溉着我们，也影响着世界。改革开放以来，随着经济的飞速发展，我国的综合国力实现巨大飞跃，我国在世界舞台上的影响力也越来越大，世界范围内掀起了学习中文、学习中华优秀传统文化的热潮。为发展中国与世界各国的友好关系，增进世界各国人民对中国语言文化的理解，为各国汉语学习者提供方便、优良的学习条件，我国创办了孔子学院。

孔子学院即孔子学堂，它并非一般意义上的大学，而是推广汉语和传播中国文化的交流机构，是一个非营利性的社会公益机构，一般都下设在国外的大学和研究院之类的教育机构里。孔子学院最重要的工作就是给世界各地的汉语学习者提供规范、权威的现代汉语教材，提供最正规、最主要的汉语教学渠道，传播中国文化。

2004 年，全球首家孔子学院在韩国首尔设立。

多年来孔子学院秉承孔子“和为贵”“和而不同”的理念，推动中外文化的交流与融合，以建设一个持久和平、共同繁荣的和谐世界为宗旨，为中华优秀传统文化的传播和学习提供了平台，为促进世界文化多元发展起到了推动作用。

孔子学院的标识

莫言

2012年10月11日，负责诺贝尔文学奖评选的瑞士文学院宣布，2012年诺贝尔文学奖授予中国作家莫言。莫言成为有史以来首位获得诺贝尔文学奖的中国籍作家，委员会的授奖词称："他的魔幻现实作品融合了民间传说、历史与当下。"

莫言，本名管谟业，山东高密人，中国当代著名作家。20世纪80年代中期，莫言以乡土作品崛起，因作品充满"怀乡""怨乡"的复杂情感，被归类为"寻根文学"作家。2005年莫言的长篇小说《檀香刑》全票入围我国茅盾文学奖初选。2011年莫言凭借长篇小说《蛙》获得茅盾文学奖。2012年获得诺贝尔文学奖。

莫言获2012年诺贝尔文学奖，让国人感到无比的振奋和自豪。诺贝尔文学奖是中国文学界的一个梦想，也是全体中国人的梦想。作为拥有经典作品无数的文化大国，不乏经典名著，但唯独没有诺贝尔文学奖获得者，这成为国人的遗憾。多年来我们一直渴望出现诺贝尔文学奖获得者，也有很多作家获得诺贝尔文学奖提名，如巴金、艾青、钱钟书、沈从文、王蒙等，但是诺贝尔文学

2012年诺贝尔文学奖得主莫言

奖一次次与中国作家擦肩而过。

莫言获得诺贝尔文学奖，填补了中国文学在世界最重要的文学奖项上的空白，也了却了国人一直以来的梦想和心愿，让我们每一个中国人感到光荣和自豪。莫言获得诺贝尔文学奖证明了中国作家的实力，同时也促使世界更多地关注中国文学。

没有高度的文化自信，没有文化的繁荣兴盛，就没有中华民族伟大复兴！

民生福祉

从 1949 年到 2019 年，中华人民共和国走过了 70 年的光辉历程。这 70 年里，在中国共产党的领导下，人民群众不仅获得了和平、安宁的生活环境，而且生活水平的提高和公共服务的改善也让老百姓真切体验到了新社会的美好和优越。

高铁

“治国有常，利民为本”。中国高铁作为国家最闪亮的名片之一，在国家发展过程中发挥着不可替代的重要作用，尤其是在发展和改善民生方面效果显著。

中华人民共和国成立以来，尤其是改革开放以来，我国高铁迅猛发展。根据 2016 年国家发改委、交通运输部、中国铁路总公司联合发布的《中长期铁路网规划》，未来中国高铁还将在“四纵四横”的基础上，建设“八纵八横”铁路网，届时高铁将在促经济、保民生中担当更重要的角色。

高铁被称为“新四大发明”之一，已然成为中国大国形象的标志之一。国内铁路建设已达成几个“世界之最”：一是运营里程世界最长，已占世界总量的 60% 以上；二是建设速度最快，2004 年国家批复《中长期铁路网规划》，

复兴号高铁

中国高铁建设全面展开，短短十余年，“四纵四横”的骨架就基本形成，技术发展位于世界前列；三是运营时速最高，2010 年京沪高铁枣庄至蚌埠试验段 CRH380A（L）新一代高速动车组创造了时速 486.1 千米的世界铁路运营最高速度。

两列即将交付京沪线运营的 CRH380A 动车组正在进行出厂前最后的静态检测

中国高铁不仅代表着“中国速度”，更续写着我国高质量发展的新篇章。强化高铁网络建设，让高铁空白的欠发达省份尽快通上高铁，让这些省份的人民早日坐上高铁，对于打赢脱贫攻坚战，实现乡村振兴，以及促进“一带一路”建设等均具有强大的促进作用。

教育

教育是民生之基础，牵涉到千家万户，关系到祖国未来。教育民生工程是千千万万老百姓的“暖心工程”。

作为一个底子薄、起步晚的发展中大国，普及义务教育绝非轻而易举之事。改革开放的关键抉择，彻底改变了当代中国的命运，为教育事业奠定了坚实的物质基础，也为实现教育公平开辟了道路。到2005年，全国普及九年义务教育的地区人口覆盖率超过95%。

国家全面实施农村义务教育经费保障机制改革后，农村义务教育适龄儿童、少年的合法权益基本得到了保障。继2007年全面推行农村义务教育免除学杂费政策后，2008年城市义务教育阶段学杂费也全部免除，由此我国形成了城乡统一的义务教育普惠制，教育事业更加和谐地向前发展。

全面免除城乡义务教育学杂费，体现了我党“发展为了人民、发展依靠人民、发展成果由人民共享”的执政理念。改革开放以来，人民生活水平显著提高，随之而来的是人民群众文化需求的新增长。让发展成果更好地体现在保障人民接受教育的权利上，不仅符合科学发展观的要求，而且顺应了人民群众的新期待，充分证明我党是人民利益的忠实代表。

全面免除城乡义务教育学杂费，是积极推进政府职能转变，努力建设服务型政府的新进展。贯彻宪法和法律的规定，保障公民平等接受义务教育的权利，是政府的一项基本职责和义务，是公共服务的重要内容。加大财政对教育的投入，保障经济困难家庭、进城务工人员的子女平等接受义务教育，使每一名适龄儿童、少年平等接受义务教育的权利得到保障，轻松快乐地上学，拥有更加光明的前程、美好的人生，也为人民富裕、国家强盛打下更加坚实的

义务教育课堂

基础。

教育民生工程是民生工程的重点，是促进教育公平、推动教育和谐发展的惠民工程，彰显着国家庄严的承诺，对人民群众享受优质教育的承诺必将让学生受益匪浅，激励他们好好读书，学好知识，掌握本领，将来报效祖国。

医疗

“老有所依，病有所养”是人民最关心、最直接的、最现实的利益问题，也是政府孜孜以求的目标。近几十年来，我国全力推广社会保障制度，在农村推广新型农村合作医疗保险（新农合）和新型农村社会养老保险（新农保），在城镇推广社会保险制度。

2011 年，我国开始推广“中华人民共和国社会保障卡”，这就是所谓的社保“一卡通”。这里的“通”，是指各项社会保险信息通用一张卡，方便参保者随时随地查询自己的权益记录，方便快捷地享受社会保障服务。2015 年，社

相关信息

新版社保卡功能介绍

1. 保险缴纳等信息查询

社保卡里记录了个人的社会保障相关信息，可以用来查询本人养老、失业、医疗、工伤和生育保险的缴纳情况；查询养老保险、医疗保险累计总额等信息。

2. 到医院就医

社保卡记录了参保人员的姓名、身份证号码、出生年月、性别、民族、户籍所在地等基本信息，可持卡到医院就医，进行医疗保险个人账户结算。

3. 定点买药刷卡

很多人去医院看病时，才想到使用社保卡，其实那只是社保卡功能的一小部分。平时感冒、发烧、胃痛等小病，都可到可用社保卡的药店使用社保卡购买处方药和非处方药。

4. 申领各种保险金

办理养老保险事务；办理求职登记和失业登记手续，申领失业保险金，申请参加就业培训；申请劳动能力鉴定和申领享受工伤保险待遇；在网上办理有关劳动和社会保障事务等。

5. 取钱消费

新入保的员工，公司会发社会保障卡和一个社保存折，你可以拿着存折随

相关信息

时去社会保障卡所在银行取钱，这是缴纳医疗保险之后从个人账户中返还的补贴，和看病支付的钱没关系。

6. 当银行卡使用

加载金融功能后的社会保障卡在具有信息记录、信息查询、业务办理等功能的同时，还可作为银行卡使用，具有现金存取、转账、消费等金融功能。具有金融功能的社会保障卡的金融应用为人民币借记应用，暂不支持贷记功能。该卡片介质一般为接触式芯片卡，但也有银行发行介质为接触 + 非接触的双界面卡的社会保障卡，社保卡用芯片加隐蔽磁条复合卡的形式暂时过渡，芯片中应同时包含人力资源社会保障应用和金融应用。

7. 查询公积金

有的城市在社保卡中有查询公积金的功能，市民除了可以手持身份证、公积金联名卡查询公积金信息外，也可以持社保卡查询其本人的缴存、贷款等公积金信息，比如，2015 年，青岛市住房公积金管理中心就在社保卡（市民卡 A 卡）中增加了查询公积金功能，青岛市民的个人公积金缴存情况可以通过社保卡进行查询。

8. 办理签证

对于初次办理签证的人来说，拒签的可能性很大，很多人可能不知道，社保卡可以作为签证的补充证明材料，提高签证办理的出签率。

9. 买房购车

以北京为例，外地户籍的人想在北京买房和购车摇号，必须缴满五年的社保。社保的缴纳时间是从申请月的上一个月往前推算 60 个月计算。从申请月的上一个月开始，往前推算 60 个月连续缴纳养老保险，不能断月，且补缴无效。

10. 身份证明

身份证丢失或暂时找不到又急用的情况下，在某些场合社保卡可以临时代替身份证，比如参加大型招聘会等。

保卡开放向其他公共服务领域的集成运用。逐步实现“一卡通”的功能，如把社保卡、就诊卡和银行卡合而为一，实现就医“一卡通”。

科技奇迹

支付宝

2003 年 10 月，淘宝网首次推出支付宝服务。2004 年，支付宝从淘宝网分拆独立，逐渐向更多的合作方提供支付服务。2014 年第二季度开始，支付宝成为全球最大的移动支付商。

电子支付

支付宝主要提供支付及理财服务，包括网购担保交易、网络支付、转账、信用卡还款、手机充值、水电煤缴费、个人理财等。支付宝在进入移动支付领域后，为零售百货、电影院、连锁商超和出租车等多个行业提供服务。如今，大街小巷、地摊排挡都可见到支付宝支付的场景。

每当夜色降临，几十家小商贩开着电动三轮车聚拢在一起，麻辣烫、扬州炒饭、铁板鱿鱼、热干面等，各色小吃一应俱全。但是有一点相同，都支持支付宝和微信扫码支付，塑封的二维码都贴在摊子的显眼位置。有小贩说：“用现金的人少了，八成以上的顾客都扫码支付。”至于为什么非要支持扫码支付，该商贩说：“周围的商家都在用，你不用生意就会受到影响，因为有些人不带现金，你不支持扫码支付顾客就走了。况且用起来也很简单，把收款的二维码打印下来就行了，不费什么事的。”

截至 2017 年第一季度，支付宝拥有 4.5 亿实名用户。公开资料显示，依托支付宝平台提供政务服务的城市达 374 个，基本覆盖全国所有地级市及以上城市。

除了支付宝以外，可以用手机移动支付的还有微信支付、百度钱包等，这些移动支付让我们的生活更加便利。

嫦娥奔月

2019 年 1 月 3 日，“嫦娥四号”登上月球背面，人类第一次得到了月球背面的影像，这一壮举出自中国人之手。如今，“玉兔二号”已成为工作时间最长的月球车。

中国古代有嫦娥奔月的传说，所以中国的探月工程又称“嫦娥工程”。21 世纪中国的嫦娥工程——4 台航天器搭乘“长征三号”火箭飞赴月球。

嫦娥一号——中国人的第一次

“嫦娥一号”探测器

2007 年 10 月 24 日，“嫦娥一号”探测器发射升空，历经 12 天的飞行，跨越 38 万千米，到达月球，完成了这段远征。当年，由于我们还没有很好的大推力火箭，“嫦娥一号”不得不绕地球好几圈加速。在经过 494 天（超期服役）的飞行之后，2009 年 3 月 1 日，“嫦娥一号”以撞击月球的方式结束了它的工作使命。探月工程首席专家欧阳自远评价“即使悲壮也值得”。

嫦娥二号——备胎的逆袭，中国航天，远征

作为“嫦娥一号”的“备胎”（备份星），在“嫦娥一号”干净利落地完成任务后，“嫦娥二号”也准备执行自己的任务。2010 年 10 月 1 日，“嫦娥二号”踏上宇宙征途。因为“嫦娥二号”坐着比“嫦娥一号”更先进的“长征三号丙”

运载火箭，飞行时间由 12 天缩短为 5 天。完成既定任务后，“嫦娥二号”继续执行拓展任务——探测两极，对虹湾地区降轨进行进一步探测，为“嫦娥三号”的登月探路。最后，精力充沛的“嫦娥二号”脱离月球轨道，飞向宇宙，踏上前往拉格朗日点 L2 的漫长征途。如今，已经飞离地球超过 1 亿千米。

嫦娥三号——一朝振人心

2013 年 12 月 14 日，“嫦娥三号”踏上了最后十几千米的最后航程，虽然只有几十千米，虽然只有几百秒，但是比前面那几十万千米的航程更加险恶，国外的不少探测器就“死”在这里。但是，在 7500N 发动机的托举下，“嫦娥三号”平安着陆在月球表面，从此，月球上有了中国国旗。这次，中国探测器摸到了月球。和“嫦娥一号”“嫦娥二号”一样，“嫦娥三号”也超额完成任务。2016 年 8 月 4 日，在超期服役 19 个月之后，“嫦娥三号”探测器正式退役，停止了长达 31 个月的工作，光荣退休。

嫦娥四号——不到背面非好汉

月球只有一面朝向地球，另一面永远背对地球，在地面上看不到。由于月球对电磁波的阻挡，如果在月球背面尝试着陆，无法直接和地球通信，无法测控，除非有中继星。历史上，美国和俄罗斯的探测都在正面，背面始终没有探测器到达过，直到中国的“嫦娥四号”打破纪录。

2018 年 5 月 21 日，“嫦娥四号”中继星“鹊桥”发射升空，将为“嫦娥四号”的登陆提供测控。2019 年 1 月 3 日上午 10 点 26 分，“嫦娥四号”探测器成功着陆在月球背面东经 177.6°、南纬 45.5° 附近的预选着陆区，并通过“鹊桥”中继星传回了世界第一张近距离拍摄的月背影像图，开人类之先河。如今，“玉兔二号”工作正常。

“嫦娥四号”探测器

未来，我们的征途是星辰大海

太空征途总伴随着挑战，美俄探测器登月成功率只有 50% 左右，就在2019年，以色列的第一次探测器登月尝试以失败告终。恒河畔的印度眼红“嫦娥四号”的成功，也想探测器登月，但探测器坠毁在距离月面2千米处。然而，我们的4颗嫦娥探测器，全部圆满成功，全部超额完成任务！

2019年12月27日，“长征五号”火箭复飞圆满成功。2020年“嫦娥五号”披挂出征，火星探测器也已远征火星。

中国航天

江城子

长征火箭向苍穹，
经为弓，纬为弦，
一朝点火，高飞向太空。
“嫦娥四号”登月背，创纪录，开先河。
“天宫二号”已胜利，空间站，终建成。
北斗导航，今朝已组网。
星辰大海再远征，探火星，向深空。

蛟龙探海

上天入地，是中华民族千百年来一直追求的目标。神秘的海底，也是世界各国开展高科技活动的竞技场。

“蛟龙”号潜水艇是一艘由中国自行设计、自主集成研制的载人潜水器，也是863计划中的一个重大研究专项，设计深度为7000米。2010年5月至7月，“蛟龙”号在南中国海进行了多次下潜任务，最大下潜深度达到了3759米。2011年7月26日，“蛟龙”号载人潜水器的下潜深度达到了5057米。当前，“蛟龙”号最大下潜深度为7062米，工作范围可覆盖全球99.8%的海洋区域，标志着我国载人深潜科考已走在世界前列。

中国是继美国、法国、俄罗斯、日本之后世界上第五个掌握大深度载人深潜技术的国家。在全球载人潜水器中，“蛟龙”号属于第一梯队。全世界投

“蛟龙”入水

入使用的各类载人潜水器约90艘，其中下潜深度超过1000米的仅有12艘，更深的潜水器数量更少，除中国外，其他四国的作业型载人潜水器最大工作深度为日本深潜器的6527米。2012年6月27日，中国载人深潜器“蛟龙”号在西太平洋的马里亚纳海沟成功到达7062米海底，创造了作业类载人潜水器新的世界纪录。

“蛟龙探海”工程提出的建议目标包括，到2020年，要升级“三龙”（“蛟龙”号载人潜水器、“潜龙”系列无人无缆潜水器和“海龙”系列无人缆控潜水器）装备体系。到2030年，全面实现建成深海强国的总体目标，通过“蛟龙探海”工程拓展深海活动的多元需求，引领深海治理体系变革；完成深海资源与空间开发利用的技术储备，完善深海战略产业布局和制度建设，壮大深海新兴产业。

都说上天不易，入海更难。
中国深度，只用数字说话！
你看我大中国，
上天入地，何曾惧？
追星揽月，不言难！
“蛟龙”探海，南海“采冰”，
万米深海寻奥秘。
“嫦娥”奔月，“天眼”探空，
浩瀚深空踏征途。
深地“找金”，勘矿“寻宝”
向地球深部进军。
深海、深空、深地，
中国深度，
没有最深，只有更深！
刷新不可能，向无限进击！

强军之路

航空母舰

2017 年 4 月 26 日，中国第一艘国产航空母舰，也是中国第二艘航空母舰——山东舰在大连正式下水，标志着我国自主设计建造航空母舰取得重大阶段性成果。2018 年 5 月 13 日开始海试，2019 年 10 月 22 日完成第八次也是最后一次海试。

建造航空母舰是我国几代海军的梦想。被称为“中国航母之父”的刘华清上将曾说：“如果中国没有航空母舰，我死不瞑目。中国海军必须建造航母。”

20 世纪末，我国曾购买过俄罗斯的“明斯克”号、澳大利亚的“墨尔本”号等退役航空母舰，但这些退役航空母舰只是被改造成大型军事主题公园。

1998 年 3 月中旬，我国从乌克兰买下了“瓦良格号”航空母舰，这是一艘只具外表，形同一艘海上浮台的航空母舰，建设完成度只有 68%。2002 年 3 月 3 日，冲破重重阻碍，历尽艰险的“瓦良格”号航空母舰终于抵达我国大连。2011 年 8 月 10 日，整修一新的“瓦良格”号驶离大连港，开始首次试航。2012 年 9 月 25 日，“瓦良格”号正式更名为“辽宁号”，交付中国人民解放军海军。“辽宁号”成为中国真正意义上的第一艘航空母舰。

2013 年 11 月，“辽宁号”航空母舰从青岛赴中国南海展开为期 47 天的综合演练，其间中国海军以“辽宁号”航空母舰为主编组了大型远洋航空母舰战斗群，战斗群由近 20 艘各类舰艇组成。这标志着“辽宁号”航空母舰开始具备海上编队战斗群能力。

2017 年 4 月 26 日上午，我国第二艘航空母舰——“山东舰”下水仪式在中国船舶重工集团公司大连造船厂举行。“山东舰”由我国自行研制，2013 年 11 月开工，2015 年 3 月开始坞内建造。出坞下水是航空母舰建设的重大节点之一，标志着我国自主设计建造航空母舰取得重大阶段性成果。

“辽宁号”航空母舰

2017年4月，我国首艘国产航空母舰下水

“山东舰”的长度是315米，相当于三个足球场长边的长度，其宽度是75米，基本上相当于一个足球场的宽度。据专家介绍，“山东舰”和“辽宁舰”的外形基本相似，其特点一是设计结构适合作战需求。“山东舰”是按照航空母舰的标准进行的设计，结构设计更适合舰载航空兵作战需求，内部也有更大空间来装载舰载机，可搭载的战斗机的数量更多，另外它提供的直升飞机使用的甲板面积比“辽宁舰”更大。二是舰岛缩短，利于舰载机调度，提高效率。舰岛，是航空母舰的指挥控制中心，指的是航空母舰甲板一侧的岛型建筑。现在服役的航母中，舰岛多在甲板右侧。舰岛内包括航海舰桥、飞行甲板调度室、航空舰桥和其他多种工作室。与“辽宁舰”相比，“山东舰”的舰岛有所缩短，但又比“辽宁舰”增加了一层舰桥，高度偏高。节省下来的甲板面积有利于舰载机调度，相控阵雷达位置更高，增加了远程海空探测距离。

总而言之，首艘国产航空母舰综合作战能力大幅提升。

歼-20

1997年，F-22隐形战斗机在美国首飞，其隐身和超音速等性能远超前代战机。

2009年，时任美国国防部部长罗伯特·盖茨说：“我们拥有大批的F-35和F-22战斗机，而中国在2020年前不会拥有第五代战斗机，等到2025年这一差距只会更大。”2011年罗伯特·盖茨访华时，我国的最新一代战斗机——歼-20在成都实现首飞，这使罗伯特深深地“受伤”了，后来他在回忆录里写道：“歼-20的首飞让我受到了侮辱。”

歼-20

2016年第十一届珠海航展时，两架歼-20战斗机首次做了公开飞行展示。这不仅引起现场的一片轰动，也立刻受到西方媒体的大肆报道。歼-20是中国自主研发的重型隐形战斗机，现代空中力量的代表作，也进入世界最先进的第五代战斗机行列，它是中国国防能力高速发展的一个象征。2016年下半年，歼-20战斗机首批量产型已经进入空军部队。2017年3月9日，中央电视台报道歼-20战斗机正式进入空军序列。

2017年3月13日，《中国日报》发布消息称，中国自主研制的歼-20战斗机近期将装配国产发动机。2017年7月30日，歼-20三机编队参加庆祝中国人民解放军成立90周年阅兵。歼击机呈梯队飞来，机型为歼-20战斗机，3架歼-20隐形战斗机此次依然是以楔形编队的形式在空中飞过，歼-20战斗机的服役也让中国成为继美国之后世界上第二个装备五代战斗机的国家。

建国70周年大阅兵

军威雄壮，铁流滚滚。北京城里热闹非凡，全国上下激动万分。

国庆70周年大阅兵是迄今国庆最大规模的一次阅兵；强大的军力展示，也是一个国家复兴崛起的直接表现。必然的，阅兵也将给中国带来诸多启示。

第一，全国上下很自信

此次阅兵是继2015年“九三胜利日”大阅兵、2017年建军90周年大阅

阅兵一

阅兵二

兵后，我国最高领导人第三次大规模检阅部队。将军们带队受阅，方阵威武雄壮，大国重器更让人振奋。这也足以显现出我国领导人对局势的把控，对未来的自信。在新时代，领导人的自信非常重要，这必然转化为经济的自信、文化的自信、国家的自信。

阅兵三

第二，军改成果很显著

过去几年，改革向纵深推进，但在各领域改革中，军改应该是最彻底、最全面的一个。有人就曾感慨“许三多”：啃下了许多极其难啃的硬骨头，解决了许多长期存在的突出问题，办成了许多多年想办的大事情。改革的唯一目的，就是建立一支强大的中国军队，保家卫国。当然，必须承认，我们与美国还有不小差距，但差距正在快速缩小。没有真正的改革，就没有今日中国军队的风采，也没有今日中国让人刮目相看的能力。这就是改革的强大推动力。

第三，对宵小形成震慑

这个世界并不太平，宵小不少，虎狼横行。中东地区，战争还在继续；美国不惜撕毁《中导条约》，新的军备竞赛一触即发。大阅兵，新式武器，雄壮军威，鼓舞士气，也是对侵害中国权益者的严厉警告。中国不惹事，但也不怕事。没有任何力量能够撼动我们伟大祖国的地位，没有任何力量能够阻挡中国人民和中华民族的前进步伐。当然，对于中国来说，国虽大，好战必亡；天下虽平，忘战必危。不能不察之！

第四，中国军民团结如一人

这次国庆大阅兵是这么齐整，这么热闹，这么井然有序，这么和谐祥和。坦率地说，这么大规模的阅兵和欢庆活动，是很难做好的。但中国做到了，其中也不免会有一些不方便，但军民上下都能理解，政府也尽可能将不方便减到了最少。当老兵车队经过时，所有人站立致敬，场面让人动容。这展现出政府

阅兵四

非同寻常的领导能力和组织能力；还有，就是军民的非同一般的团结。团结就是力量，这力量是铁，这力量是钢，比铁还硬，比钢还强。

正所谓：上下同心，其利断金。这就是今天的中国。军民团结如一人，试看天下谁能敌。

第五，认真，中国没有办不到

2017 年的朱日和大阅兵，那是真正沙场秋点兵，气势吞山河；2019 年的国庆 70 周年大阅兵，阵容齐整，军威雄壮，看了更让人热血沸腾。整齐的军姿、先进的军备、昂扬的士气，展现出的强大战力让人刮目相看。天上地下，每一个细节都不落下，每一个动作都宛若一人。变化背后，毫无疑问是决心、胆略和担当，但更是做事的认真。军事如此，民生亦然，扶贫攻坚更是如此。世界最怕“认真”二字。认真，在中国，真的就没什么办不到！我们现在就需要这种认真！

05 中国梦

ZHONG GUO MENG

中华一家亲

五十六个民族五十六朵花，五十六个兄弟姐妹是一家。国家富强，民族振兴，人民幸福，需要各族人民同呼吸、共命运，坚持民族平等、民族团结和各民族共同繁荣，旗帜鲜明地反对分裂，自觉维护民族团结和国家统一。

民族大家庭

我国是统一的多民族国家，五十六个民族宛如璀璨的明珠，点缀着中国的壮丽河山，组成了一个其乐融融的中华民族大家庭，我国各民族的分布呈现大杂居、小聚居、相互交错的特点，各族人民相互依存，休戚与共，手足相亲，守望相助，共同捍卫民族团结和祖国统一，结成了牢不可破的血肉纽带和兄弟情谊。

中华人民共和国成立后，在处理民族关系上，坚持民族平等、民族团结和各民族共同繁荣的基本原则，将民族区域自治制度作为一项基本政治制度载入宪法和法律，各族人民真正成了国家的主人，在此基础上形成了平等、团结、互助、和谐的社会主义新型民族关系。

民族大团结

在我国，各民族不论人口多少、经济社会发展程度高低、风俗习惯和宗教信仰有多大的差异，都是社会主义大家庭中的一员，具有同等的社会地位，各民族在国家和社会生活各领域享有平等的权利，承担相同的法定义务。

汉族离不开少数民族，

少数民族离不开汉族，

各少数民族之间也相互离不开。

家和万事兴

维护和促进民族团结是每个公民的神圣职责和光荣义务，“同心掬得满庭芳”，各族人民只有铸牢中华民族共同体意识，像石榴籽一样紧紧抱在一起，手足相亲、守望相助、齐心奋斗，伟大的祖国才能繁荣发展。

长期以来，党和国家在人力、物力、财力等方面大力支持民族地区的经济社会发展，特别是改革开放以来，国家进一步加大对欠发达地区的扶贫支持力度，推动西部大开发战略，实施兴边富民行动，通过输入技术、管理、人才等方式增强欠发达地区的自我发展能力，使欠发达地区的经济社会发生了翻天覆地的变化，驶上了跨越式发展的快车道。

没有各民族文化的发展，就没有中华民族文化的繁荣，国家大力扶持少数民族文化的保护、继承、创新和发展工作，积极促进各族之间的文化交流，使少数民族文化获得前所未有的发展。

探究与思考

请同学们围绕“如何使我们的各族人民紧紧团结在一起”这一话题进行讨论。

★★★★★

反对分裂

反对分裂，就要维护国家统一、国家主权和领土完整，近代以来为争取民族解放，维护国家主权、领土完整和民族尊严，无数中华儿女抛头颅，洒热血，谱写了一曲曲感天动地、气壮山河的英雄战歌。

反对分裂，就要反对一切形式的民主分裂活动，尤其要坚决反对借民族和宗教之名搞暴力恐怖活动。分裂会导致社会动荡、经济发展停滞不前。一切破坏民族团结，制造民族分裂的行为都将受到法律的制裁。

反对分裂，就要维护国家的安全。国家安全是安邦定国的重要基石，国泰民安是人民群众最基本、最普遍的愿望，当前国际形势风云变幻，国家安全和发展环境复杂多变，我国正处于中华民族伟大复兴的关键阶段，也处于从发展中的大国迈向社会主义现代化强国的关键时期，我们要树立国家安全观，更要自觉地维护国家的安全。

维护国家统一、反对分裂是爱国主义精神的具体体现，是每个公民义不容辞的责任，我们绝不容忍国家分裂和历史悲剧重演，一切分裂祖国的活动都必将遭到全体中国人的坚决反对。

“一国两制”

“一个国家，两种制度”，简称“一国两制”，“一个国家”是指中国，是统一的国家，主权和领土不容分割。“两种制度”是指在坚持一个中国的前提下，国家的主体坚持社会主义制度，香港、澳门、台湾保持原有的资本主义制度长期不变，实行高度自治。

香港、澳门回归祖国以来，“一国两制”实践取得举世公认的成功。保持香港、澳门长期繁荣稳定，必须全面准确贯彻“一国两制”、“港人治港”、“澳人治澳”、高度自治的方针，严格依照《宪法》和《基本法》办事，完善与《基本法》实施相关的制度和机制。香港、澳门回归以来，与祖国内地优势互补，共同发展，共担民族复兴的历史责任，共享祖国繁荣富强的伟大荣光。

由于历史原因，我国尚未实现完全统一。解决台湾问题、实现祖国完全统一，是全体中华儿女的共同愿望，是中华民族根本利益所在。

我国《宪法》规定，台湾是中华人民共和国的神圣领土的一部分。世界上只有一个中国，大陆和台湾同属一个中国。“和平统一、一国两制”是解决台湾问题的基本方针，也是实现国家统一的最佳方式。“一个中国”原则是两

1997 年香港回归

1999 年澳门回归

岸关系的政治基础，必须坚持“九二共识”，坚决反对“台独”。

俗话说：“人不走不亲。”两岸同胞要多走动，多交流，多沟通，增进理解、信任，共同推动两岸关系和平发展，实现祖国的完全统一和中华民族的伟大复兴。

探究空间

你想知道“妈祖”的传说吗？现在就行动起来去上网查查吧！

★★★★★

中国人，中国梦

全面建成小康社会的梦想就要成真，民族复兴的梦想正在实现，中国人自信地走在一条追求梦想、实干兴邦的康庄大道上。“赤橙黄绿青蓝紫，谁持彩练当空舞”，自信的中国人对国家有认同，对文化有底气，对发展有信心，并能担负起民族复兴的历史重任。看中国少年风华正茂、自信昂扬，且到中流击水与祖国共成长。

民族复兴梦

梦想是对美好生活的向往，有梦就有前行的力量，千百年来中华民族夙兴夜寐，执着地追求实现小康、过幸福生活的梦想。

实现中华民族伟大复兴是近代以来中华民族最伟大的梦想。梦想贯通历史，中华儿女百年来前仆后继，进行了波澜壮阔的争取民族独立和人民解放的斗争，中华人民共和国成立以来，尤其是改革开放以来，中华民族历经艰苦探索，重新焕发活力，实现了由贫困到温饱，再由温饱到总体小康的历史性跨越。百年梦想插上了腾飞的翅膀。

在新世纪新时代，我国经济和社会发展的战略目标是，到建党 100 周年时全面建成小康社会，到中华人民共和国成立 100 年时，全面建成社会主义现代化强国。

只有创造过辉煌的民族才懂得复兴的意义，只有历经过苦难的民族才对复兴有如此深切的渴望，“中国梦”反映了近代以来一代又一代中国人的美好

中华世纪坛

坐落在北京市海淀区西长安街延长线上，总建筑面积 3.5 万平方米，由主体结构、青铜甬道、圣火广场、过街桥、世纪大厅、艺术大厅等组成。中华世纪坛是为了迎接 21 世纪新千年而兴建的。现主要作为中华世纪坛世界艺术馆使用，是中国第一家以世界艺术为收藏、展示、研究对象的公益性国家文化事业机构。

中华世纪坛

夙愿，揭示了中华民族的历史命运和当代中国的发展走向，指明了全国各族人民共同的奋斗目标，实现“中国梦”，就是要实现国家富强、民族振兴、人民幸福。

实现中华民族伟大复兴，体现了中华民族和中国人民的整体利益，是国家的梦、民族的梦，也是每个中国人的梦，实现伟大梦想需要我们凝心聚力、坚韧不拔、锲而不舍，奋力开启时代新征程。

探究与分享

对于“中国梦”，人们有不同的理解，有的人说经济腾飞就是实现“中国梦”；有的人说“中国梦”是遥远的，遥不可及；还有的人说实现“中国梦”是国家的事，与个人无关。你同意这些说法吗？你是如何理解“中国梦”的？

★★★★★

新时代新征程

经过长期努力，中国特色社会主义进入了新时代，这是我国发展新的历史方位。

中国特色社会主义进入新时代，意味着近代以来久经磨难的中华民族迎来了从站起来、富起来到强起来的伟大飞跃，迎来了实现中华民族伟大复兴的光明前景；意味着科学社会主义在21世纪的中国焕发出强大的生机活力，在世界上高高举起了中国特色社会主义伟大旗帜；意味着中国特色社会主义道路、理论、制度、文化不断发展，拓展了发展中国家走向现代化的途径，给世界上那些既希望加快发展，又希望保持自身独立性的国家和民族提供了全新选择，贡献了中国智慧和中国方案。

进入新时代，中国共产党领导全国各族人民，在马克思列宁主义、毛泽东思想、邓小平理论、“三个代表”重要思想、科学发展观、习近平新时代中国特色社会主义思想的指引下，全面擘画中国特色社会主义伟大事业。

港珠澳大桥

小朋友在体验“5G+ 远程控制”技术

按照“两个一百年”的奋斗目标，在2020年全面建成小康社会的基础上乘势而上，开启全面建设社会主义现代化国家新征程，向第二个百年奋斗目标进军。从2020年到21世纪中叶可以分两个阶段。第一个阶段从2020年到2035年，在全面建成小康社会的基础上，基本实现社会主义现代化。第二个阶段从2035年到21世纪中叶，在基本实现现代化的基础上，把我国建成富强、民主、文明、和谐、美丽的社会主义现代化强国。

“中国梦”是历史的、现实的，也是未来的。中华民族伟大复兴的“中国梦”终将在一代代青年的接力奋斗中变为现实。

思考

看了这些图片，你最大的感受是什么？请写下你的留言。

探究空间

（1）开展“梦想大讲堂”活动，通过分享不同行业的筑梦故事，共同感受祖国的日益强大。

（2）每个人都有自己的梦想，采访你身边的人（包括父母、老师或者邻居等），记录他们的“中国梦”。想一想：他们实现梦想需要哪些条件呢？

★★★★★

圆梦大舞台

现在我们比历史上任何时期都更接近中华民族伟大复兴的目标，比历史上任何时期都更有信心、有能力实现这个目标。

实现中华民族伟大复兴的“中国梦”，必须坚持党的领导，贯彻创新、协调、绿色、开放、共享的发展理念，统筹推进经济建设、政治建设、文化建设、社会建设、生态文明建设，协调推进全面建成小康社会、全面深化改革、全面依法治国、全面从严治党。

实现“中国梦”必须走中国道路。中国道路就是中国特色社会主义道路。中国特色社会主义道路立足中国国情，凝结着中国共产党领导人民长期探索的智慧和心血，是中华民族复兴的正确道路。

实现“中国梦”必须弘扬中国精神。中国精神就是以爱国主义为核心的民族精神和以改革创新为核心的时代精神。中华文明生生不息，中国精神薪火相传。

实现“中国梦”必须凝聚中国力量。中国力量就是全国各族人民大团结的力量。人民是历史的创造者，是梦想的实现者。人民有信心，国家有力量，民族有希望。

自信的中国人

自信的中国人对国家有认同。“天下兴亡，匹夫有责”。一个自信的中国人，具有强烈的国家认同感、与国家民族休戚与共的责任感、以天下为己任的使命感，能够自觉维护国家利益和国家尊严，自觉维护祖国统一和领土完整。

探究与分享

企业家说：“越来越多的中国行业标准正在成为世界标准。”

文学家说：“越来越多的中国作品和中国作家在国际上获奖，证明中国文学的水平在不断提升。”

维修工说：“我虽然是一个只有初中学历的普通工人，但我敢求新、愿担当。参加工作以来我已经取得 150 多项科学科技成果，获得多项国家专利，为企业创造效益近 8400 万元，我和同事所取得的一项技术革新成果还被国内外同行广泛采用。”

从他们身上你是否感受到作为中国人的自信，为什么他们会如此自信呢?

★★★★★

自信的中国人对文化有底气。不忘本来才能开辟未来，善于继承才能更好创新。一个自信的中国人，能够坚守中华文化立场，传承中华文化基因，讲好中国故事，传播好中国声音，阐发中国精神，展现中国风貌。

自信的中国人对发展有信心。我们走自己的路，具有无比广阔的舞台，具有无比深厚的历史底蕴，具有无比强大的前进动力。一个自信的中国人，坚信中国特色社会主义道路就是人间正道，坚信创新、协调、绿色、开放、共享的发展理念能够引领中国发展，创造中国奇迹。

自信不是妄自尊大，也不是故步自封。在经济全球化的时代，面对各种思想文化的碰撞和价值观念的冲突，我们需要培育理性平和、不卑不亢、开放包容的心态。

自信的中国人既是梦想家又是实干家，既要胸怀理想又要求真务实，既要满怀激情又要锲而不舍。实干才能梦想成真，辛勤劳动才能开创美好生活。

探究与分享

（1）查找资料进一步丰富这些追梦人的故事。

（2）他们的追梦经历有哪些独特之处？你从他们的追梦经历中受到哪些启发？

★★★★★

波澜壮阔、沧桑巨变的民族复兴图景，镌刻着几代中国人前仆后继、艰苦奋斗的身影。少年啊，彰显新时代中国人的自信品格，与时代同进步，与祖国共成长！

附一

活动指导 1

HUO DONG ZHI DAO

关于教材中的内容，你最想研究的是：

关于教材中的内容，你提出了哪些新问题？

针对这些问题，你打算用什么研究方法去寻找答案？

研究方法小贴士

1. 上网收集相关资料，记录整理相关内容。
2. 设计采访提纲，选择采访工具，在基地老师的带领和指导下，采访相关人物，深入地了解活动主题相关内容。
3. 设计研究主题相关的调查问卷，在同学、老师、社区群众及其他所需调查的对象中开展问卷调查或现场调查，分析调查的内容与数据，总结调查结果，形成简单的调查报告。
4. 通过小组合作、实践体验、动手制作等方式完成探究任务。
5. 选择合适的成果汇报形式，完成小组或个人的成果展示，如任务单、小课题研究报告、绘画作品、讲故事和活动感悟等。

附二

活动指导 2

HUO DONG ZHI DAO

问题研究记录表

小课题研究记录表

小组		成员	
研究的问题			
研究方法			
小组分工			
需要的工具及用途			
简述研究结果			

个人成长记录

活动主题:	姓名:
我的收获: 我需要改进的地方: 活动感言:	

敬 告

ATTENTION

灌云县小学生社会实践基地《青少年道德养成教育》的出版，对于编写者、出版者来说是一项繁复的系统工程，需要得到全社会的支持。

对于书中选用的一些资料，因通联问题，未能一一征询，特此致歉。敬请告知联系方式，我们即付稿酬并奉送样书。地址：江苏省连云港市灌云县城北路灌云县小学生社会实践基地《青少年道德养成教育》编写组，邮编：222200。

此致

谢谢！

灌云县小学生社会实践基地《青少年道德养成教育》编写组

青少年道德养成教育

传统润童年

徐红梅　孙卫红◎主编　　董永友　王妍苏◎编

QINGSHAONIAN DAODE YANGCHENG JIAOYU

教育

经典宝书

华龄出版社

HUALING PRESS

图书在版编目（CIP）数据

青少年道德养成教育 / 徐红梅，孙卫红主编 . -- 北京：华龄出版社，2021.12
ISBN 978-7-5169-2151-7

Ⅰ . ①青… Ⅱ . ①徐… ②孙… Ⅲ . ①品德教育－中国－青少年读物 Ⅳ . ① D432.62

中国版本图书馆 CIP 数据核字 (2021) 第 269125 号

选题策划	人文在线	责任印制	李未圻
责任编辑	高志红	装帧设计	顽瞳书衣

书　　名	青少年道德养成教育	作　者	徐红梅　孙卫红
出　　版 发　　行	华龄出版社 HUALING PRESS		
社　　址	北京市东城区安定门外大街甲 57 号	邮　编	100011
发　　行	（010）58122255	传　真	（010）84049572
承　　印	三河市龙大印装有限公司		
版　　次	2023 年 9 月第 1 版	印　次	2023 年 9 月第 1 次印刷
规　　格	710mm × 1000mm	开　本	1/16
印　　张	24	字　数	250 千字
书　　号	ISBN 978-7-5169-2151-7		
定　　价	98.00 元（全五册）		

前言

PREFACE

游戏伴着儿童发展，儿童在游戏中成长。游戏的教育价值已得到大量实践和研究的证明。对于儿童来说，游戏不仅带给他们极大的快乐，更使其在玩游戏的过程中获得身心的和谐发展。

随着经济的发展、社会的进步，我国各地的儿童游戏都发生了很大的变迁，传统游戏在孩子们的游戏中渐渐地销声匿迹，取而代之的是各种各样新奇的现代化玩具，长时间玩这些游戏，孩子们就会离自然越来越远，与自然失去了接触，变得机械化。

民间游戏是由劳动人民自发创编，在民间广泛流传的游戏。它因陋就简、就地取材、娱乐性强、易学易玩，几乎不受时间、地点、材料和人数的限制，影响了几代人的成长。传统游戏更能锻炼孩子的群体意识，让他们理解什么是自由、什么是限制、怎样适应现实规则、怎样解决矛盾与冲突。传统游戏中的伙伴关系，则能有效健全独生子女的人格。在儿童中广泛开展传统游戏，既符合儿童发展的需要，也有助于儿童良好性格的形成。其丰富的内容和特有的形式，不仅有利于提高儿童的游戏趣味和娱乐性，也符合儿童好动、好学、好模仿及好游戏的心理特点，同时能有效弥补家庭和学校教育的不足，可以说传统游戏对儿童教育有着巨大的现实意义。

打造特色鲜明、与时俱进的传统游戏校本教材，是我们基地教师的共同心愿，受学术水平、编写能力和时间的限制，本书难免有些疏漏和不足之处，恳请各位同人给予批评指正，以便修订完善。

2020 年 8 月

目 录
CONTENTS

01 民间游戏初识篇
MIN JIAN YOU XI CHU SHI PIAN

02 民间游戏体验篇
MIN JIAN YOU XI TI YAN PIAN

03 民间游戏工具制作篇
MIN JIAN YOU XI GONG JU ZHI ZUO PIAN

04 民间游戏童谣篇
MIN JIAN YOU XI TONG YAO PIAN

05 民间游戏创新篇
MIN JIAN YOU XI CHUANG XIN PIAN

06 民间游戏展示篇
MIN JIAN YOU XI ZHAN SHI PIAN

01 民间游戏初识篇

MIN JIAN YOU XI CHU SHI PIAN

看一看 想一想

下列图片中，各种游戏的名称分别叫什么？

★★★★★

民间游戏介绍

民间游戏是指流传于广大民众生活中的嬉戏娱乐活动，俗称“玩耍”，主要流行于少年儿童中间和节日里成年人娱乐节目之中。有些游戏项目在发展中逐渐完备，最后形成了竞技项目或杂技艺术。生动有趣，没有功利色彩的民间游戏和竞技活动，每个中国人都会感到亲切。这种亲切感总是与朗朗的笑声和浓浓的乡情融在一起。不论是斗百草、放风筝、骑竹马、荡秋千、捉迷藏、斗蟋蟀，还是跳房子、跳百索、拔河、赛龙舟、摔跤、下土棋等，几乎每个中国人都会津津有味地说出许多来。

民间游戏的特点

（1）随意性。从游戏的组织和取材角度来说，民间游戏具有一定的规则，但又具有随意性。一些游戏可以就地取材，找一些木棍、石子和叶子，就可以开始游戏，如利用石子或果核，按不同的图形玩“走子”游戏。

（2）趣味性。民间游戏能够代代流传是因为具有极强的趣味性，符合儿童好奇、好动的年龄特点。例如，跳皮筋可以边说儿歌边跳，玩法上可以从一根到两根、三根。再如摔烟纸盒，其中好看的图案、扇的动作和纸盒摔在地上发出的声音都给儿童带来了乐趣。

民间游戏的价值

在民间流传着许多具有生活气息、风采各异的游戏，它给许多人带来了童年的欢乐。民间游戏简单易学、趣味性强且种类繁多，对促进孩子身心发展有着不可低估的作用。

其一，促进孩子动作的发展。许多民间游戏能促进孩子走、跑、跳和钻等大肌肉动作，跳绳、萝卜和城门几丈高等。一部分民间游戏能发展手的小肌肉群和手眼的配合协调，抓子、吹羽毛和弹蚕豆等。

其二，促进孩子社会性的发展。研究表明：积极的伙伴之间的社会化更可能出现在自由游戏中，而不是出现在成人组织或设计的活动中。民间游戏使孩子三五成群一起游戏，通过互相协调、模仿，学会与别人友好相处，使孩子助人、合作的心理品质得到发展，并学会自己解决人际矛盾，学会控制自己的情绪和行为。

其三，促进孩子良好意志品质的形成。民间游戏能否顺利进行，取决于孩子对游戏规则的掌握，取决于孩子的自我评价及别人的监督。这就发展了孩子辨别是非、正确评价自我及他人的能力。同时在游戏中，孩子会不断克服自身弱点，遵守规则，选择并忍受当前的挫折和不安，锻炼自己承受挫折、失败的能力，逐渐形成良好的情绪和意志品质。

其四，促进孩子遵守规则意识的形成。民间游戏有很明确的规则，这些游戏规则是必须遵守的，而这就会使参与者因想参与游戏而极尽力量去控制自己的行为，去遵守规则。这无疑是合作协调的好开端。游戏也能帮助孩子摆脱以自我为中心，向社会合作发展。经典的“老鹰捉小鸡”游戏：一人扮老鹰，一人扮母鸡，其他人扮小鸡，在“母鸡”翅膀的保护下，“小鸡”们一个一个紧紧抓住，躲闪，保护队尾的“小鸡”不被“老鹰”抓走，而“老鹰”只能抓队尾的一只“小鸡”。如果“老鹰”随意抓“小鸡”，不守规则，就会失去参加游戏的资格，为了参加游戏，儿童只能遵守游戏规则。

其五，促进孩子语言能力的发展。民间游戏还附儿歌唱和，孩子必须得边唱边玩，在游戏中相互交流，逐渐学习表达，并丰富了词汇，促进了语言的发展。例如，“网鱼”游戏中，两个孩子双手互搭成网，其余孩子成一列，从网下钻过，边钻边唱儿歌“一网不捞鱼，二网捕捞鱼，三网捞条大尾巴鱼”；“熊和木头人”游戏中，当熊前行时有“山山山，山上有个木头人，三三三，三个好玩的木头人，不许说话不许动”的儿歌唱念；“老鹰捉小鸡”中则有“老鹰天上飞，小鸡地下跑，老鹰捉小鸡，就是抓不到”；等等。

民间游戏有着悠久的历史，在过去艰苦的岁月里，儿童游戏都是自发编创、自制玩具、自编童谣，流传下来很多有趣又有意义的游戏。民间游戏既是儿童乐观积极的生活情感的体现，也是旧时代儿童生活的反映，凝聚了劳动人民的智慧和情感。今天，民间游戏已经作为优秀的传统文化，成为地方重点保护的非物质文化遗产。

想一想 说一说

同学们，上面这些游戏你们会玩吗？你还知道哪些民间游戏呢？请同学们说一说。

★★★★★

02 民间游戏体验篇

MIN JIAN YOU XI TI YAN PIAN

中国民间传统游戏有着悠久的历史，流传下来的游戏项目也数不胜数。它是一代又一代人传承下来的朴素智慧与生活趣味，简单的游戏不仅有益于孩子们的健康，更让小伙伴们变得亲密无间。在本篇中，让我们一起来体验民间传统游戏吧！

老鹰捉小鸡

游戏简介

老鹰捉小鸡，俗称“黄鹞吃鸡”，又叫“黄鼠狼吃鸡”，是一种多人参加的益智娱乐游戏，在户外或有一定空间的室内进行。游戏开始先分角色，即一人当母鸡，一人当老鹰，其余人当小鸡（人数最好限定在 3 ~ 35 人之间）。“小鸡”依次跟在“母鸡”身后，受“母鸡”的保护。“老鹰”必须冲破“母鸡”的阻拦，去捉住排在队尾的一只“小鸡”，直到把所有的“小鸡”全部捉住为止。这种游戏，对发展儿童的灵敏性和协调能力、培养儿童的合作意识有一定的促进作用。

游戏规则

（1）以“石头、剪子、布”定出一个人当母鸡，一个人当老鹰，其余人当小鸡。

（2）“小鸡”依次在“母鸡”身后牵着衣襟排成一队，“老鹰”站在“母鸡”对面。游戏开始后，“老鹰”做着赶鸡的动作，“老鹰”不可侵犯“母鸡”，只能突破“母鸡”的防线，捉最末尾的“小鸡”，若捉住则这只“小鸡”被淘汰。

（3）“母鸡”可以张开双臂或左右移动，尽量拦住“老鹰”，也可以大声喊着“‘老鹰’从 × 边过来了”等话语，告诉自己身后的“小鸡”们。

（4）若“老鹰”攻破“母鸡”的防线，使“母鸡”与“小鸡”们分离，“小鸡”们可立即蹲下，双手捂住耳朵，则表示“小鸡”们已安全。这时“老鹰”必须重新站在“母鸡”前面，“母鸡”可及时调整队伍，继续游戏。

（5）“老鹰”每次只能捉一只“小鸡”，并且只能是“小鸡”队伍中末尾的一只“小鸡”。

（6）当“老鹰”捉住最后一只“小鸡”，只剩下“母鸡”时，则判定“老鹰”获胜，游戏结束。

游戏过程

“老鹰捉小鸡”游戏开始时，扮老鹰的孩子穷凶极恶，不断向“小鸡”发起猛烈的进攻。“母鸡”则张开双臂，左遮右挡。那一长串“小鸡”就躲在

“母鸡”的背后，跟着“母鸡”跑来跑去，一会儿向左，一会儿向右，大呼小叫，热闹非凡。“老鹰”扑来扑去，伸出爪子，场面凶险至极，有的“小鸡”还发出阵阵惊叫，使得气氛更加紧张。“母鸡”为了保护“小鸡”，不遗余力。终于，“母鸡”上蹿

下跳，渐呈疲态，“老鹰”一个箭步，跑到了“小鸡”队伍的末尾，将末尾的“小鸡”捉住，这样，倒数第二只便成了末尾一只。“母鸡”气急败坏，赶紧调整队列，护卫在“小鸡”面前。但“小鸡”队列太长，尾大不掉，稍不留神，又损失一只“小鸡”。刚才中间的“小鸡”还觉得万分安全，但转瞬之间，便成了末尾一个，暴露于“老鹰”的利爪之下。最后，终于只剩下一只“小鸡”，他就跟在“母鸡”身后，如影随形，寸步不离。最精彩的一幕开始了，最后一只“小鸡”是最难捉的，考验“老鹰”的时候到了。双方闪转腾挪、你来我往，斗得异常激烈。“老鹰”只差一步便可取胜，而“母鸡”到了生死关头，自然要垂死挣扎，其争斗之激烈可想而知。在这个游戏中，只要玩下去，胜利一方必属于“老鹰”无疑。因为主动权完全掌握在“老鹰”手中，“母鸡”除了可以防守，毫无进攻的可能。但这个游戏还有一个重要规则，那就是老鹰不可侵犯母鸡，这才使得“母鸡”对“小鸡”的护卫成为可能。

小链接

新疆柯尔克孜族的“老鹰吃仙鹤”游戏和“老鹰捉小鸡”类似，一人扮老鹰，一人扮母仙鹤，余者为小鹤。“老鹰”捉“仙鹤”时，众“仙鹤”围绕“母仙鹤”转，受其保护，此游戏气氛活跃紧张，生动有趣。

老鹰捉小鸡

“老鹞叼小鸡”是满族儿童喜爱的一种游戏。参加游戏的儿童，一人扮作老鹞子，一人扮作老抱子（母鸡），其余的排成一队，扯着后衣襟躲在“老抱子”后面。“老鹞子”左右捕捉“老抱子”保护的“小鸡”，一边玩，一边互相问答。“老鹞子”每抓到一只“小鸡”，便让其背着走一段，然后“吃掉”。依次抓扑，直至抓完为止。

此外还有山东民间的“马虎叼羊”、青海土族的“抓羊”、广西民间的“狼吃小羊”，以及中国台湾民间的“围虎陷”和流行于山东成武一带的“杀羊羔”等游戏。

思考探究

这个游戏给我们带来哪些启示？体验这个游戏有哪些益处？

★★★★★

滚铁环

游戏简介

滚铁环游戏最早出现在我国，汉代时就是百戏之一。到了15世纪，希腊人开始滚铁环，美洲印第安人也有类似的游戏项目。18世纪，英国已非常流行滚铁环，伦敦大街上到处是滚铁环的男孩和女孩。19世纪初，滚铁环与跳绳、哑铃一起成为一些国家学校的主要体育项目。

滚铁环，又称滚铁圈、推铁环，其原理非常简单，即由一根手柄推着铁环向前滚动。铁环制作简单，有的是用废旧钢筋或铁丝做的，有的是用旧木桶、旧木盆上拆下来的铁箍做的，有的是用村里榨油坊丢弃了的旧钢箍做的。用废旧钢筋做铁环有点困难，得先找一根较粗的钢筋，用钉锤将其锤直后，再用老虎钳将其弯成一个直径50 ~ 60厘米的铁环，再拿到铁匠铺里把接头锻打在一起。这种铁环中间没有接头，稳定性好，滚起来比较顺滑，这在以前绝对是一件奢侈品，常常令小伙伴们“羡慕嫉妒恨”。

滚铁环

滚铁环游戏，光有铁环不行，还要有手柄。手柄即“车把”，是用来控制铁环的速度和方向的，通常是在一根木棍或竹棍的顶端嵌着一个U形的铁钩，或者用一根钢筋，将顶端拗弯成一个U形钩子。手柄的长短粗细没有统一的标准，全由自己决定。

滚铁环的动作有一定的难度，需要一定的技巧。个人活动、集体竞赛均可。有 50 米或 100 米竞速，有 100 米障碍（如绕树丛、过独木桥）、4 × 100 米接力等比赛项目。

游戏规则

滚铁环比赛

滚铁环的场地最好是平坦的路面，或坡度不大的草坡。如果是滚铁环的高手，即使是崎岖的山路或凹凸不平的村巷，亦行走自如。孩子们右手持着长柄，将其搭上铁环，手上的力量通过长柄的钩子传递到铁环上，促使铁环快速地滚动。孩子跟在铁环后快速奔跑起来，只有这样，他才能跟上铁环。孩子加大手上的力量，那个钩子起到了轴承般的作用，从而推动着铁环。由于铁环的惯性，孩子手上的长柄也随着铁环的滚动而做着圆周运动。

滚铁环的关键之处在于掌握好平衡，否则铁环就会“哐啷”一声，跌倒在地。孩子手上的长柄就像方向盘一样控制着铁环的方向。他还可以通过手上的力量，控制铁环的速度。总之，铁环在孩子的手上如臂使指，行动自如。这个游戏充分显示出孩子对机械的热爱。

滚铁环可谓对车辆的简单模拟，它不仅具有轮子的形状，还模仿着轮子的运行。而轮子作为车辆最基本的特征，赫然是车辆的象征。孩子们驾驭着铁环，其乐趣可跟成人驾车飞驰相比。

单独滚铁环的乐趣犹如独自开车，而一群人来比赛滚铁环则好比赛车，更加火爆。孩子们设定一个目的地，然后一齐出发，看谁能最快到达终点。场地上，尘土四起，铁环在快速滚动，孩子们大呼小叫，奔走如飞，场面煞是热闹。孩子们手上的铁环还要互相碰撞，若谁的铁环跌倒在地或停滞不前，则马上被淘汰出局。

游戏意义

滚铁环是一项深受少年儿童喜爱的运动项目，自娱性强，荷兰的运动专家在 1976 年指出滚铁环比赛有助于提高人体的平衡性、肢体的协调性及眼力，可以提高四肢活动能力，最重要的是它让孩子们享受运动的乐趣，有一个无忧的童年。

各种电子游戏泛滥，在一味开发儿童智力的同时，大多数家长却忽视了对孩子体格上的训练。同时，市场上能让孩子运动起来的玩具很少，少数的几种也是价格很高且玩法复杂，或受场地限制不太实用。相比之下，廉价而又方便实用的滚铁环，不限场地，随处可玩，运动量大而又灵活多变，能让孩子在游戏中运动，在运动中成长，培养强健的体魄、灵巧的身躯、顽强的意志和过人的精力。

问一问

滚铁环的技巧有哪些？请同学们谈一谈。

★★★★★

斗百草

游戏简介

斗百草又称斗草，是一种中国民间儿童游戏，以花草名相对，如狗耳草对鸡冠花，以答对精巧者为胜。该游戏起源于周朝，南北朝时期形成一种定式，迄今已有三千多年的历史，后演变成端午习俗。之所以端午时节斗百草，是因为古人认为，五月为恶月、毒月，必须采集百草解除厄运，以渡过难关。到了六朝后期，斗百草逐渐成为一种游戏习俗。唐朝以后，斗百草又逐渐成为妇女和孩童的游戏。

游戏方法

斗百草游戏有两种玩法，一种是“文斗”，另一种是“武斗”。斗百草最先是从“武斗”开始的。《诗经·周南》说的就是用车前草进行的“武斗”。

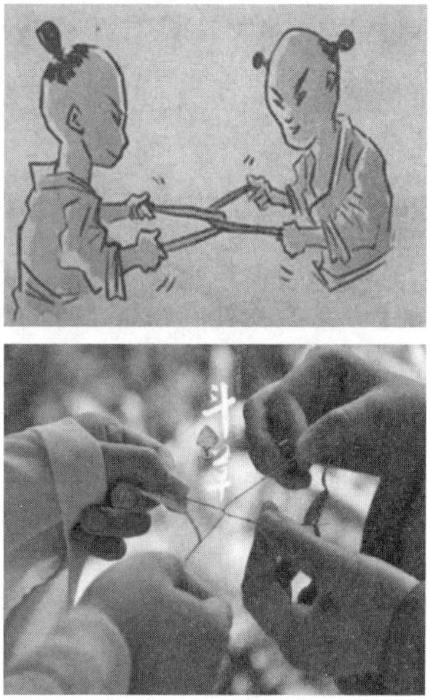

斗百草

“武斗”玩法：比赛双方先各自采摘具有一定韧性的草（楼兰案：多为车前草，车前草是多年生草本植物，多生路边、沟壑旁、田埂等处。无茎，具多数细长之须根；叶自根际丛出，薄纸质，具五条主叶脉，全缘或波状，或有疏钝齿，长达15 ~ 30厘米；具绿白色疏生花，花冠四裂，雄蕊四枚；果实成熟后会如盖子般掀开，释出4 ~ 6颗棕黑色种子，其长长的花轴，是用来斗草的好材料），然后相互交叉呈“十”字状并各自用力拉扯，以不断者为胜。这种以人的拉力和草的受拉力的强弱来决定输赢的斗草，被称为“武斗”。

所谓“文斗”，即各人把自己收集的各种花草拿来，然后一人报一种花草名，另一人接着拿出花草并对答花草名称，一直“斗”下去，直到最后见分晓。这种“文斗”结果大多是谁收集的花草多、种类齐全，谁就能报到最后，也就是赢家。

游戏过程

在田间割草放牛之余玩耍的孩子们，一人从田野中正在生长的鲜活的草上折一草茎在手，这时，被折断的草茎上的断口处立刻会有草的汁液渗出，形成一个小小的水珠状的汁液珠体。另一人同时也另折断一草，其草茎的折断处也形成一个汁液小水珠，两人同时将两个汁液小水珠互相靠近触碰，触碰后再慢慢拉开，这个动作实际就是所谓“斗”。结果是看谁草茎上形成的汁液小水珠被对方的汁液小水珠粘黏去了，谁就输了。但并不是到此为止，接着是用“打赢家”的办法，别的孩子再折一草，用其草茎折断处形成的汁液小水珠同胜的一方继续粘黏。这时，原来的赢家草茎上的汁液小水珠由于已合并了两草的汁液水珠，自然珠体较大，粘黏力也会较大，所以很可能又是赢家。但是，物极必反，赢者如果连赢几人，他的草茎上悬着的汁液水珠大到一定程度，由于地心引力，草茎本身粘黏不住了，必然会掉到地上。最终是，谁手中草茎上的汁液水珠落地前吸附对方的次数最多，谁就是赢家。然而谁的草茎上汁液水珠被赢家草茎上的汁液水珠吸附去时促使赢家的水珠落地了，这个人也是这一轮中被输家推崇的第二赢家。每一次赢家的草茎汁液水珠落地算一轮，一轮结束，儿童们可以从头开始再来第二轮，直到若干轮。几轮下来，当然是以吸附别人草汁水珠次数最多的为最终赢家。乡间儿童所玩，用来做赌资的不可能是钱或别的实物，只能是草。赢家可以让输家为他割一定数量的牛草，以作为输的惩罚。当然，只有两个儿童玩的时候，可以一轮接一轮地玩，最终可能是互有输赢。

小链接

这种斗草游戏，一般也只是在春夏间进行，也就是端午前后这个时段。因为只有这时，不仅天气不冷不热，在田野间正好玩耍，而且百草都在旺盛生长中，大部分的草都没有长成，更很少有开花结籽的。这时的草，其汁液才多，才容易从折断处渗出。到了夏末，草长成了，开花结籽了，很少有汁液渗出，特别是到了秋季，草都收浆了，就更难有汁液渗出，也就不可能玩这种游戏了。所以，这种斗草游戏，同《荆楚岁时记》记载的“五月五日，四民并蹋百草，又有斗百草之戏”的时间是一致的。

这种游戏也有一个对各种草及其汁液粘黏性的熟悉了解过程。有的草，汁液浓些，粘黏性大些，吸附力就强些；有些草，汁液淡些，粘黏性、吸附力就小些，因而容易被对方吸附去。儿童在玩这种斗草游戏时，无形中就会认识和熟悉各种草的名称及其草汁的浓淡程度。同时，这种玩法还在无形中让儿童知道了重力的知识及物极必反的道理。

挑小棒

游戏简介

挑小棒是民间孩童游戏的一种，它所需材料简单，内容易学，种类丰富，趣味性强，玩法多样，不受时空限制。游戏开始，孩子们选择自己喜欢的玩伴，两个或者三五个孩子一起玩。他们能够巧妙地运用和控制手指、手腕动作，手的小肌肉得到锻炼和发展，规则意识也逐步形成。

游戏规则

这个游戏可以两个人玩，也可以几个人玩，大家可以先商量，由谁来撒小棒。挑小棒的第一条规则是：撒小棒的小朋友把一束小棒握在手中，一端立在桌面，松开手，让小棒自己散落在桌上。第二条规则是：小朋友轮流着把桌上的小棒挑起来，每次只能挑一根，不能碰到其他小棒，如果碰到其他小棒了，就要让下一个人挑棒。第三条规则：大家轮流挑小棒，直到小棒完全挑完，最后数数谁的小棒多，多的为胜。

还有另一种玩法，需要买一盒游戏棒，由31根不同花式的小棒组成，带螺旋的游戏棒，每支20分；中间红两边蓝的游戏棒，每支10分；三节红两节蓝的游戏棒，每支5分；有红、黄、蓝三色的游戏棒，每支3分；红、蓝两色

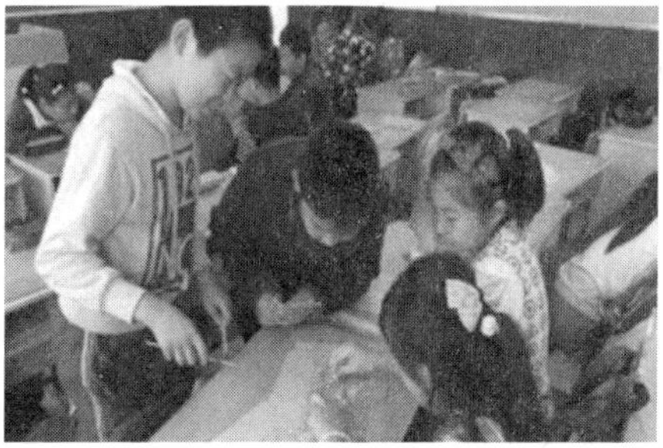

挑小棒

的游戏棒，每支 2 分。大家轮流挑小棒，直到 31 根全部挑完，把所有游戏棒的分数加起来，分数高者为胜。

游戏优点

可以锻炼孩子的注意力、观察力、判断力、运算力和分析能力，并增加手眼协调能力和手指灵活性。

小链接

童年小趣事

每次吃完冰棍后都要将冰棍签子洗净收好，这就是玩具。不过不是现代这种扁扁的，而要过去那种细细的、简易的。持有签子的多少决定了游戏顺序，可是小的时候不是天天都可以吃到冰棍，于是，贪玩的我们便想到了一个坏主意。那时的夏天，家家户户都爱用竹门帘避暑挡蚊虫，竹门帘细细的竹条正好和冰棍签子一样，于是就趁妈妈不在的时候，偷偷地抽一根竹条出来，比着冰棍签子切成一小根一小根的，代替冰棍签子。不过，这种事是不能常做的，那时家家都穷，这种破坏家庭财物的行为，被大人发现是要挨打的。

玩游戏前，先由每个人出签子，可全出也可出一部分，出得最多的先玩，以此类推。玩家手持所有的签子，使劲向地下一扔，再拿起另外一根签子，从地上那一堆纠缠在一起的签子中挑起一根来，既要保证它脱离那一堆签子，又不能触动其他的签子，这就算成功了一根。直到你全部挑完，或者你中途放弃后边的不要了，你所挑出的签子就都成了你的战利品。但是，这期间如果你哪怕只是轻轻地触动了其他的签子一下下，你都要将前面挑出的签子全部交回，由下一任继续玩耍，直到这一场的签子全部被分光，然后重新出签，重新玩。就这样一场接一场，不到妈妈叫吃饭绝不收场。

★★★★★

想一想

挑小棒游戏还有哪些玩法？请同学们相互交流一下。

★★★★★

打陀螺

游戏简介

陀螺游戏历史悠久，是一项深受各族少年儿童喜爱的传统体育项目。陀螺最早出现于后魏时期的史籍，当时称为独乐。宋朝时就有一种类似陀螺的小玩艺儿，名字叫作千千，类似如今的手捻陀螺造型，它由象牙做成，是一个直径约 4 寸（1 寸≈ 3.33 厘米）的圆盘，中央插上一支铁针为轴心，是古代宫女为打发时间所玩的一种游戏。其玩法是将一个长约 3 厘米的针状物体放在象牙制的圆盘中，用手捻使其旋转，等到快停时再用衣袖拂动它，让它继续旋转，最后，谁的千千转得最久，谁就是获胜者。

打陀螺各地玩法不同，有用鞭子连续抽打陀螺使之在冰面、平滑地面上不停地旋转，或相互碰撞，看谁转得密、转得久。由于各地玩法不同，所以称谓也有差异，如称“抽陀螺”“打陀螺”“打地螺”“抽地牛”“赶老牛”“打猴儿”“打格螺”“拉拉牛”等。陀螺有陶制、石制、木制、竹制及砖瓦磨成等。

一般常见的传统陀螺是用木头、塑胶或金属制的倒圆锥形状，前端大多为铁制材料，玩者会因不同方式的玩法，将陀螺钉制作成圆柱形、斧头状或尖锐形……但经时代的演变、科技的改良，大家玩的陀螺花样百出，且玩法创意多变，已有各式各样的材质与形状出现。一般来讲，年纪较小的孩童可先从小

打陀螺

陀螺玩起，小的陀螺玩具上面有一根突起小木棒，利用手来旋转；稍大的孩童便玩木制陀螺，木制陀螺的材质十分重要，通常选用硬材，如樟木、番石榴木或龙眼木等。而打陀螺的绳子则要结实，且不会滑动，一般打陀螺的线用棉绳或细麻绳最合适。在钉子的种类方面，针形的钉子或前端为圆柱体者最适宜旋转，长菱形的剑钉旋转和劈打都可以，而三角形的斧头钉则只劈打别人的陀螺，自己却不太会旋转。在木陀螺方面，由于成年人的参与以及年龄层的分布较广，陀螺越玩越大，从数十克到一百多千克都有人在玩，若是再结合其他道具（如呼啦圈、飞盘、骑单车、溜冰等）共同演出，更是让人耳目一新。

游戏规则

一般孩子们玩陀螺有两种比赛方式。一种叫做分边法，是将参加的人分成两组，然后大家一起抽陀螺，看看哪一组的陀螺先倒在地上。会打的人，陀螺就会在地上旋转得比较久；不会打的人，陀螺很容易在地上乱滚，或是转得不久。倒在地上的陀螺就称为“死陀螺”，只有任由对方劈击宰割了。输的这一方为了避免自己心爱的陀螺被对方钉宰，可以调换一个小而硬的陀螺来代替。这时，赢的这一方将自己的陀螺，高举过头，对准目标，向下猛击。

另一种是画圈法，在地上画一个圆圈，圆圈的中央再画一个小圆圈，各人轮流将自己的陀螺往圈子里打，使陀螺能旋转出来。如陀螺已固定在一点上旋转，这时，可用绳子将它圈出来，只要到达圈外还在旋转，都不算它“死”。如果陀螺停止在圈内，或一抽下去就不动了，就算“死”了，要放在当中小圆圈内，任别人处罚。若处罚别人的陀螺也停在圈内，照样要放在小圆圈内任人处罚。如果很幸运的没有被击倒，或是被击倒而没有被分解，可以拿出一个陀螺，用水平抽法，将自己那个小圆圈内待“死”的陀螺击出圆圈。

打陀螺比赛

中小型及大型陀螺的玩法和小陀螺是不一样的，必须先缠绳。右手将绳头圈过陀钉，用左手压住，再用右手沿钉向外绕绳，要缠满陀身，再双手搬起陀螺，斜空地往地上掷去，同时迅速用力抽回绳子，使陀螺在地上旋转起来。

分类玩法

陀螺的种类很多，玩法也有不同，依照材料的分类，分别介绍如下。

1. 叠罗汉陀螺

玩法一：超控牵引

跑、跳、撞、叠，随心所欲，想怎么玩就怎么玩！

玩法二：创意布阵

第一关：绕障碍

第二关：保龄球

第三关：跳龙门

第四关：对对碰

第五关：叠罗汉

第六关：闯迷阵

第七关：巧布阵

更多创意玩法，看你的！

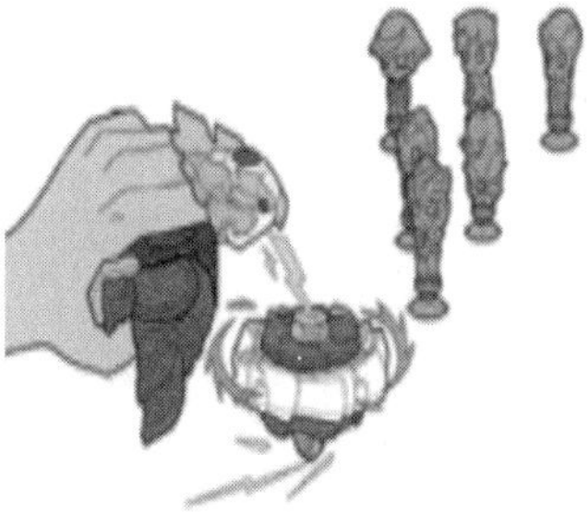

叠罗汉陀螺

2. 纸陀螺

由于纸陀螺的体积小，所以只要利用大拇指和食指紧紧地握住纸陀螺的轴柄上端，急速捻转放在桌上，纸陀螺就会单脚独立旋转起来。

3. 铜钱陀螺

其玩法和纸陀螺相同，用手捻就可以旋转了。

4. 线轴陀螺

它也是利用手捻的方式就可以旋转了。

竹陀螺

5. 竹陀螺

竹陀螺的玩法是先将粗棉线穿过竹片，然后缠卷在竹柄上（要注意，应该由上而下绕），缠好了以后，一手执线端，向后抽，一手执陀螺及竹片，向前推，两只手同时用力，陀螺就会向前冲出去，而且发出嗡嗡的声音。

木制陀螺

6. 木制陀螺

超小型陀螺的玩法是用手拧。一般孩子抽陀螺的方法有两种：一种是水平抽法，这是弯身从身侧把陀螺往前抛，当陀螺离手后，绕在手上的绳尾，迅速向后一抽，陀螺就会沿着地面水平旋转前进。另一种是垂直抽法，是将陀螺高举过顶，由上向下，边抽边打的一种手法，这是“杀手”动作，如果不会，就无法处置别人的“死陀螺”，容易吃亏，会这种打法才能参加比赛，赢得胜利。

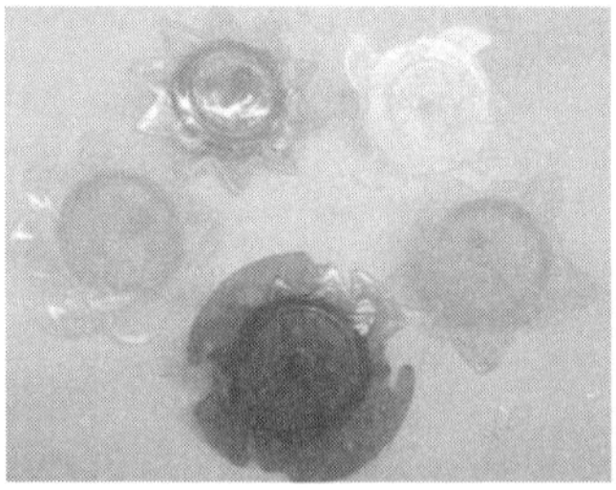
塑胶类陀螺

7. 塑胶类陀螺

玩塑胶类陀螺的时候，将弹簧绞紧后，按中间的钮，下节的响螺就会脱离旋转在桌上或地上，非常有趣好玩。塑胶橡筋陀螺是塑胶做的，陀螺像一个小飞碟一般，但上下各有一轴，利用橡皮布的拉力，将陀螺固定在手枪形的发射器上。玩的时候，左手转动陀螺，使橡皮筋绞紧，放松板筋之后，陀螺就固定在发射器上，再用食指轻扣板机，陀螺就会旋转。

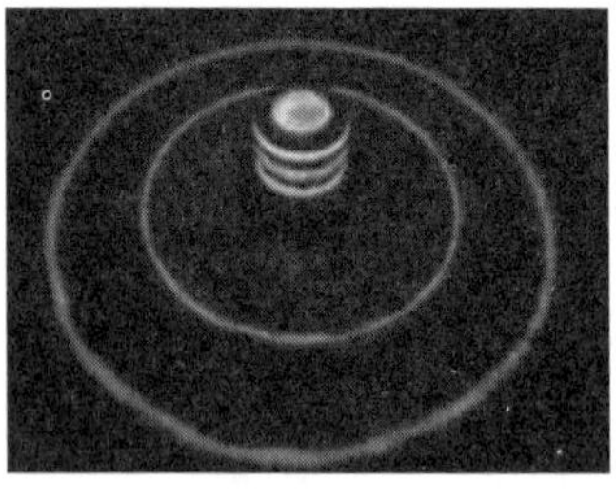
金属陀螺

8. 金属陀螺

金属陀螺的玩法是用一根棉线，缠绕陀螺

中间的轴，然后迅速一抽使之旋转，再将放置在一个支架上，不但中间轴心飞快旋转，整个陀螺犹如雷达天线一样，做 360° 的转动，所以也叫雷达陀螺。

小链接

打陀螺用的鞭子也很讲究，鞭杆或用竹或用荆条，以弹性好为佳。鞭梢有用柔韧结实的细皮条扭成的，也有用光滑柔软的麻皮搓成的。打陀螺对场地条件要求不高，稍平坦的硬地都可进行，以冰上为最佳。

现在全国及各省市民运会打陀螺比赛的方法和形式主要是由云南拉祜族的对抗性打陀螺比赛改造而来的。其主要特点就是“旋”和“准”，比赛方法是在一块平整的地面上设有放陀区和打陀区，守方将陀螺旋放于放陀区，待陀螺旋转稳定后，攻方站在打陀区扔出自己旋转的陀螺去打击放陀区的守方陀螺，以将守方陀螺击死或砸出界外，而自身保持旋转者为胜。比赛分个人赛和团体赛两种，具体设项依情况而定，如可设男子个人赛、女子个人赛、男子团体赛、女子团体赛或仅设一项团体赛，男女运动员均可上场参赛。

★★★★★

思考问题

各地打陀螺的玩法不同，所以陀螺的称谓也不同，主要有“______”“______”“______”“______”“______”“______”“______”“______”等。

★★★★★

斗鸡

游戏简介

斗鸡游戏是小孩子们在冬天玩的一种游戏，这种游戏能在冬天里暖和身子。

斗鸡

这种游戏的规则是一条腿独立，另一条腿用手扳成三角状，膝盖朝外，用膝盖去攻击对方，若对方双脚落地，则赢得战斗。在童年游戏中，这是最激烈、最有男子汉气概的游戏，不过也有不少身材魁梧的女生也喜欢这种游戏，而且“杀伤力”惊人。

这种游戏的称谓有多种，北方多称为“撞拐”“斗拐”，南方多称为“斗鸡”。

游戏规则

“斗鸡”是锻炼平衡和耐力的一种游戏。游戏至少要两个人，弯起一条腿来，北京人叫做“拐起腿来”。这个游戏就是一条腿向前拐着，可用手搬住，双方单腿一蹦一跳地用那条拐着的腿互相碰撞，谁被撞得失去平衡，拐着的腿放下来了，谁就输了。

“斗鸡”在民间有五种玩法：单挑、单人守擂、四人对擂、三人撞、混战。

（1）单挑：只有两个人互相对撞的游戏。

（2）单人守擂：由一人出来守擂，其他不服气者与其对阵。输者被淘汰出局，胜者继续守擂，直到无人挑战为止。

（3）四人对擂：双方各两人，一主将、一副将，可捉对厮杀。一般是集中力量攻击对方某一人。待其中一人被击败后，再围攻对方另一人。

（4）三人撞：两名实力稍弱者齐心协力对付一名实力稍强者。

斗鸡

（5）混战：借鉴军棋下法，主要分为两种。

①歼灭战：双方相隔十余米，一声令下冲向对方，以全歼对方为胜。双方各自有兵营作为休息地，脚不能着地，对方不能攻击。但是不能老待在兵营内耍赖，如果待在兵营里休息超过时限，则被判负。

②夺旗战：双方队形后放一砖头（书包、棍子）等物作为“军旗”，混战中先取得对方“军旗”者为胜。

游戏益处

斗鸡这种游戏不受场地和器械限制，竞技性强。长期参与斗鸡运动，能有效锻炼身体平衡力、运动心率和肺活量等各项身体素质以及意志力，尤其适合青少年参与。

游戏技巧

晴空霹雳：适用于双方照面的第一回合，经过远距离高速冲刺后，高高跃起用膝盖撞向对手胸部。个子矮者慎用。

凌波微步：每一步腾挪都以匪夷所思的角度在对手间滑过，伺机进行反击。此招适合敌强我弱时，保存实力或拖延时间等待救兵。

泰山压顶：双方对峙中，将膝盖连同大小腿压在对方整个膝上，用力把对方挤压脱手导致双脚着地。切记不能落入对方圈套，否则后果不堪设想。

金刚腿：双方以膝碰膝，硬碰硬，讲求力道。若膝盖脆弱，慎用此招。

挑滑车：故意把自己的膝盖放低，诱使对方进攻，然后猛抬膝尖，把对方挑起，掀翻在地。

点穴：看准对方破绽，以膝尖顶击对方大腿根部外侧，令对手全身酥软放弃抵抗。此招适用于双方对峙中，以静制动。

小链接

脚斗士大赛是中国第一个拥有自主知识产权的体育赛事。北方称为“撞拐”，南方称为“斗鸡”。脚斗士竞赛规则注重对抗，分为个人赛和团体赛。个人赛采用三局十五分制，每局一分钟。这样的机制有效防止了比赛消极，加大了比赛的激烈程度，观赏性大大增强。团体赛吸取了中国古代战争思想，把象棋里面的车、马、炮、象、将融入比赛当中，每队各有5名队员：车、马、炮、象、将各一名。全场比赛采取“之”字形的复式竞赛法，使脚斗士比赛悬念不断，妙趣横生。

练一练 想一想

通过游戏，你认为“斗鸡”的技巧有哪些？请同学们谈一谈。

跳房子

游戏简介

跳房子，也叫跳飞机，是一种世界性儿童游戏，也是中国民间传统的体育游戏之一，趣味性和娱乐性极强，深受广大儿童的喜爱。该游戏在20世纪50年代至80年代相当普遍，许多儿童游乐场、公园和小学操场等都会有跳房子的位置。有时就算在一块空地上，只要有一根粉笔或树枝，小朋友亦会在地上画起“跳房子”的格子，然后一起玩。

游戏规则

“跳房子”游戏有单人跳、双人轮换跳、多人轮换跳和多人分组跳等多种形式，没有参加人数的限制。

游戏规则和游戏方法因地区差异而不同，一般的游戏方法是：先在地上画一个飞机状的房子，每个方格内写一个数字，按由下往上的顺序，最下面三排分别是 1、2、3 各一格；第四排由左而右 4、5 两格并列；第五排是 6，为单独一格；再往上由 7、8 左右两格并列；最上面的顶端，书写“天”字，意味着“天空”，以半弧线包在“天”字外。

跳房子

游戏开始后，参加者先通过猜拳决出游戏次序，第一个人将瓦片扔在第 1 格内，随即开始单脚跳，在两格横排并列处用双脚跳，跳至第 7、8 格时，双脚同时跃起向后转身再往回跳，跳至第 2 格时弯腰捡起在第 1 格的瓦片，再由第 2 格跃到第 1 格外。然后将瓦片扔在第 2 格，最后站在第 3 格里拾起瓦片并跳跃至第 1 格再跳出。以此类推，跳完第 8 格后，可将瓦片扔向“天空”，再从第 1 格依次跳，当跳到 7、8 格时向后跳转双脚落地，然后用手向后摸瓦片，摸到后跳出“天”字外；接着，背对房子扔瓦片，瓦片落到的那个格子就成为“跳房子”人的房子，并在该格子写上他的名字，当他再从第 1 格跳起至自己的房子时便可双脚落地。

在玩的过程中，瓦片扔不进格子内或扔过线、脚踩线、在自己房子之外的格内双脚落地或在房间内逗留很长时间都属于违规，一旦违规就改由下一个人跳。游戏最后，谁占的房子最多谁就获胜。

江苏各地称跳房子为“踢瓦”，活动方式与各地基本相同，不同点是：一方将所有格子跳完后，就可以“盖屋”。“盖屋”要求跳格子的人背向“城”（格子），将瓦片从头顶向“城内”丢，丢进“城内”就算“盖屋”成功，再踢时，可以在“盖屋”的格内休息（双足可以落地）。所有的格子都盖完了的人获胜。

怀旧玩法——跳六格房

以 3 ~ 5 人游戏为宜，首先排定游戏顺序，游戏开始，先由第一人将布沙袋抛进第一格，用单脚跳进第一格，接着用单脚将布沙袋踢进第二格，然后用双脚跳进第二格，再将布沙袋双脚夹进第三格，接着用单脚跳进第三格，这样单脚、双脚地交替踢布沙袋，直到将布沙袋踢出第六格，双脚跳出第六格，算一次成功，可得 10 分，然后再从第一格重新做起。若在某格失误，可在下一轮时，从失误格做起。几轮以后，以得分最多者为第一名，以此类推。

小链接

“跳房子”游戏最早起源于罗马帝国时期，最初的游戏规模有 100 英尺（1 英尺≈ 30 厘米）长，主要用于罗马步兵的军事训练。后来，罗马的孩子们开始模仿军队的这种训练，在他们自己的球场画线扔石，并且添加了一个评分系统。之后，“跳房子”游戏流传至整个欧洲，逐渐成为一种世界性儿童游戏。

在中国，“跳房子”游戏始于清代，它不仅能提高儿童跳跃、奔跑和保持身体平衡的能力，还能培养他们团结、协作和锻炼身体的意识。

想一想

跳房子有哪几种游戏形式？请同学们讨论一下。

翻花绳

游戏简介

翻花绳，是中国民间流传的一种儿童游戏，它在中国不同的地域有不同的称法，如线翻花、翻花鼓、挑绷绷、解股等。这是一种利用绳子玩的游戏，只需灵巧的手指，就可翻转出许多花样。在马来西亚，翻绳用的绳子一般是橡胶圈（橡皮筋，河南东南部把该游戏称为“开胶”），国外的材料则有毛线、麻线、呢绒绳或棉纱绳等。

翻花绳

玩时，用一根绳子结成绳套，一人以手指编成一种花样，另一人用手指接过来，翻成另一种花样，相互交替编翻，直到一方不能再编翻下去为止。这个游戏最大的乐趣在于翻出新花样，展现自己的聪明才智。

游戏规则

游戏的玩法是先打个小巧的结，环绕于单手或双手，然后撑开，准备动作就做好了。翻花绳分单人和双人两种。

单人玩法：将绳圈套在双手上，用双手手指或缠或绕或穿或挑，经过翻转将线绳在手指间绷出各种花样来。

双人玩法：一人以手指将绳圈编成一种花样，另一人用手指接过来，翻成不同的花样，相互交替，直到一方不能再翻下去为止。

翻花绳在世界不同地域和种族中都是非常普遍的游戏。现今有数千种翻法，其中一些还非常复杂。一些常见的花样有专门的名称，如“面条”“牛眼”“麻花”“手绢”等。

小链接

游戏趣闻

与许多民族喜爱翻绳游戏不同的是，以渔猎为生的因纽特人不准小孩子玩翻绳的游戏，他们担心渔网会像绳子一样缠绕在一起。另外，中国民间也有翻绳会下雨的说法。

花绳谣

花绳新，变方巾，方巾碎，变线坠，线坠乱，变切面，面条少，变鸡爪，鸡爪老想刨，变个老牛槽，老牛来吃草，它说花绳翻得好！

做一做

同学们，让我们动起手来，看看我们翻花绳能够翻出多少花样来哦！

踢毽子

游戏简介

踢毽子是中国民间传统运动项目之一。根据史料记载和出土文物证明，踢毽子起源于中国汉代；唐宋时期开始盛行，在民间流传极广，集市上还出现了专门制作出售毽子的店铺；明代开始有了正式的踢毽比赛；清代达到鼎盛时期，在毽子的制作工艺和踢法技术上，都达到空前的程度。毽子种类可分为鸡毛毽、皮毛毽、纸条毽和绒线毽等。踢毽子是一项良好的全身性运动，它不需要任何专门的场地和设备，运动量可大可小，老幼皆宜，尤其有助于培养人的灵敏性和协调性，有助于身体的全面发展，增强健康。

游戏规则

踢毽子

毽子的基本踢法主要有盘、拐、绷、蹬、挑、磕六种，用脚内侧踢为“盘”，用脚外侧踢为“拐”，用脚面踢为“绷”，用脚掌踢为“蹬”，用脚趾踢为“挑”，用脚后跟踢为“磕”等。

由于参与踢毽子的民众遍布全国各地，而且踢毽子运动的流传年代久远，所以同样的动作形成了各地多达几百种的不同称谓。依照踢法的不同，传统踢毽子比赛可分为计数赛、计时赛和花样赛三种。

非正式的踢毽子比赛有单人赛与集体赛。单人赛以每人踢毽的次数多少判定胜负；集体赛按个人技术高低分组，以总踢次数多少判定输赢。技艺高超者可连踢数千次而毽不落地。另有一种圈毽的踢法，即一群人共踢一毽子，当毽子踢到哪位毽友面前，该毽友即可任意选择踢法将毽子传踢给任何人，直至毽子落地，毽子掉在谁面前谁为负。

小链接

毽球的鼎盛与衰落

20 世纪 30 年代，我国涌现了一批全国闻名的踢毽子能手，如北京中学生毽球比赛的谭俊川、金幼申、溥子衡、林少庵，上海的周柱国、陈鸿泰，河北的杨介人，浙江的谢叔安，河南的路锦城等，数不胜数。踢毽技术在普及的基础上得到了提高，各种踢法丰富多彩，高难翻新的动作层出不穷，不同风格争奇斗胜，使观者眼花缭乱，惊叹不已。

我国传统的踢毽子运动，日趋完善。1928 年 12 月，上海市举办“中华国货展览会”时，举行了我国第一次踢毽子公开比赛，推动了这项民族体育运动的发展。1933 年 3 月 26 日，南京市又举行了第一次全国性踢毽子比赛，据当时的报纸报道：“报名参加者颇为踊跃，其中有河北的溥子衡、金幼申（编著者注：溥子衡、金幼申系北京人）、杨介人三人，对于踢毽子极有经验，能踢之花式均有百余种之多，观者无不赞美。此外，有著名体育家及踢毽能手参加，届时定有一番热闹也。比赛结果：河北杨介人获得普通踢（盘踢）和花样踢第一名；北京运动员溥子衡、金幼申并列普通踢和花样踢第二名，三人所踢花样都有百余种之多，第四名踢的花样有 30 种，第五名踢的花样有 20 种。在发奖会上，杨介人、溥子衡、金幼申三人再次进行了表演，还拍了电影纪录片。

在 1933 年 10 月举行的全国体育运动会上，踢毽子同拳术、摔跤、弹弓、剑术等民间运动项目一起，又进行了比赛。上海运动员周柱国、北京运动员溥子衡和金幼申分别获得普通踢的前三名，浙江运动员谢叔安获得第四名。上海运动员陈鸿泰获得特别踢（交踢，北京叫小毽股）第一名，上海运动员周柱国和北京运动员金幼申分别获得特别踢的第二、三名，第四名为河南运动员路锦城。比赛后，北京运动员金幼申、溥子衡二人，还在南京、上海等地的一些大学、中学等单位进行了多场表演，得到了各界人士的好评。

但是，此后踢毽子运动衰落了，直到中华人民共和国成立后，这项民族体育运动才逐渐得到了恢复和发展。1950 年，北京市吸收了在街头靠踢毽子糊

小链接

口的艺人参加了杂技团，专设了踢毽子节目，并出国进行表演，受到了国外观众的热烈欢迎。

1963 年，踢毽子同跳绳等项目，被列入国家提倡开展的体育活动，踢毽子运动还被编入了小学体育教材。

1961 年 6 月，中央新闻电影制片厂拍摄了电影《飞毽》，介绍了踢毽子运动的历史和踢法，推动了这一运动的发展。天津、上海、保定、哈尔滨等地参加踢毽子的人越来越多。上海电视台也形象地向广大观众推荐踢毽子运动，上海《青年报》还组织全市中学生参加“红花杯”踢毽子比赛，历时两个多月。

北方冰城哈尔滨市，参加踢毽子活动的人数逐年增加，全市半数以上中小学的大约 35 万余名学生参加了比赛。1982 年，哈尔滨市一三六中学初中三年级女生王丽萍，用 1 小时 28 分钟，以 5684 个的优异成绩获得全市中小学生踢毽子比赛的双脚踢（盘踢）第一名。这个成绩，远远超过了 1933 年 10 月，全国性体育运动会踢毽第一名 4986 个的成绩。

在我国著名的“毽乡”之一河北承德，也出现了新气象。家家有毽，人人善踢，逢年过节，更是热闹，街头巷尾，到处可以看到踢毽子活动，为节日增添了特有的喜庆气氛。

想一想

1. 毽子的基本踢法主要有____、____、____、____、____、____六种。
2. 踢毽子有哪些基本动作？

跳皮筋

游戏简介

跳皮筋，也叫跳橡皮筋、跳橡皮绳、跳猴皮筋，是一种儿童游戏，流行于20世纪50到80年代。

皮筋是用橡胶制成的有弹性的细绳，长3米左右，皮筋被牵直固定之后，即可来回踏跳。可3～5人一起玩，亦可分两组比赛，边跳边唱非常有趣。两人各拿一端把皮筋抻长，其他人轮流跳，按规定动作，完成者为胜，中途跳错或没钩好皮筋时，就换另一人跳。

游戏玩法

1. 单人玩法

单人跳由两人拉着3～4米长的皮筋，在皮筋的中间单人跳或多人依次轮流跳。

跳皮筋

2. 集体玩法

集体跳是将数条皮筋拉成各种图案，如三角形、四方形、五角形、多边形、菱形、斜线形、人字形、八字形、波浪形和扇面形等，由许多人同时参加。跳皮筋的动作花样是由若干基本动作组成的联合动作。一个联合动作跳 2×8 拍，在儿歌或音乐伴奏下进行跳跃。

跳皮筋的方法是皮筋高度从脚踝处开始到膝盖，到腰到胸到肩头，再到耳朵、头顶，然后举高“小举”“大举”，难度越来越大，跳者用脚不许用手钩皮筋边舞边唱着自编的有一定节奏的歌谣。

跳皮筋有挑、勾、踩、跨、摆、碰、绕、掏、压、踢等 10 余种腿部基本动作，同时还可组合跳出若干个花样来。

跳皮筋比赛要求选手必须在三个不同高度上做出三组不同的动作，每组动作不得少于 2 ~ 3 个。整套动作要求准确熟练、连贯协调、舒展活泼、自然大方。

比赛时间因年龄而异。儿童组 1 分 30 秒 ~ 2 分 30 秒，少年组 2 分 30 秒 ~ 3 分 30 秒。

正式比赛要配以健康活泼、节奏感强的音乐，跳皮筋的动作要和音乐节拍协调同步。

比赛最高 10 分。分配比例：高度占 3 分，动作数量占 5 分，动作质量与音乐占 2 分。

跳皮筋难易程度是由皮筋的高低决定的，最高的时候是以牵皮筋者踮起脚尖、高举一臂为准，这就是“珠穆朗玛峰”了。这时谁个子最高谁就被派去牵绳。

小链接

跳皮筋的歌谣

1. 橡皮筋，脚上绕，绕在脚上跳呀跳。像飞雁，似小鸟，先跳低来后跳高。跳过山，跳过海，跳过城市和乡村。见亲人，见朋友，同跳皮筋同欢笑。

2. 柳树弯，柳树弯，柳树弯到小河边。河里的鱼，河里的虾，河里的青蛙叫呱呱。

3. 冰棍一，冰棍二，光吃冰棍不学习。老师问他一加一，他说等于冰棍一。

4. 我们的 K，来到北京队，中华人民卡拉 OK。我们的 K，来到北京队，吃了大鸭梨，啃了西瓜皮。

5. 小红拿着一颗手榴弹，炸死了鬼子三千二百万，小红小红快到我家来，又有妈妈陪你睡，又有姐姐陪你玩，又有哥哥陪你划小船。

6. 马兰花，马兰花，风吹雨打都不怕，勤劳的人们在说话，请你马上就开花，就开花。

7. 小皮球，圆又圆，阿姨带我去上幼儿园。我不哭，我不闹，阿姨夸我是好宝宝。one two three four，阿姨的家，我知道，中山大道一百零八号。

8. 天上的星星亮晶晶，我在大桥看北京，看到了北京的天安门，毛主席是我们的大救星。

9. 我去南山摘苹果，南山的爷爷抓住了我，三天三夜不放我，把我送进了托儿所，托儿所的阿姨笑眯眯，教我来唱 Do-Re-Mi。

10. 花、花、花仙子，为什么叫她花仙子，因为她有花辫子，所以叫她花仙子、花仙子。

★★★★★

想一想

1. 跳皮筋有______、______、______、______、______、______、______、______、______、______等 10 余种腿部基本动作。

2. 同学们会唱哪些跳皮筋童谣?

★★★★★

03 民间游戏工具制作篇
MIN JIAN YOU XI GONG JU ZHI ZUO PIAN

在上一篇的民间游戏体验中，我们领略了趣味横生的传统游戏，同时也看到了不同种类的游戏工具，那么我们会制作这些工具吗？在本篇中，我们一起来欣赏部分游戏工具的制作吧！

铁环的制作

工具 / 材料

木棍一根，铁环一个（可以是自行车钢圈）。

粗铁丝、钳子、扳手。

注意：制作人要有一定的力气。

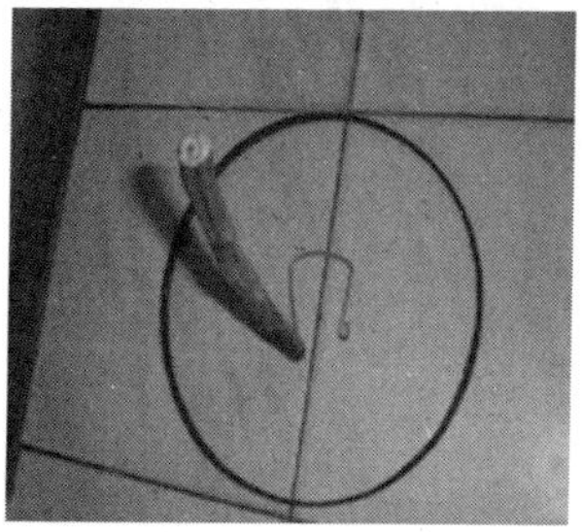
铁环制作

方法

注意看右图，照样式用钳子和扳手将粗铁丝

捏成型。一端扎入木棍，即可使用。要多练习，才能熟练使用。

注意事项

注意安全，不要伤到自己。

毽子的制作

工具/材料

在古代，毽子一般用禽类羽毛和金属钱币做成。根据制作材料的不同，毽子可分为鸡毛毽、皮毛毽、纸条毽、绒线毽等几种。

方法

毽子制作

发展至今，毽子的制作方法繁多，除沿用古代的方法以外，一般来说有四种制作方法。

其一，用橡胶制作毽座，含毽底和毛筒，一次成型，在毛筒上套金属片和塑料片，在毛筒中插上鹅毛或其他禽类羽毛。现代工业化生产的羽毛毽大致可分为大毽、中毽、花毽和毽球毽。

其二，以金属片为底，用纸剪成各种花色缨手工制作的纸毽。

其三，以各种颜色布条为缨，以大组扣为底做的手工布毽。

其四，用塑料做成的各色装饰性毽子。

日常踢毽活动中所使用的毽子，按照外观尺寸来区分，可以大致分为大毽、中毽、花毽和毽球毽。大毽是供一般初学者和平时娱乐所用。中毽使用范围最广，既可用于娱乐，也可用于比赛。中国竞技毽的各单项比赛中只使用中毽，而不使用其他尺寸的毽子。花毽的装饰性最强，使用的羽毛品种繁多，包括鹅毛、鸡毛、鸵鸟毛等。毽球毽飞行速度最快，其羽毛短小、高度很低，一般用鹅毛制作，只在毽球比赛中使用。

陀螺的制作

工具/材料

常见的传统陀螺是用木头、塑胶或金属制成的倒圆锥形状，前端大多为铁制材料，玩者会因不同方式的玩法，将陀螺钉制作成圆柱形、斧头状或尖锐形，但经时代的演变、科技的改良，陀螺花样百出，且玩法创意多变，现在已有各式各样的材质与形状出现。

方法（木质陀螺）

第一步：削木头。

（1）在木棒顶端利用圆形直径找出圆心。

（2）视木棒粗细，在适当距离开始削，学生制作的时候，一定要留足够长的握柄，避免割到手。

（3）削的时候要旋转木棒，以便掌握陀螺的重心，避免做出一个偏心的陀螺。

（4）削制时要掌握住陀螺的形状，就像子弹头一样。

当陀螺基本形状完成后，即可修正顶端。陀螺顶端可以削成微突状，然

陀螺制作

后将削制完成的陀螺锯下来。

锯下来的陀螺用砂纸做最后的整修，如果削制过程中重心稍偏，也可以借磨砂纸补救。

第二步：锁上螺丝。

（1）将整修好的陀螺锁上螺丝，能转动即大功告成。如果转得不够平稳，可能是形状不匀称，可以继续用砂纸整修。

（2）如果想做成剑钉、斧钉、针钉陀螺，就使用铁钉，然后将铁钉磨成或敲打成自己想要的形状。

注意事项

陀螺宜存放在阴凉通风处，避免日晒龟裂及潮湿发霉，必要时宜运用冷气机或除湿机将存放场所除湿；铁制部分则要适时给予上油保养（不宜太多，以免缠绳不易）；绳子感觉变硬时，则应泡水搓洗、甩打一番（以除去砂粒尘土）后阴干。

竹蜻蜓的制作

工具/材料

竹蜻蜓由两部分组成：一是竹柄。用一根竹片削成长 20 厘米、直径 4 ~ 5 厘米的竹竿（柄）。二是“翅膀”。用一片长 18 ~ 20 厘米、宽 2 厘米、厚 0.3 厘米的竹片，中间打一个直径 4 ~ 5 毫米的小圆孔，用于安装竹柄。然后在小孔两边各削一个对称斜面，以起到使竹蜻蜓随空气漩涡上升的作用。“翅膀”做好后，将竹柄插入其小孔中。玩时，用双手夹住竹柄，快速一搓，双手一松，竹蜻蜓就飞向了天空。

方法

（1）把纸片剪下来，翻过来，使背面朝上，在两边涂上胶水。

（2）沿虚线把一侧折过来粘好。

（3）再折另一侧，粘好。

（4）用针扎两个小圆孔，准备穿竹条。

（5）沿中心斜虚线把一侧向上折起大约20度。

竹蜻蜓制作

（6）把两根细竹条分别插入两个小孔，并用胶粘住，下面用纸条把两根竹条缠在一起，用胶粘住。

（7）胶干后，用两手搓竹条，叶片旋转，向下方吹风，这时一松手，它便可以飞起来了。

跳绳的制作

工具/材料

绳子、笔管、剪刀。

方法

1. 首先准备好一条绳子，将绳子如下图弯曲。

2. 捏住手柄一头，用剩下的绳子缠绕手柄中心。

3. 手柄的上头留 1 厘米左右的距离。

4. 手柄的下头也留 1 厘米左右的距离。

5. 将剩下的长绳子穿过手柄下方的小圈。

6. 再用同样方法完成另外一头，绳子就做好了。

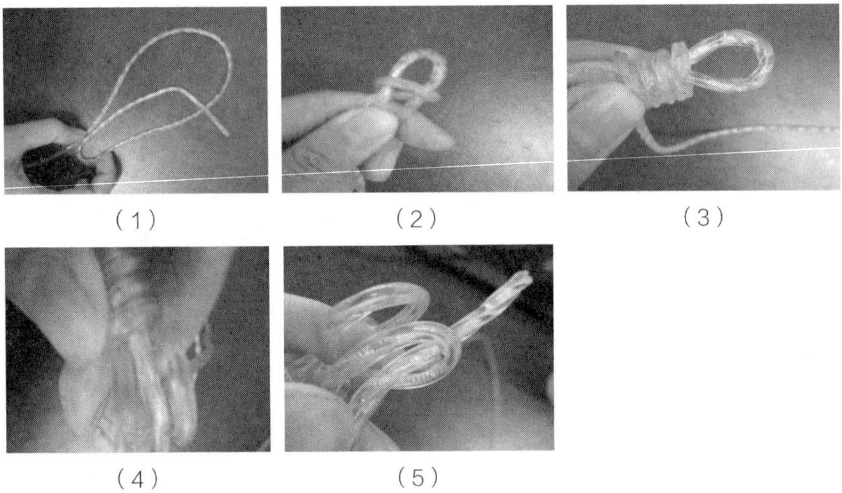

（1）（2）（3）（4）（5）

跳绳制作

动动手 做一做

同学们，看了上面游戏工具制作的方法之后，请和家长一起试着做一个游戏工具。

你还会做哪些传统游戏工具？请介绍一下这些游戏工具的制作方法。

★★★★★

04 民间游戏童谣篇

MIN JIAN YOU XI TONG YAO PIAN

儿时的记忆中，总有那么一两首童谣永远难忘。特别是在我们灌河地区，那些耳熟能详的游戏童谣，或是来自奶奶、妈妈、姐姐的低吟浅唱，或是来自小伙伴之间的相互传唱。同学们，让我们一起来看一看、听一听代代传唱的灌河地区的游戏童谣吧！

每当桃花、杏花缀满枝头，田野里麦苗青青，路旁、沟渠边各种不知名的野花竞相开放的时候，小伙伴们三人一簇，五人一群，在田野里，一边做游戏一边唱起童谣，无论是做哪一种民间游戏，都伴随着欢快的童谣。

1. 拐磨拐，请老奶，老奶没在家，请小丫，小丫不会坐桌着，一跌跌个屁阔着。

2. 小霍得，得得得，骑马往东北，东北杀头猪，嘴吃油漉漉，下河漱漱嘴，蚂蝗叮他嘴。

3. 讲古讲古，讲到板浦，板浦筛锣，讲到黄河，黄河打卦，讲到王大，王大挑水，讲到小鬼，小鬼弥墙，讲到大娘，大娘扫地，咕咚咕咚跌坐地。

4. 踢脚帮，靠南山，南山有，踢古柳，古柳垂，指画眉……

5. 嘎嘎叽，你家住在哪里？我家住在柴塘地，没有草烧，扯毛烧；没有水喝，尿尿喝；没有饭吃，下蛋吃……

6. 广播响，电灯亮，早吃早饭看对象……

7. 秃子秃，盖瓦屋；瓦屋漏，点蚕豆；蚕豆要开花，秃子要搬家；搬到东河底。一秃得了病，二秃去送信，三秃问道好没好？四秃不确定，五秃买块板，六秃打棺材，七秃抬，八秃埋，九秃登家哭乖乖，十秃坐家看纸牌。

8. 秃子扛洋枪，洋枪打老虎，老虎吃小孩，小孩抱公鸡，公鸡啄蜜蜂，蜜蜂勾秃子，秃子扛洋枪……

9. 半夜三更，老头发疯，想上厕所，厕所没灯，扑通一声，掉进茅坑，光荣牺牲！

10. 小毛雨，哗哗下，北京来电话，叫我去当兵，我还没长大。

11. 炒盐斗，炒番豆，炒到美国翻跟斗。

12. 小汽车嘀嘀嘀，我到南边带大姐，大姐不是好来的，大红花轿抬来的。

13. 二月二，挑荠菜，荠菜包饼精拽拽，不吃不吃两大块。

14. 呱哥来，吃草排，呱哥去，吃沙芋。

15. 小分头，爱面分，穿着皮鞋高脚跟……

16. 小老叽，尿尿和烂泥，垛烟袋，上街买，买两钱好过年。钱不够，买块肉，肉不香，买生姜，生姜辣，买棉袜，棉袜暖，买团碗，团碗团，买小船，小船不上路，买织布，布织鸡，鸡不下蛋，非要买只雁，雁不飞，买只老乌龟，老乌龟会好游，买只老灯油，老灯油不挡光，买口大水缸，水缸会漏水，砸你个老腿！

17. 我老汉八十八，从前没挨地主压，大儿当军长，二儿共产党，小闺青年团，老婆接生员，老头机关队，裹着大花被，脚扛脚扛去开会。

18. 好吃鬼，拖大腿，拖到南京一只腿，马蜂钩你嘴，送给医生看，医生说你好吃鬼。

19. 太阳一出红彤彤，队长叫我上河工，一车泥，没推动，大米干饭往嘴送，队长说我死没用。

20. 这家大娘懒又懒，板又板，睡起觉，要人喊，脸上灰，动刀砍，头发一把伞，你说懒不懒。

21. 戳窗戳四角，养儿上大学。戳窗戳中心，养儿上北京。戳快养快，连拖带拽，当年就养小元帅。

22. 一边哭一边笑，南边来个大花轿，抹抹眼泪就上轿。

23. 小二丫，卖豆芽，少人称，挨人夸，大爷大爷你莫夸，给你二斤好豆芽！

24. 小毛贼，偷旺葵，给人逮到一顿雷。

25. 小要饭，门口站，不喊大爷不给饭，狗一咬，碗一掼（摔），不吃你家倒头饭。

26. 歪戴帽，斜戴花，说个小媳俊巴巴。

就这样，不知不觉，太阳已躲进西山，晚霞缓缓地布满西天。这时，村庄升起了缕缕炊烟，远处传来大人们喊叫孩子乳名回家的呼唤声，于是，正在兴头上的小伙伴们才恋恋不舍离开那充满童趣的乐园，悄悄地、慢慢地，拐弯抹角回了各自的家。

想一想 说一说

（1）关于童谣，你还听到过哪些呢？同学们在做游戏的过程中是不是也会唱童谣呢？你愿意跟大家分享一下吗？

（2）同学们可以向家长、老师们问一问、学一学，把你学到的童谣记录下来。

05 民间游戏创新篇

MIN JIAN YOU XI CHUANG XIN PIAN

一直以来，各地民间传统游戏主要以传统玩法为出发点，突出游戏的实际操作方法，忽视游戏主体（儿童）在活动中的地位。传统游戏玩法较突出游戏的娱乐性、运动性，缺乏思想内涵，缺乏合作意识、竞争意识、创新意识的渗透，缺乏集体观的培养等。近年来，在综合实践活动中，结合灌河地区传统游戏的创新玩法，我们针对游戏中的角色等进行拓展，适当地改变游戏规则及原游戏关系，使游戏变得更加安全、有序、紧张和有趣，提高儿童参与度，增强教育意义。

以老鹰捉小鸡为例

“母鸡”拓展

游戏名称：群鸡戏老鹰。

运用方式：拓展传统游戏中“母鸡”这个角色而形成的游戏。

方法与规则：把全班学生分成若干组，每组选 1 人当老鹰，4 ~ 5 人当小鸡，其他学生当母鸡。玩时，“母鸡”手拉手围成一个圈，“小鸡”站在圈里，开始时“老鹰”站在圈外，“老鹰”想方设法去捉“小鸡”。“老鹰”可以进入圈内，但不能强行拉开“母鸡”的手，“小鸡”可以出圈但不能跑出圈外2米；“母鸡”要手拉着手，“老鹰”只能钻入；“老鹰”捉到“小鸡”，两人角色互换。

游戏过程：

（1）游戏小组模仿足球队赛前动员，围成圈叠掌给自己加油。

（2）游戏中学生能互相提醒，动作较默契。

（3）讨论后游戏小组研究出强壮“小鸡”迎战“老鹰”的方法。

（4）小组中进行分工，身材高大、能奔善跑的学生做小鸡，弱小的学生在外围做母鸡围成圈。

活动指导：心理学家奥斯本提出，“群体一起来解决问题，具有个人所没有的特殊的脑力激励作用，使人们找到更多的更具有新颖性和独创性的问题解决方法”。在游戏活动中，老师把“鸡妈妈”和“小鸡”归纳为“鸡群”，学生集体认同感增强，更利于提高个体对问题的投入水平，发展个体创造性思维。小组成员能根据集体的需要，理解不同游戏角色的任务，根据各人的实际情况，合理分配角色，树立团队意识与创新精神。增加“母鸡”数量，相应地提高了游戏的安全性和参与度，促进了儿童之间的相互合作。

“小鸡”拓展

游戏名称：小鸡智斗老鹰。

运用方式：拓展传统游戏中“小鸡”这个角色而形成的游戏。

方法与规则：把全班学生分成若干组。每组选1人当老鹰、1人当母鸡，其他人当小鸡。玩时，“母鸡”保护好“小鸡”，趁“老鹰”不注意，“小鸡”可用事先准备好的衣服或绳子等物品作为鸟网捉“老鹰”。“小鸡”被“老鹰”抓到即被捕捉，“老鹰”被“网”包围即被“小鸡”捕捉。

游戏过程：开始阶段“鸡妈妈”“小鸡”摩拳擦掌，跃跃欲试。游戏中，“小鸡”拼命奔跑。个别“小鸡”不惜运用滚爬动作，积极斗“老鹰”，趁老鹰不注意，用“鸟网”捉老鹰。

活动指导：争强好胜是孩子的天性，新玩法名称中突出了“智斗”，“小鸡”主体性地位得到肯定，激发了学生的竞争意识，使“小鸡”们形成了不怕困难、勇敢面对强者并能与强者作斗争的优良意志品质。

“结合”拓展

游戏名称：鸡妈妈护小鸡。

运用方式：拓展传统游戏与其他体育活动相结合而形成的游戏。

方法与规则：把全班学生分成若干组。每组选 1 人当老鹰，选 1 人当母鸡，其他人当小鸡。玩时，“老鹰”想方设法去抓“小鸡”，“母鸡”面对“老鹰”保护“小鸡”运球，“小鸡”在“母鸡”的后面不拉手分散着运球。“老鹰”面对“母鸡”站立，“老鹰”不能抓“母鸡”，“母鸡”不能抓“老鹰”，只能采用保护的方法；“老鹰”抓住“小鸡”后，“老鹰”变成“母鸡”，“母鸡”变成“小鸡”，“小鸡”变成“老鹰”。

游戏过程：“鸡妈妈”神情专注不断提醒躲在后面的“鸡宝宝”：“注意跟我跑”，同时保护小鸡运球。游戏中，“鸡妈妈”不断用自己的“翅膀”抵挡“老鹰”，通过不断奔跑阻截“老鹰”。

活动指导：由于强化了责任意识，铺设了“鸡妈妈爱小鸡”的感情线，学生在参与游戏，体验积极的情绪情感的同时，运动技能也随之得到提高。改变规则的禁锢与束缚，通过不同角色的扮演，把自己摆在别人的位置上，从以自己为中心，转变到从他人的角度来看待问题，克服“自我中心”。

拓展探究

小组讨论：同学们，请选择一种我们灌河流域的传统游戏，试一试创新玩法。

★★★★★

06 民间游戏展示篇
MIN JIAN YOU XI ZHAN SHI PIAN

游戏是儿童获得知识的有效手段之一，民间传统游戏不仅带给了儿童快乐，而且帮助儿童按自己特有的方式去学习和发展。游戏可以促进儿童身体的、知识的、社会性的和情绪情感的发展，灌云县小学生社会实践基地在实践活动中，有针对性地开展民间传统游戏活动课程，通过游戏去影响儿童的自我发展，解决发展中的冲突和矛盾，控制他们的攻击性行为，发展他们的动作技能等。让我们一起来欣赏这些游戏吧！

展示一　滚铁环

活动材料、工具准备

器材：铁环、铁钩各40套。

活动场地选择

操场或田径跑道。

学生安排

班长清点人数，看看是否有缺席现象。把学生分成四队依次坐在马扎上。

活动过程

1. 安全提示

做好滚铁环前的准备活动，向学生介绍准备活动的意义。滚铁环活动中，由于需要走路或跑步，要求全体参与活动的学生不准穿皮鞋，不能带危险物品，不得互相冲撞，不能故意将铁环滚向同学。

2. 课前热身活动——大风吹

游戏规则：将学生分成两个小组围成一个圈并选出一个主持人，每个人坐在一个位子上，由主持人开始说“大风吹”，所有成员回应“吹什么”，主持人说一部分小组成员身上有的物品或特征，如可以说“吹戴眼镜的人”“吹男生”“吹头发长的人”等，依据当时实际情况而定。主持人说完后所有被吹到的人，即拥有这些特征的组员需要互换位置，没有被吹到的组员待在原地。这时主持人会加入占一个位置，所以最后会有一个组员没有位置，没有占到位置的组员将会收到一份来自小组的特殊的奖励，接受完奖励之后，没有占到位置的组员担任下一轮的主持人。

滚铁环

3. 活动指导

教师活动：

（1）介绍滚铁环方法

两脚自然前后分开，身体前倾，左手拿铁环，右手握钩柄，要求在滚铁环时，钩不离环，钩放在铁环底部，右手给力向前推送。

（2）巡视指导，督促练习

学生活动：两个同学用一套铁环和铁钩，便于交流和探索。

4. 学生实践

注意步伐和姿势以及手下的力度，多次练习。

5. 成果展示

（1）按照跑道的分界线将学生纵队分为 6 队，后面一排的学生负责记下前面同学的成绩（铁环倒三次以内可得优秀，五次以内可得良好，五次以上为合格）。

（2）展示以 50 米为一个单位，每个人的展示时间均为 1 分钟。

（3）展示开始，裁判员鸣哨后，开始计程，再次鸣哨后，比赛停止，计数完毕，结束瞬间的那一点为终点。中途失败可继续进行。

总结评价

分组点评，先由各小组自评小组活动过程中表现突出的人和事，然后互评，最后由教师总结本次活动的亮点及不足。

活动拓展

从以下几个方面进行拓展：

（1）教育学生克服困难。无论是展示比赛还是训练都需要有良好的体质和技能，同时还不能影响学习。这会遇到很多困难，我们要鼓励学生善于分析问题，用集体的智慧解决问题。每一个学生都要有坚强的意志，不怕训练中的困难，积极迎战，把战胜困难当作享受。

（2）教育学生团结互助。集体活动不仅需要学生们有良好的技能，同时也需要全体学生心往一处使，劲往一处用。在训练的过程中要互相帮助，有能力的帮助能力差的，大家共同进步，不要互相埋怨，让全班同学感受到团结和谐、共同进步的喜悦与幸福。

（3）教育学生文明参赛。展示比赛不仅要比技能、比体质，更要比文明、比风格。参赛时要求学生诚实参赛、文明比赛、尊重裁判、尊重对手和队员。

展示二 斗鸡

活动材料、工具准备

1. 经验准备：课前观看民间舞蹈《斗鸡》或斗鸡视频。
2. 背景音乐若干。

活动场地选择

适合的场地（塑胶场地、泥质地面）。

学生安排

斗鸡游戏尤其适合少年儿童玩。基地主要面向五年级学生，每班 50 人左右，可以分组进行。

活动过程

1. 活动导入

利用周围有利的环境，通过模仿动物走、跑、跳等基本动作以及动物模仿操，调动学生参与的积极性，有效锻炼学生的腿部力量，为学习单脚跳等动作以及平衡练习打下基础。

（1）师生绕着运动场地模仿动物的走、跑、跳等动作，有效地锻炼腿部力量。

（2）听音乐进行准备活动练习——动物模仿操。

2. 基本部分

引出课题内容，通过让学生自由练习，了解学生单脚跳技能掌握的实际情况，让学生学习斗鸡游戏的基本玩法。同时充分利用周围环境，以游戏的形式让学生反复练习单脚立定的动作，初步感觉身体平衡的要点。

（1）提出问题，引出问题，练习“金鸡独立”

师：有谁见过金鸡独立吗？公鸡是怎样单脚独立的？

学生学习公鸡独立的姿势，练习身体平衡。

老师以游戏的口吻鼓励学生练习单脚独立与单脚跳，注意掌握身体的平衡性。

（2）逐渐深入，进入主题，自由练习“斗鸡”活动

师：两只公鸡是怎样进行打斗的？谁能学公鸡打斗时的样子？

学生两两自由组合练习“斗鸡”。（学生在规定场地四散练习，老师随机指导）

“斗鸡”游戏的玩法及规则：

两人各自用左（右）手握住自己的右（左）脚，呈单腿独立，用自己的膝部顶撞对方的膝部进行决斗，谁握脚的手先松开，即为输。不能用身体的其他部位去碰撞对方。

斗鸡

两人练习的过程中，主要是让学生感受膝盖的碰撞，体验游戏的快乐。

教师小结，表扬能按游戏规则活动的学生，推选 2 ~ 3 组学生示范练习。

3. 增加难度：小组游戏“比比乐”

比一比竞技活动，不但要求学生能够保持单脚独立的姿势，抓住机会用膝部顶撞对方，使对方双脚落地或身体倒地，即抓脚的手松开了，进一步提高游戏难度，同时增加游戏规则，继续巩固单脚跳的基本动作技能，逐渐提高学生的动作平衡能力。

游戏玩法：

全体学生分成两组，每组（10 人左右）学生围成一个大圈，面向圆心，请一名学生与老师扮成大公鸡。

“公鸡”边念儿歌《点兵点将》：“点兵点将点点点，点到谁就是谁。”边用手指指着圈上的学生，当念完最后一个字，手指向谁谁就来比赛。“公鸡”可以点 1 ~ 2 次，每次参与人数可定在 2 ~ 3 组。

游戏发令前，参与斗鸡游戏的学生在圈内面对面站好，做好斗鸡准备姿势，其余学生站在圈上数“一、二、三”，游戏开始，参与斗鸡的学生同时冲向对方，开始斗鸡，获胜者留下继续斗鸡，失败者回到大圆圈，游戏重新开始。

小结游戏玩法，强调游戏的规则意识与游戏安全。

4. 活动高潮

斗鸡

集体互动游戏“斗鸡乐”。（通过师生互动，再次调动学生运动的积极性，最大限度地锻炼学生身体的平衡性。）

游戏玩法：

全体学生两两对立，听老师指令，音乐声起，单脚着地，相互对抗。双脚着地、用手推拉者淘汰出局，能坚持到游戏最后的学生即为胜利者。

游戏规则：

（1）坚持单脚运动。

（2）参与者不能用手推拉，但可以想办法用身体的其他部位把对方碰倒或者使对方双脚着地，进一步锻炼学生身体的平衡性。

5. 放松游戏

检查学生的运动情况，进行运动调整，放松肢体，活动结束。

音乐响起：调整学生情绪，学生随着老师做四肢放松动作，慢慢走回教室。

总结评价

教师小结学生的游戏情况，进一步熟悉游戏的玩法和规则。

活动拓展

放学后与爸爸妈妈、爷爷奶奶或者家边的小朋友们玩“斗鸡乐”，可以运用“斗鸡”游戏的各种玩法与技巧，真正体现民间活动的大众性。

展示三　挑小棒

活动材料、工具准备

小棒若干束。

活动场地选择

游戏活动室。

学生安排

学生分成 4 人一组。

活动过程

（1）安全提示：人数清点，禁止拿小棒玩耍。

（2）做趣味手指操，活动小肌肉群。

（3）情景设置

同学们，你们玩过这样的小棒吗（教师出示一束小棒）？你能用这样的小棒干什么（学生纷纷回答）？这些普通的小棒竟然会有这么多玩法，看来它真的会给我们带来很多乐趣（板书：神奇的小棒），下面我们来看看其他小朋友是怎么玩的（看大屏幕）。

（4）活动指导

①学习把一束小棒往下撒。

②说一说、试一试把一根根小棒捡起来（不能碰到其他的小棒）。

③学习挑小棒的方法。

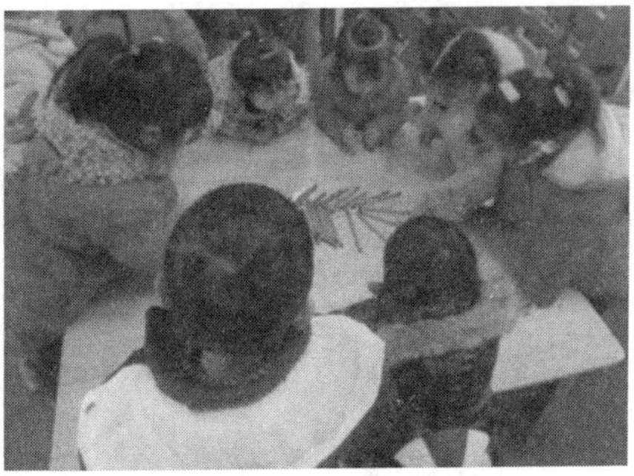
挑小棒

师：刚才小朋友捡小棒的时候，碰到了其他的小棒。现在老师教小朋友们一种不会碰到其他小棒的方法。

教师边操作边介绍：先捡起一根散落在旁边又没有被压到的小棒，然后看看哪根小棒是在最上面的，再用手上的这根小棒把它挑到外面。

教师小结：老师是用挑的方法捡小棒的。挑小棒时一定要看清楚哪根小棒是最上面的，没有被压的小棒才容易被挑起来。挑小棒时，把小棒往没有小棒的方向挑，就不会碰到其他小棒了。

师：还有谁想上来试一试？个别学生上来继续把散落在桌上的小棒挑起来。

（5）学生实践

①学习挑小棒游戏的规则。

这个游戏可以2个人玩，也可以几个人玩，大家可以先商量，由谁来撒小棒。游戏规则：撒小棒的小朋友把一束小棒握在手中，一端立在桌面，松开手，让小棒自己散落在桌上，小朋友轮流把桌上的小棒挑起来，每次只能挑一根，挑小棒时不能碰到其他小棒，如果碰到其他小棒了，机会就要让给下一个人，大家轮流挑小棒，直到小棒完全挑完，最后数数谁的小棒多，最多者为胜。

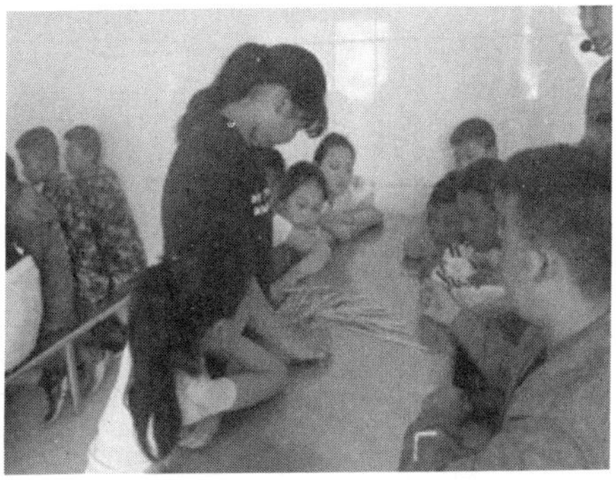

挑小棒

②每 4 人为一组玩挑小棒的游戏。

③教师巡视游戏过程，有针对性地及时给予恰当的指导：引导学生互相协商由谁来撒小棒、谁先挑小棒。对于能力强的小组或先挑完的小组给予表扬。

总结评价

教师小结学生的游戏情况，进一步熟悉游戏的玩法和规则。

活动拓展

请学生在以后的区域活动中互相合作，再次探索小棒的更多玩法。

附一

探究指导 1

TAN JIU ZHI DAO

活动任务我设计

任务单

姓名		小组	
探究任务	1. 老师给出的探究任务。 2. 我（们）自己想完成的探究任务。 （既有师生共同形成的探究问题，也有自主形成的探究问题。）		
探究方法	（写清楚研究选用的方法。）		
学习资源	（记录探究过程中运用了哪些学习资源。）		
探究结果	探究过程： 收获： 发现的新问题： （简写、口述或另附详细报告，讲述探究的过程：探究的结果、发现的新问题。）		

附二

探究指导 2
TAN JIU ZHI DAO

我的成长与反思

探究活动情况评价

等第	评价标准
优秀	1. 选择了合适的方法，熟悉活动的一般步骤，能关注问题设计的质量和层次，便于较自然地开展活动。 2. 小组分工明确，团结协作，能圆满完成任务。 3. 丰富多样的成果与汇报形式。 4. 活动开展留存的资料内容翔实，形式多样。
良好	1. 掌握活动的一般步骤，能较有序地开展活动。 2. 小组分工较明确，能基本完成任务。 3. 有自己的成果与汇报形式。 4. 活动开展资料保存良好。
合格	1. 能在老师的帮助下制定合理的活动方案。 2. 能在老师的帮助下小组合作完成探究活动。 3. 活动留存了资料。
不合格	不能按要求完成任务。

评价形式：教师在评价量表上依据评价标准评判出等第，也可小组成员互评、小组个人自评。

成长记录

活动主题:	姓名:
我的收获: 我需要改进的地方: 活动感言:	

敬 告

ATTENTION

灌云县小学生社会实践基地《青少年道德养成教育》的出版，对于编写者、出版者来说是一项繁复的系统工程，需要得到全社会的支持。

对于书中选用的一些资料，因通联问题，未能一一征询，特此致歉。敬请告知联系方式，我们即付稿酬并奉送样书。地址：江苏省连云港市灌云县城北路灌云县小学生社会实践基地《青少年道德养成教育》编写组，邮编：222200。

此致

谢谢！

灌云县小学生社会实践基地《青少年道德养成教育》编写组

游戏智慧少年，传统浸润童心

青少年道德养成教育

耘田中的文明

徐红梅　孙卫红 ◎ 主编　　邓玉艳　董永友 ◎ 编

教育
经典宝书

华龄出版社
HUALING PRESS

图书在版编目（CIP）数据

青少年道德养成教育 / 徐红梅，孙卫红主编 . -- 北京：华龄出版社，2021.12
ISBN 978-7-5169-2151-7

Ⅰ . ①青… Ⅱ . ①徐… ②孙… Ⅲ . ①品德教育－中国－青少年读物 Ⅳ . ① D432.62

中国版本图书馆 CIP 数据核字 (2021) 第 269125 号

选题策划 人文在线
责任编辑 高志红
责任印制 李未圻
装帧设计 顾瞳书衣

书　　名 青少年道德养成教育
作　　者 徐红梅　孙卫红
出　　版
发　　行 华龄出版社 HUALING PRESS
社　　址 北京市东城区安定门外大街甲 57 号
邮　　编 100011
发　　行 （010）58122255
传　　真 （010）84049572
承　　印 三河市龙大印装有限公司
版　　次 2023 年 9 月第 1 版
印　　次 2023 年 9 月第 1 次印刷
规　　格 710mm × 1000mm
开　　本 1/16
印　　张 24
字　　数 250 千字
书　　号 ISBN 978-7-5169-2151-7
定　　价 98.00 元（全五册）

前言

PREFACE

中华农耕文化有着悠久的历史，有很多值得传承的文化精髓，还将继续发展。未来承担农耕发展使命的必是青少年一代，青少年要了解农耕历史、农耕文化、农业生产操作，正确理解农业劳动及农业的发展，要珍惜劳动成果，尊重劳动者，理解中华五千年文明与农业发展的关系。我国劳动人民的智慧与勤劳吃苦的精神，为国家发展积累了丰富的成果与经验。青少年要有继承与发展这些成果与经验的主动意识和行动，汲取劳动人民的智慧创造更高的文明，为实现强国梦和中华民族的伟大复兴做出自己的贡献。

本教材以参观、体验、探究、操作等为主体活动形式，将努力激发学生主动参与的积极性，引导学生自己探索、思考、尝试，培养自主探索意识，实现学生对农耕文化的认知，对劳动者的认知，对文明中国的认知，使学生提升认知能力，通过合作体验提升合作能力，通过创新劳动工具与生产方式等提升创新能力，通过对农业过去、现在、未来的了解与展望形成职业思考，增强责任感，激发爱国热情。

本教材编写得到灌云县农业局、灌云县科技局、灌云县青少年科普教育基地、灌云县博物馆、灌云县教育局的大力支持，由于编写组能力有限，恐有疏漏，敬请指正。

2020 年 8 月

目　录

CONTENTS

01 农具篇

NONG JU PIAN

02 种植篇

ZHONG ZHI PIAN

03 管理篇
GUAN LI PIAN

04 政策篇
ZHENG CE PIAN

05 科技篇
KE JI PIAN

06 展望篇
ZHAN WANG PIAN

01 农具篇
NONG JU PIAN

概述

农具是农民在农业生产过程中用来改变劳动对象的器具。中华农业历史悠久、地域广阔，因此农具也丰富多彩。就不同的地域、不同的环境、不同的农业生产而言，农具有不同的适用范围与局限性。

传统农具是历史上发明创制、承袭沿用的农业生产工具的泛称，传统农具具有就地取材、轻巧灵便、一具多用、适用性广等特点。

几千年来，劳动人民用自己的勤劳和智慧，创造、发明了许许多多生产、生活所必需的工具和器械，极大地提高了劳动效率和生活质量，同时也推动了社会的进步。

农具的演进

传统农具是农业历史发展过程中的产物，是农业物质文化的重要组成部分。在材质上，由木石发展为青铜，再进而发展为铁制；在功能上，从原始的

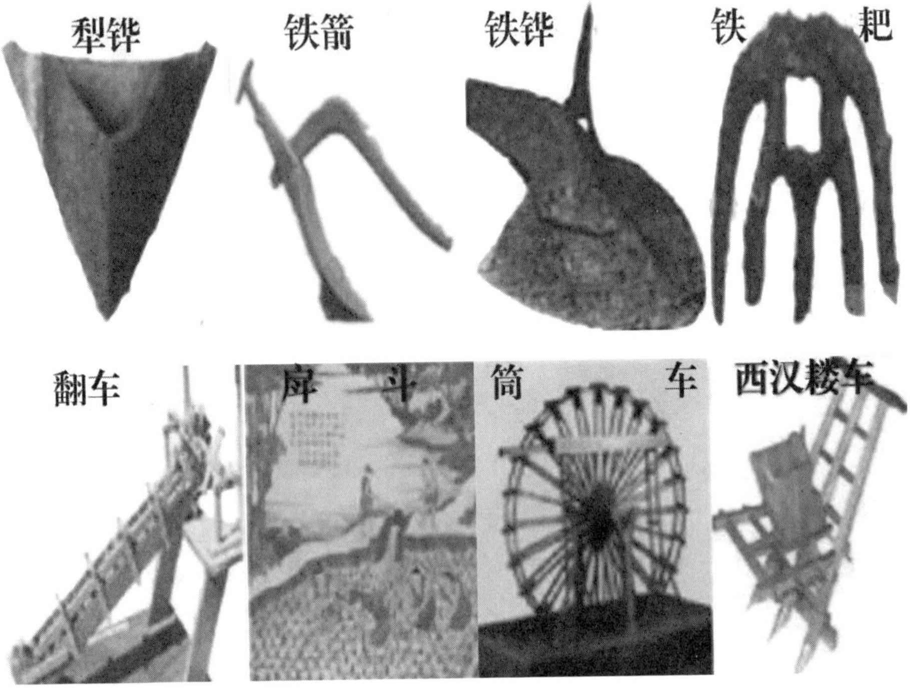

农具的演进

掘挖、脱粒发展为整地、播种、中耕、灌溉、收获、加工及收藏等多种功能；在动力上，由人力发展为畜力、水力，由简单发展为复杂。

原始农业主要耕作方式为刀耕火种，人们用石刀、石斧将树木砍倒，燃烧后用石犁翻土播种。随着原始农业的发展，出现了能提高挖土效率的木耒和骨耜。后木耒发展为刃部扁平的木耜，后世铁铲的原型出现。商周时期出现青铜农具，但由于青铜比较珍贵、硬度不足，未能大范围使用。石锄与石犁仍是主要农具。原始农业发展迅速，但农具简单笨重。

春秋战国时期，随着生产力的提高，铁农具和牛耕大量出现并逐步推广。

西汉耧车将开沟与播种相结合，功率提高几十倍，是近代条播机的原型。西汉赵过推广耦犁，由开始的两牛三人逐步发展到东汉时期的两牛一人，生产效率大大提高。后来出现犁壁，使铁犁可以朝同一方向翻土。隋唐时期出现曲辕犁，这种犁安装了犁评，可以调节犁耕的深浅，能适应各种土壤和不同的田块耕作要求。宋代秧马的出现，降低了稻田生产中拔秧的劳动强度。明清时期木牛与代耕架普遍出现，用以补充畜力的不足。至今，传统农具已相当完善。

农具的分类

为了更好地让大家了解传统农具，我们按照农业生产的具体工序，从整地、播种、田间管理、灌溉、收获、运输、脱粒、加工、称量和存储十个方面来介绍。

整地

农具：犁、铁叉、铁锨、锹、耙、钉耙。

犁：一种耕地的农具，由在一根横梁端部的厚重的刃构成。其通常系在一组牵引它的牲畜或机动车上，也有用人力来驱动的，用来破碎土块并耕出槽沟。

犁

铁叉：松土的农具，叉为铁制，柄为细长圆形木棍，使用时，用脚踩叉肩，使叉尖深入泥土，然后撬动木柄使泥土翻动。

铁锨：铲沙、土的工具，用熟铁或钢打成长方形片状，一头安有长的木把。铁锨是农民经常使用的劳动工具之一，它用了杠杆原理。

耙

锹：挖土或铲其他东西的农具，长柄，多为木制，头是铁的。

耙：由木框和铁耙齿组成。木框多

为长方形，耙齿分前后两列垂直安装在木框上，一般前七后八，由牲畜牵引。操作者站立耙上，或在耙上加装配重物以增加压力。它是轧碎坷垃、耙平地面的主要农具。

钉耙：农耕时松土的一种农具。钉耙自身由铁制成，后面的把子多为木制。

播种

农具：耧车。

耧车，也叫耩子，是一种畜力条播机。由耧架、耧斗、耧腿、耧铲等部分组成，通常有两脚耧、三脚耧。三脚耧下有三个开沟器，播种时，用一头牛拉着耧车，耧脚在平整好的土地上开沟播种，同时进行覆盖和填压，一举数得，省时省力，故使用效果好。

耧车

田间

农具：锄头。

锄头：一种长柄农具，其刀身平薄而横装，专用于耕种、除草、疏松庄稼周围的土壤。

灌溉

农具：水车、戽斗。

水车：利用带刮板的链带（条）或系汲筒的水轮，将水从低处提升到高处的一种提水工具。

戽斗：一种汲水灌田用的农具，用竹篾、藤条等编成。略似斗，两边有绳，使用时两人对站，拉绳汲水，亦有中间装把供一人使用的。

收获

农具：镰刀。

镰刀：收割庄稼和割草的农具，由刀片和木把构成，有的刀片上带有小锯齿，一般用来收割稻谷、麦子和青草等，在灌河流域广泛使用。

运输

农具：扁担、牛车、独轮车、平车。

扁担：扁圆长条形挑、抬物品的竹木用具，扁担有用木制的，也有用竹做的。

牛车：用牛去拉运收割庄稼的车子，也就是由人赶着、老水牛拖着、用木头做成轮子、车架是长方形框架的车。

独轮车：独轮车的创始者据说是三国时的蜀相诸葛亮，它的前身就是木牛流马，俗称“鸡公车”。前面尖，后面两个推把如同羊角，又俗称“羊角车”。古时候，独轮车是一种既经济又用得最广的交通工具，在交通运输史上是一项十分重要的发明。

脱粒

农具：石碾、连枷、筛子、木锨、簸箕。

石碾：一种用以碾压的农具。俗称“碾子”，主要用于加工谷物，由石、木构成，圆形，用牛牵动。

连枷：由一个长竹柄和一组平排的竹条或木条构成，是用来拍打谷物的农具。工作时上下挥动竹柄，敲杆绕轴转动，使籽粒掉下来。

筛子：一种用竹片编制的生活用具，形状像脸盆，有很多孔，是用来过滤的。使用的时候，大块的物体留在里面，小块的则通过孔掉出来。

木锨：木制，长柄，多用于扬场。农村使用耕牛拉石磙的方式从稻（麦）

穗碾下稻（麦）子，除去叶子和尘土时，一般在侧风向采用扬撒方式，使尘土、碎叶脉等杂物随风飘走。

簸箕：用竹篾编成的圆形物，簸米去糠的器具，也用于盛东西或晒物。

加工

农具：碓、石磨。

碓：舂米的工具。用脚连续踏动木杠后端，前端石头一起一落，舂砸下面石臼中的米粮，使谷成米或使米成粉，也有手碓。

石磨：用于把米、麦、豆等粮食加工成粉、浆的一种机械，通常由两个圆石做成。

石磨

碓

称量

农具：升子、杆秤。

升子：量粮食的器具，容量为一升。

杆秤：以带有星点和锥度的木杆或金属杆为主体，并配有秤砣、砣绳和秤盘（或秤钩）的小型衡器。杆秤是利用杠杆平衡原理来称重量的。

存储

农具：笆斗、箩筐、囤子。

笆斗：用柳条编制的圆形篾制品，中空，主要用于从地里收粮食回家或晾晒粮食。

箩筐：用竹篾、柳条编制的圆形篾制品，中空，主要用于从地里收粮食回家或晾晒粮食。

箩筐

囤子：农村盛装粮食的一种器具，一般用竹篾、柴篾编成。

传统农具的趋势

随着社会的发展、科技的进步，传统农具因笨重、效率低逐渐被淘汰，取而代之的是现代机械化设备和更先进的智能操控系统。从整地、播种、田间管理、灌溉、收获、运输、脱粒、加工、称量、存储到人们的思想都发生了翻天覆地的变化，传统农具逐渐淡出人们的视野。然而在创造工具并一代一代更新农具的过程中，古代劳动人民的智慧却永远是值得处在现代文明中的我们学习的宝贵财富。

小链接

部分农具图片

木锨

耩子

钉耙

铁锨

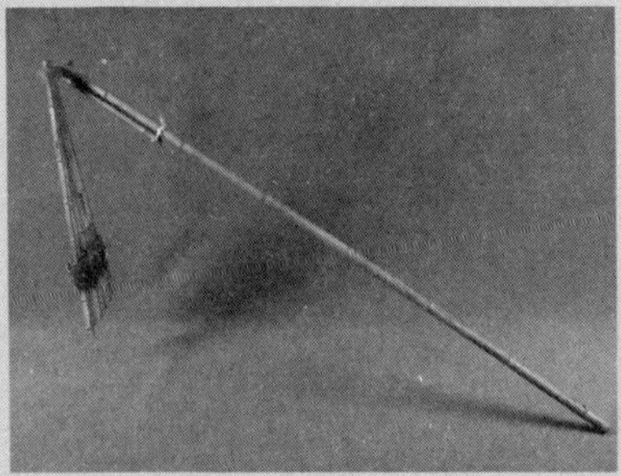

连枷

犁

小链接

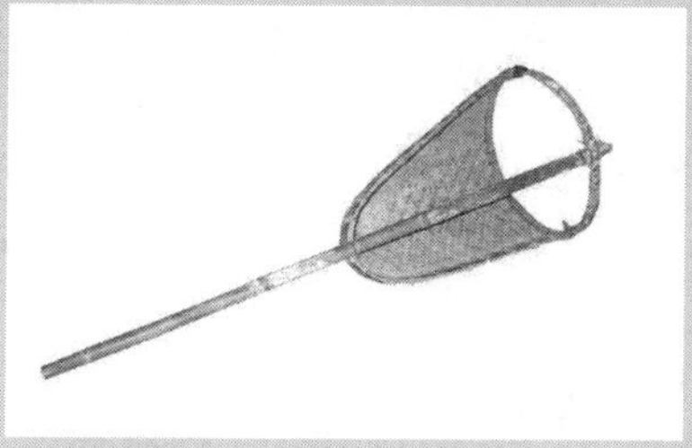

戽斗

笆斗

独轮车

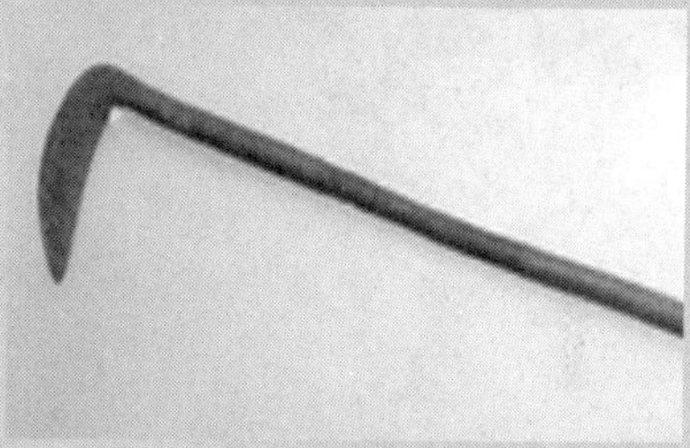

镰刀

石磨

水车

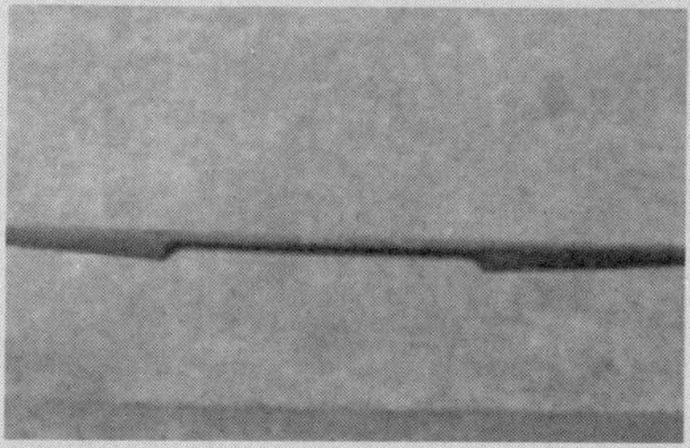

扁担

箩筐

任务单

看一看

走进农业科普基地农耕馆看一看传统农具，你能说出它们的名称吗？你知道这些传统农具的制作原理和使用方法吗？

找一找

还有哪些传统农具我们还在使用？

做一做

走进实践基地农耕园或农业科普基地体验一下传统农具的使用，感受一下古代劳动人民的智慧。

比一比

传统农具和现代机械的差别在哪？

★★★★★

02 种植篇

ZHONG ZHI PIAN

农作物是农业上栽培的各种植物，包括粮食作物、经济作物（油料作物、蔬菜作物、花、草、树木）两大类。可食用的农作物是人类基本的食物来源之一。“民以食为天”，表达了人与食物的关系，合理的膳食搭配才能给人带来健康。

农作物的分类

（1）粮食作物：以水稻、玉米、豆类、薯类、青稞、小麦、高粱为主要作物。

（2）油料作物：以油菜籽、花生、胡麻、大豆、向日葵等为主。

（3）蔬菜作物：主要有萝卜、白菜、芹菜、韭菜、蒜、葱、胡萝卜、菜瓜、圆白菜、菊芋、刀豆、莴笋、黄花、辣椒、黄瓜、西红柿、香菜等。

蔬菜

小链接

国外农业种植历史

一、近东、欧洲和美洲

农作物栽培的历史各有不同，近东和欧洲开始于公元前6500—前3500年；东南亚开始于公元前6800—前4000年；在中美洲和秘鲁，农作物培养的历史大约开始于公元前2500年。最先进行作物栽培的地区大多是半干旱气候的江河流域。在欧亚大陆，作物栽培的方法是先耙地，然后犁地播种；而在中美洲，因为没有牛、马等，他们的主要作物是玉米。

二、古希腊和罗马

从公元前2000年，希腊人就开始栽培粮食作物，主要是大麦，还种植橄榄树、无花果和葡萄，饲养牲畜。希腊人发明了水车用来从低处向高处提水。

古罗马人发明了一些铁制工具，如犁、镰、锄等，提高了地中海地区的农业技术水平。他们种植小麦、大麦、谷子、葡萄，饲养动物。公元前200年前，每个罗马农民都有1.8～6.1公顷土地。在随后的200年中，富有的人从国家得到了更多的土地，于是他们就叫奴隶干活了。

在这段时间里，国家又立法把富人的土地分给小农户，但这种改革最后失败了。公元200年时，很多农民变成了佃农；公元400年时，这些佃农的权利更少了，最后变成了依附于土地的农奴。

拥有土地的农民把他们的土地又分给他们的儿子。这样，只有很少土地的农民就更贫穷了。特别是在公元476年罗马帝国灭亡后，小户农民不得不把土地献给贵族来寻求保护。

三、中世纪的欧洲

公元1000—1300年期间，欧洲进入庄园时代，这种情况变得非常普遍，在英国、法国和德国更是如此。

在庄园时代，农奴们生活在地主庄园附近的村子里，为地主干活。每个农奴耕种5～12公顷土地，主要种植小麦、大麦、豆类、燕麦和黑麦，还安排有休闲土地。这种制度在中国、日本和印度也有。

（4）果类：有梨、青梅、苹果、桃、杏、核桃、李子、樱桃、草莓、沙果、红枣等。

（5）饲料作物：如玉米、绿肥、紫云英等。

（6）药用作物：有人参、当归、金银花、薄荷、艾蒿等。

历史记载

《齐民要术》是北魏时期的中国杰出农学家贾思勰所著的一部综合性农书，也是世界农学史上较早的专著之一。书中正文分成10卷，92篇，收录1500年前中国农艺、园艺、造林、蚕桑、畜牧、兽医、配种、酿造、烹饪、储备以及治荒的方法，书中援引古籍近200种，所引包括《氾胜之书》《四民月令》等现已失传的汉晋重要农书，后人只能从此书了解当时的农业运作。

农作物选种技术

秋季，各种农作物相继成熟，正是选留农作物种子的好时机。俗话说："好瓜出好瓢，好种出好苗。"这充分道出选留好种子，对夺取翌年农业丰收的重要作用。

选留标准

农作物种子必须具备以下条件：①秸秆整齐，粗壮不倒；②穗大粒多，籽粒饱满；③色泽一致，无病虫害；④产量高稳，品质优良。

选种方法

（1）块选、片选。春季建立留种田的地块，可进行块选或片选。选留时，先除去杂株、病株、弱株，然后混合选留做种。

（2）株选、穗选。秋收前，在计划留种的地块进行株选、穗选。株选与穗选，首先要全面认识该品种的特性，然后选留生长健壮、抗逆性强、穗大粒饱的单株、单穗做种。

（3）定位优选。根据农作物的最佳遗传优势部位进行选种，也叫定位选种。定位选种可把该品种的优良性能全部遗传给下一代，充分有效地发挥良种的增产性能。

几种农作物的遗传优势部位：

（1）玉米：玉米是中部优势作物，其遗传优势部位是果穗中下部，选用这一部位的籽粒做种，比用顶部的籽粒增产 35.4%。

（2）高粱：高粱是顶部优势作物，果穗上部的籽粒充实饱满，发育好，生长力强，对结实丰产性状具有较强的遗传优势。选用全穗 1/3 以上的籽粒做种，比用全穗混合籽粒做种增产 8.7%。

（3）水稻：水稻是顶部优势作物，穗上部的籽粒饱满充实，千粒重高，生长力强，选用上部籽粒做种比用中、下部籽粒分别增产 13.2% 和 17.4%。

（4）大豆：大豆是中部优势作物，有限结荚习性品种的遗传优势部位是主茎上部；无限结荚习性品种的遗传优势部位在主茎中下部；亚有限结荚习性品种的遗传优势部位多在中间部位。在植株的强遗传优势区选种，一般可增产 10% 左右。

注意事项：

（1）秋季选种，只限于自交作物，杂交作物不宜选留种子。

（2）选好种子后，一定要注意晾晒脱水，使种子水分降到安全水分范围内，以便使种子安全贮存越冬。

农作物的种植

一般农作物的种植包括选地整地、施肥、播种、田间管理、收获等几个方面。田间管理是最关键的一个方面，包括中耕松土、除草、施肥、浇水、防止病害等。

常见农业播种方式

1. 套种

在前季作物生长后期的株行间播种或移栽后季作物的种植方式，就是套种。套种是一种集约利用时间的种植方式。

2. 轮作

轮作是指在同一块田地上有顺序地在季节间和年度间轮换种植不同作物或复种组合的种植方式。轮作是用地、养地相结合的一种生物学措施，有利于均衡利用土壤养分和防治病、虫、草害；能有效改善土壤的理化性状，调节土壤肥力。旱地多以禾谷类作物为主或禾谷类作物、经济作物与豆类作物、绿肥作物轮换；稻田的水稻与旱作物轮换。

3. 复种

复种是同一块土地上在一年内连续种植超过一熟（茬）作物的种植制度，又称“多次作”。复种是中国传统精耕细作、集约栽培的重要方式之一，是中国蔬菜集约化栽培的主要特点之一，能显著提高土地和光能利用率，是实现蔬菜高产、种类多样、周年均衡供应的一个有效途径。复种的发展受当地热量、土壤、水利、肥料和劳力等条件的制约，其中热量条件常是主要的限制因素。

4. 混种

混种（混作）一般指两种或两种以上的作物混合种植。不同作物的恰当组合，可提高光能和土地的利用率，在选用耐旱涝、耐瘠薄、抗性强的作物组合时，还能减轻自然灾害和病虫害的影响，达到稳产保收。但混种也存在不利影响，混种会造成作物群体内部互相争夺光照和水、肥的矛盾，而且田间管理不便，不适合高产栽培的要求，所以这种种植方式已逐渐减少。

5. 间种

间种通常是指高棵作物与矮棵作物间种。实行间种，可充分利用太阳光照等，能提高 20% 左右的产量。

间种与套种的差异：间种一般是同时种植，套种有时间差；间种更强调株行间隔。

常见农作物的栽培技术

1. 大豆

大豆，中国古称“菽”，是一种种子含有丰富蛋白质的一年生豆科植物。大豆呈椭圆形或球形，颜色有黄色、淡绿色、黑色等，故又有黄豆、青豆、黑豆之称。

大豆

种植 / 栽培要点：

（1）中耕培土：有利防治倒伏、排涝及控制徒长。

（2）浇水施肥：遇旱浇水，叶片短小，发黄要追肥（复合肥每亩 20 千克）。

（3）病虫害防治：大豆叶斑病、成虫病和豆科蝇、蚜虫常混合发生，可用天达 2116（豆科专用型）50 克加 40% 氧化乐果 85 毫升混合兑 30 千克喷雾。

2. 棉花

棉花是锦葵科棉属植物的种子纤维，原产于亚热带。植株灌木状，在热带地区栽培可长到 6 米高，一般为 1 ～ 2 米。

种植 / 栽培要点：

抓好播种，确保一播全苗，是确保高产的第一个环节。播种保苗环节的栽培主攻方向是实现“五苗”，即“早、全、齐、匀、壮”。“早”就是适期播种、早出苗；“全”就是不缺苗断垄，保证计划密度；“齐”就是棉籽萌发出苗整齐一致；“匀”就是棉苗分布均匀一致；“壮”就是棉苗生长稳健，根系生长迅速，最终实现棉花早现蕾开花、早结铃吐絮。

棉花

3. 红薯

红薯又称甘薯、番薯、山芋等，旋花科一年生植物，蔓生草本，长2米以上，平卧地面斜上，具地下块根，块根纺锤形，外皮土黄色或紫红色。

种植 / 栽培要点：

适时早栽是红薯增产的关键，在适宜的条件下，栽秧越早，生长期越长，结薯越早，结薯越多，块根膨大时间越长，产量越高，品质越好。为提高栽秧质理确保苗旺，栽秧时要剔除“老硬苗”和弱病苗，选用壮苗栽插，栽时最好将大小苗进行分级，分别栽插，使其均衡生长。为防治红薯黑斑病，可用50%的甲基托布津1000倍液浸秧苗基部2 ~ 3寸10分钟。

4. 甘蓝

甘蓝属十字花科芸苔属的一年生或两年生植物。除芥蓝原产于中国外，甘蓝的各个变种都起源于地中海至北海沿岸。

种植 / 栽培要点：

选用适宜的优良品种，适期播种，以幼苗期温度8 ~ 23℃，莲座期温度15 ~ 18℃，花球发育期温度15 ~ 20℃为宜。栽培时要适量施肥，防止肥力过剩，培育适龄壮苗。定植后，春季浇水要适量，勤中耕，提高地温；秋季及时浇缓苗水，降低地温，中耕松土，促缓苗。

5. 南瓜

南瓜是葫芦科南瓜属的植物，因产地不同，叫法各异，又名麦瓜、番瓜、

南瓜

倭瓜、金冬瓜、金瓜，原产于北美洲。嫩果味甘适口，是夏秋季节的瓜菜之一。

种植 / 栽培要点：

（1）选用高产、抗病、抗逆优良品种。

（2）及时整地，施入足够的基肥。

（3）适时播种，保证苗全、苗壮、苗旺，为后期高产打下良好的基础。

（4）花期进行人工辅助授粉，保证坐瓜。

（5）果实膨大期注意天气变化，合理、适时、适当浇水；密切注意病虫害发生发展，做出正确、及时、合理的应对。

（6）适时采收、贮藏、出售。

6. 生菜

生菜是叶用莴苣的俗称，属菊科莴苣属，为一年生或两年生草本作物，也是大众蔬菜，深受人们喜爱。

种植 / 栽培要点：

根据生菜各生育期对温度的要求，东北、西北的高寒地区多为春播夏收，华北地区及长江流域春秋均可栽培，华南地区从 9 月至翌年 2 月都可以播种，11 月到翌年 4 月收获。1990 年以来，随着栽培设施的发展，利用保护设施栽培生菜，已基本做到分期播种、周年生产供应。

7. 豆角

豆角又叫豇豆，是夏季盛产的蔬菜，含有各种维生素和矿物质等。豆荚长而像管状，质脆而身软，常见有白豆角和青豆角两种。

种植 / 栽培要点：

豆角可直播，也可育苗移栽，一般都采用育苗移栽，育苗移栽可适当抑制营养生长，促进生殖生长。可采用营养钵或保温苗床育苗，每 667 平方米播种量为 2.5 千克左右。育苗一般选用大棚，播前应准备好营养土苗床及营养钵。营养土苗床要提前翻耕，播种后，在正常情况下4～7天可出苗，幼苗出土后要及时揭掉地膜，但小拱棚仍要昼揭夜盖。种子发芽期和幼苗期床土不宜过湿，以免降低发芽率，或导致幼苗徒长，甚至烂根死苗。

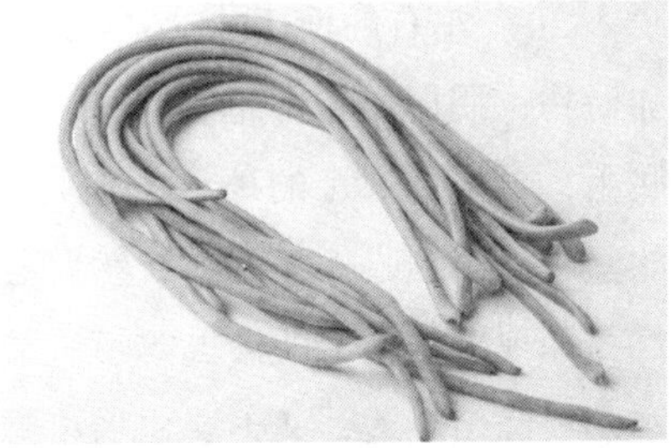

豇豆

8. 黄瓜

黄瓜也称胡瓜、青瓜，属葫芦科植物，为主要的温室产品之一。茎细长，具纵棱，被短刚毛，卷须不分枝。瓠果，狭长圆形或圆柱形。嫩时绿色，成熟后黄色。花、果期为5～9月。

黄瓜

种植/栽培要点：

早春1～3月播种，夏秋植6～8月。春播浸种催芽后育苗或地膜覆盖直播，夏、秋季浸种直播或干种直播均可。浸种催芽在黄瓜播种中普遍应用，用50～55℃温开水烫种消毒10分钟，不断搅拌以防烫伤。然后用约30℃温水浸4～6小时，搓洗干净，涝起沥干，在28～30℃的恒温箱或温暖处保湿催芽，20小时开始发芽。早春小拱棚保温育苗，用育苗杯或苗床育苗，苗龄15～20天（2片真叶）时定植，于晴天傍晚进行，要注意保护根系，起苗前淋透水，起苗时按顺序，做到带土定植，以防伤根。

9. 红豆

红豆指红豆树，乔木，羽状复叶，小叶长椭圆形，圆锥花序，花白色，荚果扁平，种子鲜红色，产于亚热带地区，在古代文学中常用来象征相思。

种植/栽培要点：

选用籽粒饱满、色泽明亮、脐白、发芽率在95%以上的新种子。剔除不饱满、破残、虫蛀豆粒及其杂质，用清水淘洗，漂去瘪粒，洗净种子。将种子浸入 20℃左右的清水中 16 ~ 24 小时，且换水 4 次。浸种结束后，洗去黏液和污物，用湿布包好催芽，种子露白时即可培育。基质厚度为 10 厘米，浇透底水，再把催好芽的种子播在上面，每平方米播 2 千克左右，上覆 0.5 厘米厚的基质，用细眼喷壶溅水，然后盖上塑料薄膜。出苗前一般不再浇水。两天后红豆芽顶出基质，即揭去薄膜。温度应保持在 16 ~ 30℃。每天浇水 2 ~ 3 次。水既要浇匀浇透，又不要积水。要保持场所的空气清新。

10. 扁豆

扁豆，一年生草本植物，茎蔓生，小叶披针形，花白色或紫色，荚果长椭圆形，扁平，微弯，种子白色或紫黑色。嫩荚是普通蔬菜，种子可入药。

种植 / 栽培要点：

种子适宜发芽温度为 22 ~ 23℃。植株能耐 35℃左右高温，根系发达强大、耐旱力强，对土适应性广，在排水良好而肥沃的沙质土壤或壤土种植能显著增产。走架栽培。扁豆一般直播、整地施肥等与四季豆（架刀豆）相同。中耕、除草与四季豆相同。早熟品种不设支架栽培。先整地，施基肥，做成畦，塑料棚冷床育苗，苗期 30 天，4 月中、下旬定植，行、株距各为 40 厘米，每穴栽苗 4 株。

11. 豌豆

豌豆属豆科植物，一年生藤本作物，羽状复叶，小叶卵形，开白色或淡紫色的花，果实有荚。嫩荚和种子供食用。

种植 / 栽培要点：

豌豆

豌豆对土壤条件要求不高，各种土壤均可栽培，但强酸性土壤要施用石灰。豌豆最忌连作，至少要行 4 ~ 5 年的轮作。播种前要深翻土壤，每亩（1 亩约 667 平方米）施有机土杂肥 2500 ~ 3000 千克、过磷酸钙 20 ~ 25 千克、氯化钾 15 ~ 20 千克，最好将化肥同有机肥混合施入。一般做平畦，低尘洼处可做高畦。播前种子可接种根瘤菌。

12. 蚕豆

蚕豆又称胡豆、佛豆、川豆、倭豆、罗汉豆，一年生或两年生草本。茎方形，中心空，花白色有紫斑，结荚果，种子供食用。

种植/栽培要点：

蚕豆忌连作，连作会使植株不育。蚕豆耐寒，可于2月下旬至3月中旬播种。播种前深翻土壤并适当施基肥，做成1米宽的平畦。每畦种两行，在畦内挖穴，穴深6 ~ 9厘米，穴距20厘米左右，每穴点播种子2 ~ 3粒，搂平畦面。采收蚕豆嫩荚，可分次采收，采收自下而上，每7 ~ 8天一次，采收老熟的种子，可在蚕豆叶片凋落、中下部豆荚充分成熟时收获，晒干脱粒贮藏。

13. 绿豆

绿豆是一种豆科、蝶形花亚科豇豆属植物，种子被广泛食用。

种植/栽培要点：

播种时，不能用化肥做种肥，特别是不能用含氮化肥或过磷酸钙拌种。不要在雨前播种。要及时匀苗定苗，不要贪多，以保证个体发育良好。籽粒需用竹器盛装，由厚到薄逐步晒干，不要在三合土、石板和水泥地暴晒，以免破皮，破坏蛋白质结构，影响种子质量和商品质量。种子水分一般要求降到13%以下。绿豆干燥后，不宜趁热进仓，应于冷凉后入仓。要注意轮作换茬，多年重茬将严重减产。

14. 水稻

水稻，一年生禾本科植物，高约1.2米，叶长而扁，圆锥花序，由许多小穗组成。按照不同的方法，水稻可分为籼稻和粳稻、早稻和中晚稻、糯稻和非糯稻。水稻属须根系，不定根发达，穗为圆锥花序，自花授粉。

水稻

种植 / 栽培要点：

水稻的种植技术包括稻田和插秧，是中国人发明的。种稻之前，必须先将稻田的土壤翻过，使其松软，这个过程分为粗耕、细耕和盖平三个环节。过去使用畜力和犁具，主要是水牛来整地犁田，现在多用机器整地。整好地后进行插秧。

15. 花生

花生又名落花生，是一年生草本植物。从播种到开花只用一个多月时间，而花期却长达两个多月。

种植 / 栽培要点：

秋季前茬收割后，灭茬，秋翻、耙、压后做成新垄。准备地膜覆盖栽培的地块，做成底宽 75 ~ 80 厘米、畦高 5 厘米、畦面宽 65 ~ 70 厘米的畦，畦与畦中间做成 20 ~ 25 厘米宽、15 厘米高的小垄，以备播种时取土用。优先选用经绿色食品管理部门认定的绿色食品专用肥。

无公害农作物的栽培

所谓无公害农作物，是指农作物中有害物质（如农药残留、重金属、亚硝酸盐等）的含量，控制在国家规定的允许范围内，人们食用后对人体健康不造成危害的农作物。

从狭义上讲，无公害农作物是指没有受有害物质污染的农作物，也就是说农作物中不含有某些规定不准含有的有毒物质，而对有些不可避免的有害物质则要控制在允许的标准之内。从广义上讲，无公害农作物应该是集安全、优质、营养为一体的农作物的总称。安全主要指农作物不含有对人体有毒、有害的物质，或将其控制在安全标准以下，从而对人体健康不产生危害。具体讲要做到“三个不超标”：一是农药残留不超标，不能含有禁用的高毒农药，其他

小链接

转基因

所谓转基因植物，就是将人工分离和修饰过的外源基因导入需要改良的生物体基因组中，使之产生新的性状，如抗虫、抗病、抗旱、抗寒、高产和优质等，从而达到改造生物的目的。

转基因是一项高技术，也是一个新产业，具有广阔的发展前景。中央对发展农业转基因提出了明确要求：在研究上大胆，坚持自主创新；在推广上慎重，做到确保安全；在管理上严格，坚持依法监管。

我国是全球最早开发和应用转基因作物的国家之一，商业化种植的转基因农作物主要是转基因棉花，还有小面积的转基因马铃薯和南瓜。

由美国康涅狄格大学华裔生物学教授李义领导的研究小组经过近6年的不断探索，终于在消除转基因植物对生态环境和人体健康的潜在威胁方面获得突破。他们利用其开发出来的“外源基因去除”技术，成功地将转基因植物中的外来基因从植物的花粉和种子中彻底清除掉，从而有可能打消人们对转基因植物安全性的顾虑。有关论文已发表在《植物生物技术》杂志上。

随着农业生物技术的迅猛发展，新技术对生态环境的负面影响已越来越引起普遍关注，转基因植物的安全性问题便是其中争论的焦点。由于转基因植物的外源基因可通过植物的花粉或种子等途径在种群之间飘移扩散，有可能产生超级杂草或使其他植物的性状发生意外变化，并给人类生态环境和生物多样性带来威胁，因此，如何保证转基因植物的安全性就成为亟待解决的难题。

无公害蔬菜

无公害作物

农药残留不超过允许量；二是硝酸盐含量不超标，食用农作物中硝酸盐含量不超过标准允许量，一般在432ppm以下；三是“三废”等有害物质不超标，无公害农作物的“三废”和病原微生物等有害物质含量不超过规定允许量。优质主要是指商品质量，包括个体整齐、发育正常、成熟良好、质地口味俱佳、新鲜无病虫危害、净菜上市。营养是指农作物的内含品质。由于农作物种类繁多、各具特色，在营养上差异很大，但农作物类的共同性是为人们提供膳食纤维、维生素和矿物元素，因此围绕这三类成分的含量及各种农作物的品质特性来评价它们的营养高低。由此可见，无公害农作物不仅是实现绿色食品工程最基本的材料资源，而且是农业可持续发展及人类生存环境保证的重要组成部分之一。

采用化学农药防治农作物病虫害会使农作物残留一定量的农药。当这些残留农药超过一定数量时则有害人体健康，甚至使人中毒身亡。因此，联合国粮农组织和世界卫生组织及许多国家都制定了各种农药在不同农作物上的允许残留量。

有机、无公害、绿色农作物的区别

（1）无公害农作物是按照相应生产技术标准生产的、符合通用卫生标准并经有关部门认定的安全农作物。严格来讲，无公害是农作物的一种基本要求，普通农作物都应达到这一要求。

无公害西瓜

（2）绿色农作物是我国农业部门推广的认证农作物，分为A级和AA级两种。其中A级绿色农作物生产中允许限量使用化学合成生产资料，AA级绿色农作物则较为严格地要求在生产过程中不使用化学合成的肥料、农药、兽药、饲料添加剂、食品添加剂和其他有害环境和健康的物质。从本质上讲，绿色农作物是从普通农作物向有机农作物发展的一种过渡产品。

（3）有机农作物是指以有机方式生产加工的、符合有关标准并通过专门认证机构认证的农副产品及其加工品。

发展无公害农作物生产，应从菜田生态系统总体出发，本着经济、安全、有效和简便的原则，优化协调运用农业、生物、化学和物理的配套措施，创造有利于农作物丰产而不利病虫害发生的条件，达到高产、优质、低耗和无害的目的。

在地理方面选择交通方便的城市近郊建立无公害农作物生产基地。要求基地周围不存在环境污染，地势平坦，土质肥沃，富含有机质，排灌条件良好。

建立无公害农作物生产基地，必须切实防止环境污染，包括防止大气、水质和土壤污染，进行物理防治，利用物理和机械防治能有效地控制病虫害，不用药、不污染，做到科学合理用药并及时进行农作物质量检测。

农药残留检测与去除

我们的生活离不开农作物，为降低摄入残留农药水果农作物的概率，建

农药残留

议消费者采用如下避免毒害的自保之道：①以水果农作物专用清洗配方清洗水果农作物。②尽量选购时令盛产的水果农作物。③在自然灾害或节庆日前后，应避免抢购水果农作物，以防止农民为抢收水果农作物，加重农药喷洒剂量。④勿偏食某些特定的水果农作物。⑤可选购市面上信誉良好的水果农作物加工品（如罐装及腌渍水果农作物等）或冷冻农作物，因为上述水果农作物于加工过程中（如“杀菁法”）已除去大部分农药残留。⑥外表不平或多细毛的水果农作物（如猕猴桃、草莓等）较易沾染农药，因此食用前，可去皮者，一定要去皮，否则，请务必以水果农作物清洗配方及清水多冲洗后再食用。⑦可选购含农药残留率较低的水果农作物，如具有特殊气味的洋葱、大蒜、九层塔；对病虫害抵抗力较强的龙须菜；需去皮才可食用的马铃薯、甘薯、冬瓜、萝卜，或有套袋的水果农作物。⑧当发现水果农作物表面有药斑，或有不正常、刺鼻的化学药剂味道时，表示可能有残留农药，应避免选购。⑨对于连续采收的农作物（可长期而连续多次采收，如菜豆、豌豆、韭菜花、小黄瓜、芥蓝菜等），需要长期且连续喷洒农药，消费者应特别加强对这些作物的清洗次数及时间，以降低其农药残留量。

1. 试剂

① pH=8 的磷酸缓冲液；②丁酰胆碱酯酶：根据酶活性情况按要求用缓冲液溶解，A 值控制在 0.4 ~ 0.8 之间；③底物：碘化硫代丁酰胆碱，用缓冲液溶解；④显色剂：二硫代二硝基苯甲酸，用缓冲液溶解。

2. 仪器

①波长为 410 ± 3 纳米专用速测仪，或可见光分光光度计；②电子天平（准确度 0.1 克）；③微型样品混合器；④台式培养箱；⑤可调移液枪；⑥不锈钢取样器（内径 2 厘米）；⑦配套玻璃仪器及其他配件等。

划重点

去除农药残留

（1）去皮法。能去皮的农作物尽量去皮，如瓜类农作物一般都能去皮，但是会丢失表皮里的营养成分。

（2）淡盐水浸泡。一般农作物先用清水至少冲洗 3 ~ 6 遍，然后泡入淡盐水中，再用清水冲洗一遍。包心类农作物可先切开，放入清水中浸泡 1 ~ 2 小时，再用清水冲洗，以清除残留的农药。

（3）碱水浸泡。先在水中放上一小撮碱粉，无水碳酸钙、冰碱或结晶碳酸钠均可，搅匀后再放入农作物。浸泡 5 ~ 6 分钟后把碱水倒出来，接着用清水漂洗干净。也可用小苏打代替，但需适当延长浸泡时间，一般需 15 分钟左右。

（4）开水烫。对残留农药最好的清除方法是烫，如青椒、菜花、豆角、芹菜等，在下锅前最好先用开水烫一下。据试验，此法可清除 90% 的残留农药。

（5）日光照。农作物经阳光照射后会发生多光谱效应，农作物中部分残留农药会被分解、破坏。据测定，农作物在阳光下照射 5 分钟，有机氯、有机汞农药的残留量可减少 60%。由于空气中的氧与农作物中的色酶对残留农药有一定的分解作用，所以购买农作物后，应在室温下放 24 小时左右，这样残留农药平均消失率为 5%。

（6）淘米水浸泡。因为我国目前大多用有机磷农药杀虫，这些农药一遇酸性物质就会失去毒性，所以，农作物在淘米水中浸泡 10 分钟左右再用清水洗，能减少残留的农药。

★★★★★

任务单

做一做

学会一种检测农药残留的方法，学会一种去除农药残留的方法。

尝试用 pH 值试纸检测基地农耕园里的土壤酸碱度，你认为它适合种植吗?

查一查

常见农作物有哪些营养价值? 评一评基地的饭菜营养搭配情况。

找一找

找一找有机农业里的科学，你有什么发现呢?

温馨提醒:

请在小组合作下完成探究任务，如遇困难可请指导老师帮助。

★★★★★

03 管理篇
GUAN LI PIAN

我们每餐都离不开各种农作物，因此了解农作物的生长习性，懂得农作物的管理方法，生产出健康的农产品，才能保障人们的健康。

农作物生长发育小常识

农作物在生长发育过程中，需要碳、氢、氧、钙、镁、硫、氮、磷、钾、硼、铝、锌、锰、铁、铜和氯等16种元素，这些元素称为“必需营养元素”，其中碳、氢、氧可以从水和空气中获得，其他大多数是从土壤中获得，当土壤不能满足时，必须通过施肥来补充。

影响农作物生产的主要因素有：天气、土壤和人为措施。

（1）天气。天气是影响农作物生产的一个重要因素，有的农作物需要长光照，有的农作物所需要的积温少，有的农作物需要的积温多，像小麦全生育期需要2300℃左右，棉花则需要3000℃左右。水是作物的生命，作物需水量很大。

（2）土壤。土质的好坏直接影响农作物产量，改良土壤、增加土壤的肥活度十分重要。

（3）人为措施。合理施肥是提高农作物产量的一项重要措施，不同的农作物所需的肥量是不同的。了解各种农作物在各生育期中需水、施肥的多少及适应的气候，我们才能为农作物提供良好的生长条件。

小链接

微量元素的作用

（1）锌：玉米的白苗花叶，花生的白叶病、小叶病，苹果的小叶病，小麦干芒、干穗等都是缺锌的症状，锌肥通常是硫酸锌。

（2）锰：锰是酶的活化剂，缺锰，叶绿素不易形成，农作物叶片出现黑褐色细斑。锰还可以抗病。锰肥通常为硫酸锰。

（3）铁：铁也是叶绿素形成不可缺少的元素。玉米幼叶发黄、老叶发绿，花生浇水、下雨期间发黄都是缺铁的症状。铁肥一般为硫酸亚铁，最常用的土名叫黑矾。

（4）硼：硼的作用是使花粉授粉正常。花粉畸形，花而不实，严重时开花不见果，就是有粒也是秕粒，像玉米棒上头突尖，小麦上截没籽，油菜花面不实、荚秕都是缺硼的症状。硼肥、硼砂、硼镁肥最常用。

（5）钼：钼在豆科作物中能促使根瘤菌发育，花生、大豆特别喜欢钼。钼肥通常是硝酸铵。

（6）铜：铜在农作物中一般不缺乏。

农作物田间管理

田间管理是指生产中，农作物从播种到收获的整个栽培过程所进行的各种管理措施的总称，即为农作物的生长发育创造良好条件的劳动过程，如填压、间苗、中耕除草、培土、压蔓、整枝、追肥、灌溉排水、防霜防冻及防治病虫等。田间管理必须根据各地自然条件和农作物生长发育的特征，采取有针对性的措施，才能收到事半功倍的效果。

田间管理需注意以下问题。

1. 秧苗抗寒、解药害、阴霾天气植株生长调理

农作物在弱光、低温、药害等逆境下经常会有生长异常现象。受害秧苗，可以使用生物营养液调节，增强土壤肥水吸收能力。

2. 越冬栽培补光

冬季昼短夜长，阴霾天、雨雪连阴天多发，低温弱光环境对植株生长极为不利。在温室生产中可用补光灯和反光膜来增加光照，延长植株生长时间。其中，补光灯每 5 延长米架设一盏，可早晚各延长照射 2 小时，同时在后墙上铺贴反光膜，增加散射光。另外，可在棚室内架设二氧化碳释放器，增强光合作用，促进作物生长。

3. 种子药剂包衣防病

用 6.25% 咯菌腈 · 精甲霜灵 62.5 克 / 升 10 毫升，兑水 150 ～ 200 毫升包衣 3 ～ 4 千克种子，可有效防治蔬菜苗期立枯、炭疽、猝倒等病害的发生。

4. 苗床土配制

用没有种过蔬菜的大田土与腐熟的有机肥按 6∶4 的比例混合均匀，并按比例每立方米苗床土加入 100 克 68% 精甲霜 · 锰锌水分散粒剂和 100 毫升 2.5%适乐时，并在种子播种覆土后，用 68%精甲霜 · 锰锌水分散粒剂 400 倍液喷洒苗床表面，可以有效避免蔬菜苗期立枯、炭疽和猝倒等病害的发生。

5. 农家肥的发酵处理

将未腐熟的鸡、牛、猪等农家肥掺入腐菌酵素和作物秸秆拌匀后，也可加入5千克碳铵肥料（农民常说的“气肥”），升温高，发酵快。每2～3立方米农家肥+500千克粉碎后的秸秆+腐菌酵素2千克，用废弃的塑料膜盖好封严，10～15天即可完全发酵。

6. 新建棚室土壤改良小处方

每亩用6～8立方米农家肥加6千克腐菌酵素混合均匀施于棚内后，深耕土壤，增强土壤通透性及活性，7～10天后即可定植生产。

7. 出苗壮秧

蔬菜幼苗出齐长出真叶后，可对其进行健壮防病生物菌药处理，淋灌幼苗，促进秧苗生长，增强秧苗抗逆性。

灌溉技术

灌溉，即用水浇地，是为土壤补充农作物所需水分的技术措施。为了保证农作物正常生长，促进高产稳产，必须供给农作物以充足的水分。在自然条件下，降水量往往不足或分布不均匀，不能满足农作物对水分的要求。因此，必须人为地进行灌溉，以补天然降雨的不足。

传统的灌溉方式

传统的灌水方法水是从地表面进入田间并借重力和毛细管作用浸润土壤的，所以也称为重力灌水法，这种办法是最古老的也是目前应用最广泛、最主要的一种灌水方法。灌溉按湿润土壤方式的不同，可分为畦灌、沟灌、淹灌和漫灌四种。

1. 畦灌

畦灌是用田埂将灌溉土地分割成一系列长方形小畦。灌水时，将水引入畦田后，在畦田上形成很薄的水层，沿畦长方向移动，在流动过程中主要借重力作用逐渐湿润土壤。

灌溉

2. 沟灌

沟灌是在农作物行间开挖灌水沟，水从输水沟进入灌水沟后，在流动的过程中，主要借毛细管作用湿润土壤。和畦灌比较，其明显的优点是不会破坏农作物根部附近的土壤结构，不会导致田面板结，能减少土壤蒸发损失，适用于宽行距的中耕作物。

3. 淹灌

淹灌（又称格田灌溉）是用田埂将灌溉土地划分成许多格田，灌水时格田内保持一定深度的水层，借重力作用湿润土壤，主要适用于水稻灌溉。

4. 漫灌

漫灌是在田间不做任何沟埂，灌水时任其在地面漫流，借重力渗入土壤。漫灌是一种比较粗放的灌水方法，灌水均匀性差，水量浪费较大。

现代节水灌溉方式

现代科学灌溉技术，不仅可以有效利用有限的水资源，缓解地下水开采过量、地壳下沉的严峻局面，同样重要的是，能够通过与精确施肥的有机结合，改善农作物、果树等的生长条件，提高单产和果实品质，具有良好的社会效益和经济效益。

喷灌

微喷是利用折射、旋转或辐射式微型喷

滴灌

头将水喷洒到农作物枝叶等区域的灌水形式，属于微灌范畴。微喷的工作压力低，流量小，既可增加土壤水分，又能提高空气湿度，调节局部小气候，应用十分广泛。另外，还可以借助部分微喷头的超强雾化功能，用于扦插育苗、饲养场降温等。

滴灌是通过安装在毛管上的滴箭、滴头、滴灌带或其他孔口式灌水器将水一滴一滴、均匀而又缓慢地滴入作物根区附近土壤中的灌水形式。

滴灌滴水流量小，缓慢入渗，主要借助毛管张力作用扩散，是最为节水和有效的一种灌溉方式。

局部精确灌水极大提高了水的利用率，减少了杂草滋生，改善了土壤结构，降低了对水源压力的要求，同时可通过头部施肥装置，进行精确施肥，真正做到低投入、高收益。

节水灌溉的意义

我国是世界上 13 个贫水国之一，人均水资源占有量 2300 立方米，只有世界人均水平的 1/4，居世界第 109 位；每公顷平均水资源占有量 2.7 万立方米，只有世界每公顷平均水平的 2/3。有限的水资源在时空上分布很不均匀，南多北少，东多西少；夏秋多，冬春少，占国土面积 50% 以上的华北、西北、东北地区的水资源量仅占全国总量的 20% 左右。按现状用水量统计，全国中等干旱年缺水 358 亿立方米。其中农业灌溉缺水 300 亿立方米。缺水已从北方蔓延到南方的许多地区，水资源的短缺已成为制约国民经济和社会发展的瓶颈。

节水灌溉

水是一切生命过程中不可替代的基本要素，也是维系国民经济和社会发展的重要基础资源。节约用水，既是关系人口、资源、环境可持续发展的长远战略，也是当前经济和社会发展的一项紧迫任务。习近平总书记明确指出：“保障水安全，关键要转变治水思路，按照‘节水优先、空间均衡、系统治理、两手发力’的方针治水，统筹做好水灾害防治、水资源节约、水生态保护修复、水环境治理。”

农业灌溉是用水大户，其用水量约占全国总用水量的65%。由于灌溉方式落后，输水渠道大部分是土渠，加上工程老化失修和配套不全，农业灌溉水的利用率只有40%，仅为发达国家的一半左右；单方水的粮食生产能力只有0.85千克左右，远低于2千克以上的世界发达国家水平，水的浪费十分严重。解决水资源短缺问题的出路是发展节水农业，在全国范围内推广节水灌溉。滴灌，就是要改变千百年来人们浇地的传统习惯，把浇地变为浇农作物，按农作物的最佳需水要求进行灌溉，用较少的水取得较高的产出效益。它是解放和发展农业生产力的重要措施，是节约农业用水、缓解我国水资源不足的有效途径。

任务单

找一找

你的家里有菜地或农田吗？使用了什么灌溉方式？

问一问

采访农业科普示范基地农业技术员，了解他们使用的灌溉方式，有什么效果？

想一想

你在平时生活中是否做到节水呢？你有什么节水的好点子？和同学们分享一下。

做一做

去农业科普示范基地体验灌溉劳动，体会传统灌溉工具的费力、费时、费水，现代节水灌溉机械的省力、省时、节水。

做一名“小小节水宣传员”，向身边的人宣传节水的重要性，提出你的节水倡议。

★★★★★

04 政策篇
ZHENG CE PIAN

与其他国家相比，中国是一个农业文明特别发达的古国，千百年来中国农民围绕土地问题进行过无数次斗争。土地永远是农民生存和发展的命根子，也是中国农村的永恒主题，中国历史就是一部土地制度的演变史。国家的土地政策经历了一次又一次的变革，直到今天，仍然在历史演变进程中。

土地政策演变史

井田制是商周时期占主导地位的一种土地制度。那时，道路和渠道纵横交错，把土地分割成方块，形状像“井”字，因此称“井田”。井田在西周时为周王所有，也叫“公田”，分配给领主，领主再强迫庶民去集体耕种，领主不得买卖和转让井田，要向周王交一定的贡赋。

到了春秋时期，井田制开始瓦解，土地私有制产生。秦国的商鞅推行“废井田、开阡陌”的法令，实行土地私有制，土地可以自由买卖。这项变革瓦解了奴隶制的生产关系，促进了封建经济的发展，秦国也因此奠定了强国的基础。

封建的土地制度基本确立后，出现了土地兼并，产生了封建地主阶层。

地主将土地租给无地农民，秋后收取粮租。土地过分集中造成社会生产萎缩、地主对农民的剥削加重等问题。一些有远见的统治者出于统治需要，对土地占有状况进行调整，如东汉末年的“屯田制”、隋唐实行的“均田制”以及清初的“更名田制”等，都是确保国家控制一定数量土地，同时使农民获得一定的土地，以恢复生产、巩固统治。这些制度虽然不能从根本上消灭土地兼并，但有助于缓和社会矛盾。

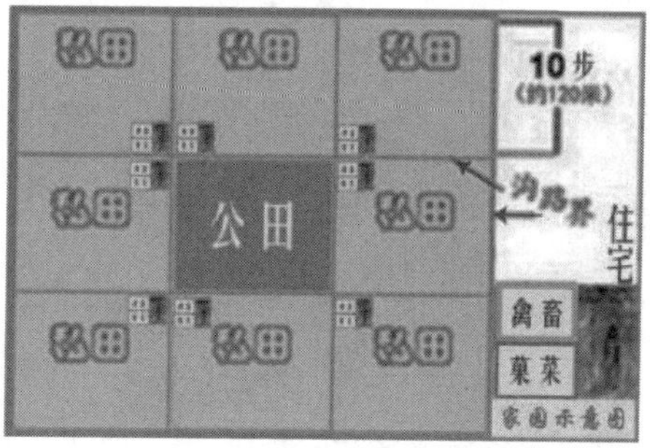

家园示意图

从 1931 年起，中国共产党制定了依靠贫农、雇农，限制富农，消灭地主阶级的土地革命路线。抗日战争时期，又在根据地实行减租减息的政策，这使中国共产党在农村获得了广泛支持。1947 年，中国共产党又在解放区搞土地改革，把被地主、富农圈占的大片土地分给贫苦农民，帮助人民群众实现了“耕者有其田”的历史夙愿，解决了广大农民最关心的土地问题，顺应了民心。

1950 年 6 月 30 日，中华人民共和国颁布了《土地改革法》，它规定废除封建地主的土地所有制，没收地主的土地，分给无地或少地的农民耕种，借以解放农村生产力，为新中国的工业化开辟道路。此后，在 3.1 亿人口的农村开展了土改运动。到 1953 年，我国存在 2000 多年的封建土地所有制被彻底消灭。

农民拥有了土地之后，有人担心随着时间的推移，土地会重新向少数人手里集中，出现两极分化，产生新的地主富农阶层。所以，在开展土改运动的同时，我国又逐渐推行农村集体化，先从互助组开始，经过初级合作社，过渡到高级合作社。1956 年，我国基本完成了社会主义改造，确立了土地的社会主义公有制。从 20 世纪 50 年代开始到 80 年

耕种

联产承包

代初，中国农村的土地归集体所有，农民在集体的土地上劳动，用工分计算劳动量，到年底按每人所挣工分多少分配粮食。这种方式的弊端是，用固定标准计算工分，造成了平均主义，很难调动广大农民的生产积极性，中国粮食生产也因此长期徘徊不前。

20 世纪 80 年代初，改革大潮席卷中国，农村也开始改革土地使用制度，家庭联产承包制首先在安徽凤阳小岗村出现。这种方式是将土地的所有权和使用权分开，集体将土地和生产资料按人口或劳动力比例分给农户经营和使用，承包户向国家和集体交纳税费和公共提留后，剩余的归农民自己所有。家庭联产承包责任制极大地调动和解放了生产力。自家庭联产承包责任制实行以来，中国的农业实现了质的飞跃，农民的收入也有了极大的提高。党的十七届三中全会通过了推进农村改革发展的决定，其核心是围绕土地使用制度展开，目的就是进一步解放生产力，提高农民收入，加快城乡一体化进程。

改革开放 40 年我国农业政策演变

第一阶段：1978—1991 年

中国农村改革发端于 1978 年末安徽凤阳小岗村的“大包干”，随后，农村家庭联产承包责任制犹如星星之火，短短几年时间就扩展至全国。1982—1986 年，连续发布了 5 个中央一号文件，肯定了农村创造的经验，排除了阻碍生产力发展的思想和体制障碍，为农村改革顺利发展奠定了政策基础。其中，1982 年 1 月 1 日，中国共产党历史上第一个关于农村工作的一号文件正式出台，明确指出包产到户、包干到户都是社会主义集体经济的生产责任制，建立了以家庭联产承包责任制为主要形式的农业生产方式，开启了以公有制为主体的多种经济成分并存的发展格局。家庭联产承包责任制的普遍推行，宣告了人民公社体制的解体，农户成为从事商品生产经营活动的主体。1985 年，国家将粮、棉、油、农作物等主要农副产品的统购统派制度逐步改革为以计划为主、市场调节为辅的制度。政府对农产品大幅度提价，调动了广大农户的生产积极性，粮食产量由 1978 年的 30476 万吨增长到 1991 年的 43529 万吨，农民人均纯收入由 1978 年的 133.6 元增长到 1991 年的 708.6 元。同时，开始将市场机制引入农业和农村经济发展中，鼓励农民从事工商业等非农产业活动和发展乡镇企业，农业生产结构、农村经济结构趋于多元化，乡镇企业也得到了蓬勃发展。1988 年乡镇企业总数已发展到 1888.2 万个，总产值达到 4764.3 亿元，职工总数达到 9545.5 万人。

第二阶段：1992—1998 年

1992 年邓小平同志发表南方谈话，农村改革开始向社会主义市场经济转变。通过立法稳定了农村基本经营制度，将土地承包期继续延长 30 年，保持农村土地制度的稳定。逐步取消农产品统派统购制度，相继建立了农产品收购保护价政策，扩大了农产品市场调节范围，初步建立了农产品市场体系。外向型农业得到发展，贸工农、产加销农业产业化经营形成共识。自 1992 年开始，乡镇企业产权制度改革加快，乡镇企业迎来了第二个高速增长时期，出现了农村劳动力大规模流动的“民工潮”，乡镇企业就业人数由 1992 年的 1.06 亿增加到 1996 年的 1.35 亿。尽管 1997—1998 年受东南亚金融危机影响，乡镇企业增长速度一度出现回落，但总体来说，这一阶段，我国农业综合生产能力仍然全面提高，农产品供给实现了由短缺向供求基本平衡、丰年有余的历史性转变，为我国农业和农村经济发展步入新阶段奠定了坚实的基础。

第三阶段：1999—2012 年

这一时期是农村改革的深化期，农村改革面临着农业和农村发展的深层

次矛盾，农业政策以保护农业生产、支持农民增收、减轻农民负担和促进农业发展为主要特征。2000 年开始实行农村税费改革，2002 年颁布《中华人民共和国农村土地承包法》，用法律形式“赋予农民长期而有保障的土地使用权”。同年，党的十六大指出，中国已经进入“工业反哺农业，城市支持农村”的新阶段，实行“多予、少取、放活”的方针。2004 年，中央发布“三农”的一号文件，实行以“取消农业税、工业反哺农业”为主要内容的农业新政，将“三农”工作作为全党工作的重中之重。2005 年，提出建设社会主义新农村，农业政策面向促进农村全面发展，2006 年在全国范围内全面取消农业税。2000—2006 年，通过减免农业税，农民人均减负 1250 元。同时，农村合作医疗制度从 2003 年起先在全国部分县（市）试行，然后逐步推行，到 2010 年基本覆盖全国农村居民。新型农村社会养老保险自 2009 年建立，并逐步覆盖全国农村。党的十七大提出“统筹城乡发展，推进社会主义新农村建设”的总体思路，十七届三中全会出台了《中共中央关于推进农村改革发展的若干重大问题的决定》，提出稳定土地承包关系，鼓励土地合法流转。通过上述改革，农业产业结构得到进一步优化，农村社会保持稳定，农民收入比第一阶段翻了两番，农产品供给充足，为全面建成小康社会奠定了基础。

第四阶段：党的十八大以来至今

党的十八大以来，面对错综复杂的国内外发展环境，党中央、国务院始终把解决好“三农”问题作为全党工作的重中之重，出台了包括农村经济、文化、治理、民生、生态等“三农”发展的系列政策措施。先后调整了农业补贴政策，转变了农业投入机制与方式，构建了新形势下的国家粮食安全战略，建立了以市场为导向的农产品价格形成机制，探索了农村产权制度改革，实行农村承包地“三权分置”，提高了扶贫精准性、有效性和持续性。在这一系列的改革推动下，诸多“三农”问题得到有效破解，开创了农业生产连年丰收、农民生活显著改善、农村社会和谐稳定的新局面，为全面推进农业农村现代化和新农村建设奠定了基础。党的十九大提出实施乡村振兴战略，乡村振兴的总要求包括20个字5个方面，对统筹推进农村经济建设、政治建设、文化建设、社会建设、生态文明建设和党的建设，都做出了全面部署。2018年中央一号文件按照党的十九大提出的战略部署，按照“远粗近细”的原则，对实施乡村振兴战略的三个阶段目标任务做了重要布局。到2020年，乡村振兴取得重要进展，制度框架和政策体系基本形成；到2035年，乡村振兴取得决定性进展，农业农村现代化基本实现；到2050年，乡村全面振兴，农业强、农村美、农民富全面实现。

实践表明，我国农业政策四十年的演变过程，就是我国“三农”理论不断发展和创新的过程，农业政策是引领我国农业农村和经济社会发展的根本保障。

现代农民的生活

从古到今，农民都是占国家人口总数最多的。可以说整个国家发展依靠农民来支撑，失去农民的支持，无疑也就失去国家的发展，所以古代才会重农抑商。农民生活不仅关系国计民生，也关系着国家的稳定。那么国家发展到今天，农民的生活怎么样呢？

百分百幸福度

在对于幸福程度的调查中，50%的人选择非常幸福，另外50%的人选择比较

喜获丰收

幸福，可以说幸福程度是100%。同时据一些数据资料显示，生活在城市中的人幸福程度要比农村居民低许多，这是城乡之间的差别，也应该引起我们的关注，城市居民的人均可支配收入远远高于农村居民的人均可支配收入，而幸福度却普遍比农村居民低。

农民收入提高

在接受调查的农民中，有60%的人年总收入达到了2万元以上，有些农民年收入余额也已经达到2万元以上。

理财意识萌芽

理财方面，当农民手有余钱时，虽然90%的人选择存到银行或者信用社，但依然有人选择进行投资，这反映出农民理财意识的提高。据问卷统计，80%的人听说过股票、基金或者债券，但90%的人没买过。这其中最重要的原因是，农民手头的血汗钱依然有限，因此农民更倾向于选择保守的方式。这也反映了中国农民理财意识仍处于萌芽状态，有待进一步提高。

增收

文化活动丰富

据调查，乡村里经常在农闲时组织一些文娱活动，如扭秧歌、看露天电影、唱戏等。这些都得到农民的喜爱，大家纷纷参加或者去观看，他们认为这样很好，既热闹又娱乐。各个村之间还会进行相应的比赛，这也更加激起了村民的兴趣。这些活动可以说是老少皆宜，在扭秧歌的队伍中，既有中年妇女，也有老年人，还有七八岁的小孩子。

即使问题依然存在，但对比以前，现在农民的生活状况已有明显的改善，尤其在改革开放之后，我国经济飞速发展，也为农村带来了机遇。

任务单

想一想

土地政策的变化对农民生活有怎样的影响呢?

小调查

设计调查表，了解家乡农民生活状况。

问一问

走进农家，采访农民伯伯，了解近几年国家农业政策。

想一想

大胆设想，未来土地政策会怎样发展呢? 国家惠农政策又会有怎样的变化呢?

★★★★★

05 科技篇

KE JI PIAN

随着国家科技的飞速发展，当前农村经济也得到了快速发展，科技对农业生产的影响力越来越明显，大量的农业种植、生产引入了智能化设备。这又一次提高了农业生产力，也大大提高了农民的整体生活水平。

科学技术在农业发展中的作用

1. 科技创新在农业发展中具有根本的推动作用

新的世界性农业科技革命正在兴起。随着经济全球化的进一步发展，许多国家采取增加投入、改革体制和组织重大科技行动等措施，加速农业科技进步与创新。尤其是生物技术不断取得重大突破并迅速产业化，信息技术和新材料等高新技术在农业中的应用越来越广泛。

2. 科学技术可以提高农业资源的利用率，降低农业生产成本

科学技术使得越来越多的农业机械设备更加具有智能技术，可有效提高劳作效率，提高资源的利用率，降低生产成本，或通过科技提高乡镇企业技

术水平和竞争力，转移农村剩余劳动力。

例如，畜牧饲养业中，特别是养鸡业已进入工厂化连续生产的阶段，自动控制小气候的密闭鸡舍是畜牧机械的新发展。

科技种植

3. 科学技术可以促进养殖业的规模化

实施优质高效畜牧水产科技行动，可以加速养殖业规模化、产业化和标准化的进程。开展畜牧水产优良品种选育、饲料开发、生产设施设备研制及疫病综合防治等技术研究，加快畜牧水产业的专业化、规模化生产；建立健全畜禽水产品质量检测体系，推动畜牧水产业全面发展，大力开拓国际市场。

4. 高科技灌溉设备可以提高水资源利用率

针对我国水资源短缺、利用率低、浪费和水污染严重等突出问题，符合我国国情的农业高效用水技术与设备，特别是节水灌溉技术和设备正在广泛使用，如自动化喷灌设备。

5. 科技的发展可以解决人民温饱问题和保障国家粮食安全，更为世界和平和社会进步树立了丰碑

袁隆平是杂交水稻研究领域的开创者和带头人，致力于杂交水稻的研究，先后成功研发出“三系法”杂交水稻、“两系法”杂交水稻、超级杂交稻一期和二期，运用超级杂交稻的技术成果，使我国杂交水稻研究始终居世界领先水平。

截至 2017 年，杂交水稻在我国已累计推广超 90 亿亩，共增产稻谷 6000 多亿千克。袁隆平还多次赴印度、越南等国，传授杂交水稻技术，以帮助他们克服粮食短缺和饥饿问题，为确保我国粮食安全和世界粮食供给做出了卓越贡献。

农业中的“黑”科技

1. 智慧农业物联网

农业物联网，即通过各种仪器仪表实时显示或作为自动控制的参变量参与自动控制中的物联网。可以为温室精准调控提供科学依据，达到增产、改善品质、调节生长周期和提高经济效益的目的。农业物联网一般应用是将大量传感器节点构成监控网络，通过各种传感器采集信息，以帮助农民及时发现问题，并且准确地确定发生问题的位置，这样农业将逐渐地从以人力为中心、依赖于孤立机械的生产模式转向以信息和软件为中心的生产模式，从而大量使用各种自动化、智能化、远程控制的生产设备。

2. 人工智能、大数据、云计算在农业的应用

人工智能在农业领域可实现土壤探测、病虫害防护、产量预测和畜禽患病预警等功能。将人工智能识别技术与智能机器人技术相结合，可广泛应用于农业中的播种、耕作、采摘等场景，极大提升农业生产效率，同时降低农药和化肥消耗。农业大数据是融合了农业地域性、季节性、多样性和周期性等自身特征后产生的来源广泛、类型多样、结构复杂、具有潜在价值，并难以应用通常方法处理和分析的数据集合。

农业数据具有容量大、关联性强和复杂多变等特点。大数据技术能从庞大的数据集合中寻找有价值的数据和知识。推动大数据技术在农业领域的实践和应用，对把握农业信息内在联系的规律意义重大。国内第一个农业大数据的研究和应用推广机构——“农业大数据产业技术创新战略联盟”，于 2013 年 6 月 18 日在山东农业大学正式成立，标志着国内大数据技术在农业领域的应用又有了实质性突破。农业大数据的应用与农业领域的相关科学研究无缝结合，为从事农业教学科研的师生、社会公众、政府部门及涉农企业等提供了新方法、新思路。搭建农业社会化综合服务体系，强调互联网技术研发能力，践行农村共享经济，扎根农村，服务“三农”，逐渐形成了中国特色的互联网和大数据服务社员体系。

云农业是指以云计算商业模式应用与技术（虚拟化、分布式存储和计算）为支撑，统一描述、部署异构分散的大规模农业信息服务，满足千万级农业用户数以十万计的并发请求，满足大规模农业信息服务对计算、存储的可靠性和扩展性要求。实现功能：用户可以按需部署或定制所需的农业信息服务，实现了多途径、广覆盖、低成本及个性化的农业知识普惠服务。社会效益：通过软硬件资源的聚合和动态分配，实现资源最优化和效益最大化，降低了服务的初期投入与运营成本。

3. 水肥一体化技术

推广实施智能浇灌，提高灌溉水利用率，是有效解决灌溉节水问题的必要措施，可实现每个灌溉点与施肥点的手动与自动控制，自动控制包括定时控制和传感器联动控制。这项技术的优点是灌溉施肥的肥效快，养分利用率提高，可以避免肥料施在较干的表土层易引起的挥发损失、溶解慢、最终肥效发挥慢等问题；尤其避免了铵态和尿素态氮肥施在地表挥发损失的问题，既节约氮肥又有利于环境保护。所以水肥一体化技术使肥料的利用率大幅度提高。据华南农业大学张承林教授研究，灌溉施肥体系比常规施肥节省肥料50% ~ 70%；同时，大大降低了蔬菜和果园中因过量施肥而造成的水体污染问题。水肥一体化技术通过人为定量调控，满足农作物在关键生育期“吃饱喝足”的需要，杜绝了任何缺素症状，因而在生产上可达到农作物的产量和品质均良好的目标。

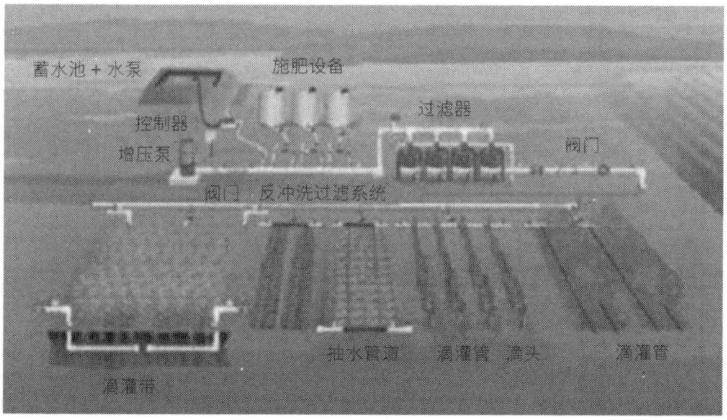

水肥一体化系统

任务单

找一找

走进乡村的田野，找一找哪些地方使用了智能农业？

问一问

走进爱丁堡采摘园或农业科普示范基地问一问管理员，他们为什么采用智能管理？作为一名管理员需要具备哪些知识、技术和能力？

想一想

智能农业那么先进，为什么不在农村大面积推广？农民会遇到哪些困难？

做一做

（1）走进农业科普示范基地，让管理员讲解一下智能农业的原理、优势。动手体验一下智能农业，感受智能农业的魅力。

（2）做一个小小农业科学家，宣传农业科普知识，从小养成学科学、爱科学的习惯。

（3）通过物联网的启示，查阅相关资料，在家利用废旧泡沫箱或小块土地，设计一个智能家庭菜园（可以邀请老师和家长参与）。

★★★★★

06 展望篇
ZHAN WANG PIAN

农耕文化从历史中走来，发展到今天，还将走向未来。农业将解决14余亿人口的吃饭问题，是重要的民生工程，同样也关系着国家的发展与民族的复兴。

新型职业农民

新型职业农民是以农业为职业，具有相应的专业技能，收入主要来自农业生产经营并达到相当水平的现代农业从业者。

新型农民与传统农民的区别在于，前者是一种主动选择的“职业”，后者是一种被动烙上的“身份”。新型职业农民可分为生产经营型、专业技能型和社会服务型三种。

新型职业农民概念的提出，意味着“农民”是一种自由选择的职业，而不再是一种被赋予的身份。从经济角度来说，它有利于劳动力资源在更大范围内的优化配置，有利于农业、农村的可

持续发展和城乡融合发展，尤其是在当前人口红利萎缩、劳动力资源供给持续下降的情况下，更是意义重大；从政治和社会角度来说，它更加尊重人的个性和选择，更能激发群众的积极性和创造性，更符合“创新、协调、绿色、开放、共享”的发展理念。

习近平总书记在 2017 年两会期间参加四川代表团审议时指出，就地培养更多爱农业、懂技术、善经营的新型职业农民。

时代背景

随着农村劳动力大量向第二、第三产业转移以及新生代农民工对土地的“陌生”，留守农业人群呈现出总量相对不足、整体素质偏低、结构不尽合理等问题。

然而，新型职业农民将以从事农业作为固定乃至终身职业，是真正的农业继承人。培育新型职业农民不仅解决了“谁来种地”的现实难题，更能解决“怎样种地”的深层问题。

我国正处于传统农业向现代农业转化的关键时期，大量先进农业科学技术、高效率农业设施装备、现代化经营管理理念越来越多地被引入农业生产的各个领域，迫切需要高素质的职业农民。然而，长期的城乡二元结构导致农民是一种生活在农村、收入低的群体，是贫穷的“身份”和“称呼”，而不是可致富、有尊严、有保障的职业。在工业化、城镇化的发展进程中，农民一夜之间发现，

自己一样可以到城市挣钱，特别是青年农民已经彻底放弃在农村种田，虽然在城市扎不下根，但只有老了、干不动了，才会回到农村种田。另外，从农村出去的大中专学生，甚至农业院校毕业的学生，更是不愿意回到农村工作。如果不早做准备、及时应对，今后的农村将长期处于老龄化社会，“今后谁来种田”的问题绝不是危言耸听。因此，我们必须未雨绸缪，真正进行一系列制度安排和政策跟进，一方面引导优秀的人才进入农村，另一方面大力发展农民教育培训事业，培养新型职业农民。

职业特点

基本特征：

（1）新型职业农民是市场主体。

（2）全职务农，把务农作为终身工作。

（3）具有高度的社会责任感和现代观念，有文化、懂技术、会经营，对生态、环境、社会和后人承担责任。

（4）具有“能创业”的特点。

（5）具备较大经营规模，具有较高收入。

（6）具有较高的社会地位，受到社会的尊重。

新型农民与传统农民的区别

新型农民的特征：与传统农民、兼业农民不同，新型职业农民除了符合农民的一般条件。还必须具备以下三个条件：①新型职业农民是市场主体。传统农民主要追求维持生计，而新型职业农民则充分地进入市场，并利用一切可

草莓丰收

能的选择使报酬最大化，一般具有较大的经营规模和较高的收入水平。②新型职业农民具有高度的稳定性，把务农作为终身职业，而且后继有人。稳定性是农业特点对从业者的基本要求，以区别于对农业的短期行为。③新型职业农民具有高度的社会责任感和现代观念，新型职业农民不仅有文化、懂技术、会经营，还要求其行为对生态、环境、社会和后人承担责任。

传统农民的特征："自给自足"，"受外部权势的支配"虽然也可以说是传统农民的一种本质性特点，但前者更具本质意义。传统意义上的农民是和乡土性联系在一起的，他们居住在农村，以农业为主要生计来源，农户经济建立在家庭为单位的基础上。"经营农业"以及"乡土性"等传统特性正在解体。通过流动、迁移和非农就业加入城市化和现代化的历史潮流是传统农民发生变化的重要方式。

新型农民既应继承传统农民的优良品行，更要有开阔的视野、新的道德观和现代文明生活习惯，他们乐意遵从"八荣八耻"为核心内容的国民新道德规范标准，有社会主义的荣辱观，勤而致富，富而思进，进而文明。新型农民应当是有文化、懂技术、会经营的新型劳动者，他们具备三个明显素质：具有较好的社会素质，自立自强、崇尚科学、诚信友爱、知法守法，讲公德、有道德、重美德、尚文明；具有较高的技能素质，熟悉和会用现代农业技术，熟练掌握一到多项生产技能和技巧；具有一定的经营和管埋能力，能充分利用人、财、物和土地等资源进行生产并获得较高的经济收益。

"身份农民"与"职业农民"的差别还在于，前者最多只能勉强养家糊口，有的连这都做不到；后者则可奔小康，还能致富。

基本素质

科学培育

要有新观念，包括主体观念、开拓创新观念、法律观念和诚信观念等。

要有新素质，包括科技素质、文化素质、道德素质、心理素质和身体素质等。

要有新能力，包括发展农业产业化能力、农村工业化能力、合作组织能力和特色农业能力等。

主要类型

具体来说，新型职业农民可分为生产经营型、专业技能型和社会服务型三种。

“生产经营型”新型职业农民，是指以家庭生产经营为基本单元，充分依靠农村社会化服务，开展规模化、集约化、专业化和组织化生产的新型生产经营主体，主要包括专业大户、家庭农场主以及专业合作社带头人等。

“专业技能型”新型职业农民，是指在农业企业、专业合作社、家庭农场和专业大户等新型生产经营主体中，专业从事某一方面生产经营活动的骨干农业劳动力，主要包括农业工人、农业雇员等。

“社会服务型”新型职业农民，是指在经营性服务组织中或个体从事农业产前、产中和产后服务的农业社会化服务人员，主要包括跨区作业农机手、专业化防治植保员、村级动物防疫员、沼气工、农村经纪人、农村信息员及全科农技员等。

“生产经营型”新型职业农民是全能型、典型的职业农民，是现代农业中的“白领”；“专业技能型”和“社会服务型”新型职业农民是现代农业中的“蓝领”，他们是“生产经营型”新型职业农民的主要依靠力量，是现代农业不可或缺的骨干农民。

培训制度

培育新型职业农民不是一项简单的教育培训任务，需要从环境、制度及政策等层面引导和扶持，重点是要构建包括教育培训、认定管理和扶持政策等相互衔接、有机联系的国家制度体系。

（1）教育培训。教育培训是新型职业农民培育制度体系的核心内容，这是由新型职业农民“高素质”的鲜明特征决定的，要做到“教育先行、培训常在”。对新型职业农民的教育培养应从三方面考虑：一是对种养大户等骨干对象，要通过教育培训使之达到新型职业农民能力素质要求；二是对经过认定的新型职业农民，要开展从业培训，使之更好地承担相关责任和义务；三是对所有新型职业农民，要开展经常性培训，使之不断提高生产经营能力。

（2）认定管理。认定管理是新型职业农民培育制度体系的基础和保障，只有通过认定，才能确认新型职业农民，才能扶持新型职业农民。认定管理一是明确认定条件，二是制定认定标准，三是实施动态管理。

（3）扶持政策。制定扶持政策是新型职业农民培育制度体系的重要环节，只有配套真正具有含金量的扶持政策，才能为发展现代农业、建设新农村打造一支用得着、留得住的新型职业农民队伍。扶持政策主要包括土地流转、生产扶持、金融信贷、农业保险和社会保障等方面政策。

重要意义

加快建设现代农业，要求全面提高劳动者素质，切实转变农业发展方式。新型农业经营主体培育的重点是农民、农户，国家政策支持的重点是新型职业农民。

培育新型职业农民就是培育现代农业的现实和未来。随着传统小农生产向社会化大生产转变的加快，现代农业对能够掌握应用现代农业科技、能够操作使用现代农业物质装备的新型职业农民的需求更加迫切。随着较大规模生产的种养大户和家庭农场逐渐增多，农业生产加快向产前、产后延伸，分工分业成为发展趋势，具有先进耕作技术和经营管理技术，拥有较强市场经营能力，善于学习先进科学文化知识的新型职业农民成为发展现代农业的现实需求。培育新型职业农民就是培育现代农业的现实和未来。

未来农业发展方向

农业大数据

中国农业一直以来存在发展不均衡的问题，中西部的农业发展一直滞后于时代发展。建立农业大数据平台，有利于解决农业生产信息不对称问题，有利于提高农业生产效率和产品质量。大数据能为农业生产带来巨大的信息优势，并且与互联网接轨，提高农产品的信息接触面。

农业信息互联网

农村一、二、三产业融合发展

农村一、二、三产业融合是新常态下农业农村转型发展的根本选择。要大力发展一村一品、一乡一业，借助信息化等力量实现网络链接，如部分公司 + 基地 + 农户、公司 + 合作社 + 基地 + 农户、发展线上线下有机结合的农业等。大力发展休闲观光农业或创意农业，或打造富有历史、地域和民族特色的特色景观旅游村镇。用现代技术改造农业，从而提高农业竞争力。同时支持贫困地区农村产业融合发展，完善多渠道农村产业融合服务。

农用无人机

农村产业整合

农业信息化

积极引导电信运营商、电商、IT 企业和金融机构等共同推进信息进村入户，面向新型农业经营主体、新型服务主体、新型职业农民和农业部门工作人员开展农业物联网、电子商务等信息化应用能力培训，提升其技术水平、经营能力和信息素养。利用现代信息技术开展农业生产经营全程托管、农业植保、病虫害统防统治、农机作业、农业农村综合服务及农业气象“私人定制”等服务。

未来植物工厂

未来植物工厂将取代传统菜园。中国最大的植物工厂已经在福建泉州建成，由中国科学院和三安光电联合投资，中科院的技术，三安的 LED 光源及资金优势，生产传统的蔬菜可以轻松达到单位面积大田 5 ~ 10 倍的产量，甚至可以轻松简单地生产出金线莲、虫草等名贵药材，这一切只需要在植物工厂里面模拟名贵药材的生长环境及人工 LED 光源。

未来植物工厂

AI智能机器人

AI智能机器人将取代98%的传统农民从业者：前十年，AI机器人还停留在科普阶段水平；最近五年，AI机器人已经开始在中国主流的工厂普及；最近两年，AlphaGo战胜韩国围棋冠军，很多媒体人开始被写稿机器人替代，内容创作者感到前所未有的恐慌。未来的农业无论是机器人挤牛奶，还是机器人栽培、嫁接等都是“小意思”，农业智能机器人已经渗透进入农业生产的各个细分领域。

农业机器人

沙漠将成绿洲

未来80%的沙漠将成绿洲，沙漠远离现代城市和工厂，没有被污染过，光照时间长、昼夜温差大，是最佳的有机种植苹果、石榴、大枣、葡萄和哈密瓜等水果的理想地。未来随着青藏高原水源的引入，新疆、内蒙古的沙漠将会成为富饶绿洲。

治沙

农村电商

广阔的农村市场已经成为电商巨头群雄逐鹿的“战场”，2016年全国农村网购市场的规模为4675亿元，成为零售电商市场的新增长点。农村市场成为电商战略发展的新重地。

农村电商

电商下乡关键在于激活农村市场

消费潜力。应抓住“互联网 +”的政策机遇，通过线上线下的融合，将电商自身的品牌优势和本地经销商的渠道优势结合起来。目前主要是推动工业品下乡，未来还应促进农产品进城，让电商下乡成为实现消费公平、缩短城乡差距的重要实践。

任务单

找一找

你的家乡有没有农家乐、度假村、生态园、蔬果采摘园和农业观光园？你有没有去过呢？

传统农业与生态农业的区别在哪？感悟生态保护和资源利用的重要。

想一想

你愿意做新型职业农民吗？为什么呢？

我国是拥有五千年文明史的农业大国，你觉得我们国家现在还是农业大国吗？请查阅资料或者请教专家、老师，寻找答案。

★★★★★

附一

方法指导1

FANG FA ZHI DAO

高效学习小组的特质

如何在小组学习中取得胜利：

（1）建立规则、合理分工是合作学习的前提。根据小组成员特点进行协商分工，分工后约定小组合作学习的规则。

（2）独立思考、自主学习是合作学习的保证。

（3）学会倾听和表述是合作学习的基础。在合作学习中，需要每一个成员都学会表达和倾听，这是一种双向互动。小组成员完整地表述自己的见解，同时注意倾听别人的意见，吸取别人思考中有益的东西，来修改和完善自己的理解。在此基础上形成集体的意见。表述自己的意见时，可以用这样的语言："我是这样想的""我是这样理解的"。表述小组意见时，应当用这样的语言："我们小组讨论的结果是这样的"。学会倾听是小组合作学习成败的关键，如果组织不好，就可能各说各的，不能达成集体的共识和意见。

（4）学会互助和支持是有效合作的关键。

附二

方法指导 2
FANG FA ZHI DAO

劳动中的安全

小学生劳动注意事项：

（1）参加集体劳动，一定要遵守纪律、服从管理、听从指挥，不要随意行动。

（2）劳动时不要接触有害物质，如硫酸、农药等，不随便触摸、玩弄电器及电源开关等。

（3）劳动时应远离没有防护装置的传送带、砂轮和电锯等危险劳动工具，以免发生意外。

（4）要准备适合劳动的服装，服装以透气、舒适为宜。

（5）要熟悉劳动工具的正确使用方法，避免因方法不当而对自己或他人造成伤害。

（6）准备中最重要的一项，就是要了解该项劳动的安全常识，避免劳动中危险情况的发生。

（7）劳动之后，要及时清理个人卫生，尤其是在劳动中接触农药等有害物质的，要及时洗手，以避免不小心导致农药中毒。

附三

方法指导 3

FANG FA ZHI DAO

活动过程及时记录

任务单

姓名		小组	
探究任务	1. 老师给出的探究任务。 2. 我（们）自己想完成的探究任务。 （既有师生共同形成的探究问题，也有自主形成的探究问题。）		
探究方法	（写清楚研究选用的方法。）		
学习资源	（记录探究过程中运用了哪些学习资源。）		
探究结果	探究过程： 收获： 发现的新问题： （简写、口述或另附详细报告，讲述探究的过程、探究的结果、发现的新问题。）		

活动情况评价

等第	评价标准
优秀	1. 选择了合适的方法，熟悉活动的一般步骤，能关注问题设计的质量和层次，便于较自然地开展活动。 2. 小组分工明确，团结协作，能圆满完成任务。 3. 丰富多样的成果与汇报形式。 4. 活动开展留存的资料内容翔实，形式多样。
良好	1. 掌握活动的一般步骤，能较有序地开展活动。 2. 小组分工较明确，能基本完成任务。 3. 有自己的成果与汇报形式。 4. 活动开展资料保存良好。
合格	1. 能在老师的帮助下制订合理的活动方案。 2. 能在教师的帮助下小组合作完成探究活动。 3. 活动留存了资料。
不合格	不能按要求完成任务。

评价形式：教师在评价量表上依据评价标准评判出等第，也可小组成员互评、小组个人自评。

成长记录

活动主题：	姓名：
我的收获： 我需要改进的地方： 活动感言：	

敬 告

ATTENTION

灌云县小学生社会实践基地《青少年道德养成教育》的出版，对于编写者、出版者来说是一项繁复的系统工程，需要得到全社会的支持。

对于书中选用的一些资料，因通联问题，未能一一征询，特此致歉。敬请告知联系方式，我们即付稿酬并奉送样书。地址：江苏省连云港市灌云县城北路灌云县小学生社会实践基地《青少年道德养成教育》编写组，邮编：222200。

此致

谢谢！

灌云县小学生社会实践基地《青少年道德养成教育》编写组

传承农耕文明，实现强国之梦！

青少年道德养成教育

浓浓灌云情

徐红梅　孙卫红 ◎ 主编　　吴金亮　陈姝姝 ◎ 编

QINGSHAONIAN DAODE YANGCHENG JIAOYU
教育
经典宝书

华龄出版社
HUALING PRESS

图书在版编目（CIP）数据

青少年道德养成教育 / 徐红梅，孙卫红主编．-- 北京：华龄出版社，2021.12
ISBN 978-7-5169-2151-7

Ⅰ．①青… Ⅱ．①徐… ②孙… Ⅲ．①品德教育－中国－青少年读物 Ⅳ．① D432.62

中国版本图书馆 CIP 数据核字 (2021) 第 269125 号

选题策划 人文在线　　责任印制 李未圻
责任编辑 高志红　　装帧设计 颀瞳书衣

书　名	青少年道德养成教育	作　者	徐红梅　孙卫红
出　版 发　行	华龄出版社 HUALING PRESS		
社　址	北京市东城区安定门外大街甲 57 号	邮　编	100011
发　行	（010）58122255	传　真	（010）84049572
承　印	三河市龙大印装有限公司		
版　次	2023 年 9 月第 1 版	印　次	2023 年 9 月第 1 次印刷
规　格	710mm×1000mm	开　本	1/16
印　张	24	字　数	250 千字
书　号	ISBN 978-7-5169-2151-7		
定　价	98.00 元（全五册）		

前　言

PREFACE

乡情教育是爱国主义教育的重要内容，也是实施爱国主义教育的有效途径。对于中小学生来说，热爱国家总是从热爱家乡开始，包括知晓家乡的可爱，激发热爱家乡的感情。只有知家乡的人，才能爱家乡，进而热爱祖国。因此，爱国主义教育要立足于乡情教育。

对小学生的乡情教育，就是要通过多种途径，充分挖掘地方资源，遵循学生的认知规律，以灵活多样的形式，让学生知道养育自己的家乡的历史变迁和美好前景，从而激发热爱家乡的感情。

青少年是祖国的未来，是中华民族的希望，是未来社会主义的建设者和接班人，国家富强、民族复兴的重任都在青少年一代的肩上。因此，青少年要从小培养热爱家乡、热爱祖国的情感，树立为家乡、为国家做贡献的决心。

然而，在经济全球化、文化多元化的背景下，外来文化不断冲击着年轻一代，外国至上的观念仍然存在。当代青少年的民族精神也出现了不同程度的缺失。针对这些问题，在青少年中开展国情教育、乡情教育非常有必要。要通过乡情教育主题活动，引导青少年透过家乡发展，了解国家发展，形成对国家发展的正确认知，实现文化自信、制度自信。

红色文化教育系列校本教材《浓浓灌云情》，通过对灌云概况、大美山水、舌尖灌云、灌云经济、灌云习俗、著名人物六个方面内容的介绍，帮助灌云小学生充分了解家乡，增强社会责任感，树立正确的世界观、人生观和价值观，坚定

正确的理想信念，努力成为中国特色社会主义事业的合格建设者和可靠接班人。

《浓浓灌云情》还设计了乡情教育主题相关活动，围绕校本内容，分别设置了“探究方法我知道”“我的探究任务单”“我的成长与反思”三个活动指导板块，以帮助学生完成校本课程的探究学习。

本校本教材编写得到了多家共建单位的支持，但由于编者能力水平有限，对本主题活动的研究还在不断探索中，如有不到之处，恳请各位同人批评指正。

2020 年 8 月

目 录
CONTENTS

01 灌云概况
GUAN YUN GAI KUANG

02 大美山水
DA MEI SHAN SHUI

03 舌尖灌云
SHE JIAN GUAN YUN

04 灌云经济
GUAN YUN JING JI

05 灌云习俗
GUAN YUN XI SU

06 著名人物
ZHU MING REN WU

01 灌云概况

GUAN YUN GAI KUANG

历史悠久

灌云县历史悠久，素有“东海福地、北方水乡”之称。早在6500年前就有人类在此繁衍生息，据《尚书·禹贡篇》记载，灌云县境属“东至海、北至岱、南至淮”的徐州之域。西周时地属兖州。春秋战国时期，属郯国，归越地，旋为楚域。秦时是朐县的一部分，先后分属薛郡、郯郡。汉代属东海郡。南北朝时，南朝宋武帝改朐县为朐山县。东魏孝静帝武定七年（549年）首设海州于龙苴（今龙苴镇），统辖6郡19个县，灌云县境为东彭城、海西、东海3郡的领地。北齐年间，海州首邑从龙苴迁至朐山，县境乃为海州辖地。至隋、唐、五代十国、宋、金仍为朐山县的一部分，隶属海州。元朝时属海宁州。明初改海宁州为海州，朐山县撤销，县境并入海州。民国元年建县，与东海、沭阳、赣榆合称海属4县，属徐海道。1933年3月，江苏省划13督察专员行政区，灌云属东海行政区辖地。解放战争时期，属苏、皖边区第六行政区，1949年后属苏北人民行政公署，1953年属江苏省淮阴专署。1983年实行市管县体制，灌云县划归连云港市管辖。

灌云县名称由来：

1912年由孙中山命名建县，因南有百川灌河，北靠名山云台而得名。

行政区划

民国设县时沿用旧制，全县政区为11镇，分别为板浦、大伊、张店、湖坊、铁牛、新安、莞南、莞北、莞读、东路、西路。1927年，全县政区变更为6市14乡，6市即板浦市、大伊市、协和市、新莞市、三新市、响水市；14乡为中飞、西临、苍梧、苍梧北、新县、墟沟、郁林、山前、大西、东辛、苇南、苇北、苇左、双港。1929年全县实行区乡制，为10个区。1934年并为7个区，分别为板浦、大伊山、新安镇、杨家集、响水口、双港、墟沟，辖122乡，21镇。1935年因增设连云市，将东海县的部分沿海地区和灌云县的后云台、新县、墟沟、老窑等地划归连云市。1940年年底，灌云县部分地区建立革命根据地。1945年年底，全县大部分地区获得解放。县政府驻三星镇（现杨家集）。1948年10月第二次解放，县政府驻伊山镇。

中华人民共和国成立初，灌河南岸的响水口划入滨海县，盐河以西的南六塘河以南地区划归涟水、沭阳二县。东海县的南岗、陡沟、龙苴、新坝划属灌云。当时全县设置16个区，185个乡（包括6个区属镇），1026个行政村，2940个自然村。1950年全县为11个区，163个乡，6个区属镇，后增设1个四队区。1954年全县并为11个区，150个乡，2个县属镇，3个区属镇。1956年合区并乡时，全县为8个区，61个乡，2个县属镇，3个区属镇。1957年撤区并乡时，为17个乡，4个镇（不包括划入灌南县的8个乡镇）。

灌南县1958年设立，以新沂河中泓为界，将新沂河以南的新安镇及苏光、陈集、海亭、树德、三口、李集、曙红7乡划归灌南县。同年新海连市的灌西盐场、燕尾镇划归灌云县。1958年年底新坝又划给新海连市。人民公社化时，全县成立了19个人民公社，不久并为16个人民公社，1个镇。1962—1980年新设置4个县属镇，并增设沂北、鲁河等公社，全县辖22个公社，5个镇，5个场圃（另有5个省属农、林、盐场在境内）。

1983年灌云县划归连云港市管辖，并将南城镇、云台公社及省属云台农林场划归市区。同年实行体制改革，将公社、大队改为乡政府、村委会迄今。县政府驻伊山镇胜利路中端北侧。

县情概要

灌云县地势平坦，依山傍海，资源丰富。地势自西北向东南倾斜，西部有一条狭长岗岭地带，海拔 3 ～ 3.5 米，局部岗岭地 5 ～ 20 米；东部 2 ～ 2.5 米，局部在 2 米以下。县境有大伊山、小伊山和伊芦山等 7 座孤山，其中大伊山最高，高程 226.6 米，伊芦山高程 212 米，其余都在 100 米左右。南北走向的河流有盐河、叮当河和忆帆河等；东西走向的有新沂河、善后河、东门河、五图河、车轴河、烧香河等。土壤有淤土、黑土、盐碱土和沙土等。淤土和黑土均属黏性土壤，分布在县中、西部平原地区；盐碱土主要分布在东北地区，虽经改良，但尚未完全脱盐；沙土分布在岗岭地区和沿山地区。

县域面积 1538 平方千米，总人口 103.5 万，辖 12 镇和 1 个街道办事处，302 个行政村 27 个社区，以及省属五图河农场、市属灌西盐场，是国务院批准的首批对外开放县之一。

全县海岸线长 39 千米，滩涂为 64937.76 亩，潮间带为 15952.54 亩，潮上带已开发利用为盐田、对虾养殖 43471.31 亩（其中芦苇滩 8521.42 亩），尚有 5513.91 亩没有开发。海上有开山岛、大狮礁、小狮礁和船山等岛礁，开山

大伊山

镜花缘

灌云属暖温带季风性气候，年均气温15℃，年均降水量959.4毫米，年均日照总时数2456.2小时。灌云县地处东经119°2′50″～119°52′9″，北纬34°11′45″～34°38′50″，位于江苏省东北部。

灌云县地理位置

岛最大，面积为0.013平方千米，海拔36.4米。

灌云县历史悠久，人文荟萃，名胜古迹较多。县境有距今6300多年的大伊山新石器时期墓葬群遗址，64座石棺墓为我国最早的石棺葬遗存；有2100多年前西楚霸王项羽派遣大将在龙苴建的古城遗址；有唐代的伊芦山落神台摩崖造像，40余座神像体态各异、造型生动；有清代大文学家、《镜花缘》作者李汝珍纪念馆；有清末武状元卞赓，著名学者许桂林、许乔林，楚霸王项羽麾下名将钟离昧等人的故里；大伊山南麓修建有肃穆庄严的烈士陵园，纪念碑正面“与日月同光”五个大字系谢觉哉同志亲笔书写。

灌云县东部濒临黄海，西部与宿迁市沭阳县及连云港市东海县为邻；南部隔新沂河与连云港市灌南县相邻；北部与连云港市海州、新浦两区接壤，隶属于连云港市，是国务院首批批准的对外开放县之一。

说说看

（1）你的家乡是哪个乡镇呢？是一个什么样的地方呢？跟同学们分享一下。

（2）你心中的灌云是什么样子的呢？

02 大美山水
DA MEI SHAN SHUI

灌云生态环境优越，生态城市特色日益显现。灌云县地貌以平原为主，地势由西向东倾斜，是苏北地区唯一有山有水的县城。县内有7座低矮孤山，总面积6.45平方千米。灌云县属暖温带湿润季风性气候，四季分明，大气环境质量良好；境内水资源比较丰富，饮用水源水质较好；全县森林覆盖率达16.5%；交通噪声、区域环境噪声均达国家规定标准。灌云县为古海州属地，人文荟萃，古迹名胜较多，文化底蕴深厚。大伊山风景区获批国家4A级风景区、省级旅游度假区，伊甸园景区、伊芦山景区获批国家3A级景区，潮河湾景区获评江苏省自驾游基地。灌云县每年在各旅游景区开展丰富多彩的活动，梨花节、梅花节和油菜花节精彩纷呈。2018年，灌云县接待游客突破200万人次，大美山水正带动灌云旅游业的蓬勃发展。

灌云旅游节开幕

最美村镇评选

大伊山风景区

大伊山位于灌云县境内，是国家4A级景区，距今已有20亿年的历史，因商朝宰相伊尹在此隐居而得名。素有“淮北平川第一神山”之称的大伊山由12座山峰组成，最高峰226.7米，自古就有“十里青山半入城”之美誉，历史悠久，文化璀璨，自然景观和人文景观十分丰富，具有“幽、古、神、奇”四大特点。

幽：大伊山山林俊秀、层峦叠翠，常年生长着数千种花木和上百种珍奇树种，涧深谷幽，景色优美。

古：大伊山历史悠久。距今已有6500年历史的新石器时代的石棺墓遗址就坐落在大伊山东麓的青风岭上，成为全国重点文物保护单位；古海船石岩画、美鹿石岩画等古石刻以及古树名寺等都具有数百年的历史。

神：大伊山曾被誉为“淮北平川第一神山”。山上的神仙洞、仙姑洞、白云洞、熊神岩、升仙崖和入仙门等众多景点与神仙有关。

奇：奇峰怪石、奇岩妙崖成为大伊山的耀眼之处。鳄鱼石、蛙石、狮身人面石和飞人石形态各异，栩栩如生。雨后飞瀑、喷花泻玉。瓢儿井、茯苓泉、盘丝洞和龟石等更具传奇色彩。四时八节、阴晴雨雪，大伊山都能带给人

大伊山

们赏心悦目的感受。

石佛寺

大伊山曾有“云台和尚伊山庙，僧道寺观胜苏州”之誉，历来是寻仙求道的洞天福地，是苏北乃至鲁南地区宗教最为发达的地区。位于大伊山南门的石佛寺是参照镇江金山寺的式制规模兴建的，其大雄宝殿高 27.6 米，为歇山重檐式建筑。伊山大佛为锻铜所造，整个佛像用铜 70 多吨，佛像净高近 33 米（寓意三十三重天），海拔高度 66 米，与佛教的“六度六和”相吻合，可谓六六大顺，寓意吉祥。

广善塔

2018 年 4 月，大伊山景区广善塔项目顺利开工，广善塔的建成将是继伊山大佛之后，大伊山景区景观文化建设的又一个里程碑。

广善塔占地面积为 2766 平方米，高 66 米，共 9 层。由金埔园林股份有限公司设计施工建设，连云港苍梧工程管理咨询有限公司监理、江苏中润工程建设咨询有限公司进行跟踪审计。2018 年年底完成广善塔的主体工程的建设，2019 年完成广善塔的施工亮化工程并对外开放。广善塔建成之后将成为连云港乃至苏北鲁南地区的重要景点和标志，同时为灌云的旅游发展增添一张亮丽的名片，在全县旅游发展的事业上画上浓墨重彩的一笔。

第三次全国文物普查期间，灌云县博物馆的考古工作者在大伊山周边陆续发现十余处古代岩画刻石，其中，位于白鸽涧的海船岩画在我市发现的此类

大伊山石棺墓

岩画中，是唯一一处同时刻有人物、建筑、船只等内容的岩画刻石，对研究宋、金、元时期海州地区港口的发展以及古代船舶的结构具有较高的实物价值。

位于大伊山东麓的石棺墓遗址，东西长70米、南北宽50米，总面积3000多平方米，距今6500年，是中国迄今发现的最早的石棺墓。经1985年、1986年两次发掘，清理新石器时代早期文化石棺墓61座岳石文化和西周时期灰坑各一处、汉代墓葬10座。

石棺墓全部采用大伊山上自然石板镶砌而成。其中出土陶器、石器、骨器和玉器等文物170余件。大伊山石棺墓中还有两大发现引人注目，一是在61座墓葬中，有27座发现用主要食器的陶钵覆盖在死者头部，钵底部敲打出一个小洞。二是六件陶钵的底部发现有刻画符号。有专家说，这些刻画符号是中国发现的最早的文字萌芽。

潮河湾

潮河湾风景名胜区是国家3A级风景区，江苏省四星级乡村旅游区，江苏省湿地公园，景区位于灌云县杨集镇境内，距离县城18千米。因潮河贯通园区南北，故名潮河湾生态园。景区按照“乐游伊水畔，乡约潮河湾”的旅游规划定位，由潮河湾滨水公园、花溪小镇、美丽乡村、渔家花湾、滨河风光带和沂河淌风光带等组成，总占地面积6296亩，其中潮河湾滨水公园占地1066亩，由银杏花海、水上乐园、风车花田、婚纱摄影基地、自助烧烤服务区、生态草坪、拓展训练中心和生态停车场等组成。潮河水碧波荡

小链接

文物保护：岩画拓片工作

2015年7月10日，市重点文物保护研究所（以下简称“市文保所”）副所长骆琳、谢云峰，工作人员祝景强、石峰、刘阳一行5人前往灌云县大伊山，分别对两处宋金时期的海船岩画开展拓片工作。

10日上午，市文保所工作人员到达现场后，在县博物馆同志的指引下兵分两路，一组前往大伊山东北麓的金鸡岭，一路则沿山体西坡的白鸽涧一路向上。他们每个人身上都背着十几千克重的工具，一路向上攀爬。在连续攀爬近200米后，工作人员在白鸽涧北坡半山腰处找到了这块海船岩画。

由于近来我市多阴雨天气，加上大伊山地区植被茂密，气候湿润，石刻表面长满了厚厚的青苔。大家顾不得休息，用从山下背上来的清水仔细刷洗着每一处苔痕。蚊虫叮咬已是家常便饭，工作人员一边用木棍驱赶可能隐藏在草丛中的蛇虫，一边专心投入到拓片工作中。至下午5时许，拓片工作全部完成，此次共成功揭取拓片三张，圆满完成了既定任务。

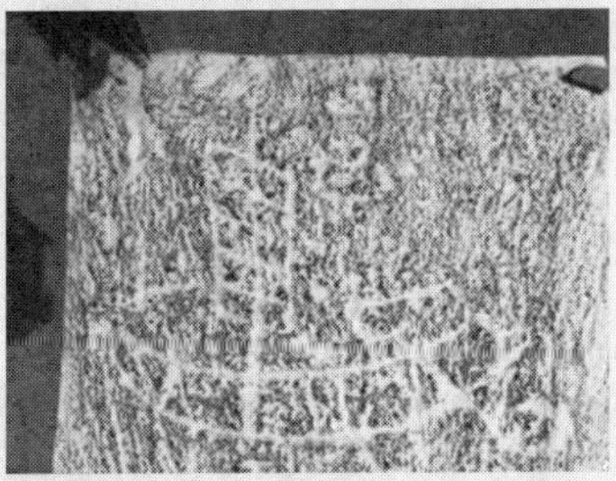

潮河湾生态园

潮河湾滨水公园

潮河湾

漾，一尘不染，如仙境中的瑶池一般。这里因远离城市的喧嚣而呈现原生态的自然景观，使所有游客既能感受回归自然的怡情和舒心，又能体味星级享受的休闲和惬意。

潮河湾南至新沂河北堤，北与204国道相接，长3千米，河面平均宽约180米，最宽处达200多米。该河道的形成历史悠久，属海潮百年冲刷而成且呈“S”弯状的自然河流，故而得名。潮河湾景区于2011年年底顺利通过国家3A级旅游景区验收，2012年被评为省四星级乡村旅游区（点），2013年8月被评为省水利风景区。景区以“自然、生态、野趣”为元素，精心打造休闲、娱乐、观光、科普等旅游产品，构建游客的“心灵港湾、梦中家园”。春天潮河两岸的油菜花海，也是美不胜收，让人流连忘返。

伊甸园风景区

灌云县伊甸园景区是国家3A级旅游景点，位于灌云县城以东3.5千米处，面积约8000亩，景区以“漫游”和“乡约”为主题，以白果采摘园、百花园、尚酷乐动城、童话小镇等功能板块为依托，着力将景区建设成为集观光、乡村休闲、文化体验、度假养生于一体，全国一流的乡村旅游示范点。

伊甸园景区健身步道全长5千米，从景区的景观大道进入景区大门，即可依次游览慢行车辆换乘道、特色果林、野花组合、花间慢行道、银杏林、山核桃林、伊甸园仙境、空中栈道、彩虹花坡、幻彩骑行、十二花仙子岛、向日葵田、浪漫卡丁车道、多彩迷宫、浪漫紫园、周庄、陈庄居民新村、梨园采摘园、川星村美丽乡村打造、果品交易市场、乡村酒吧、乡村艺术中心、次要出入口、果香农家、油菜花观赏区、滨水骑行道和滨水茶馆等景点。

如今的伊甸园，一年四季，游客络绎不绝。人们畅游万亩花海，远离喧嚣，人在景中游，美景赏不够，真是：一纵三横景观路，到处名贵风景树。春在桃李冬有枣，油菜花黄金镶玉。夏有瓜果秋有梨，假山直泻大瀑布。空中栈

伊甸园风景区

道彩虹桥，十二仙子花中舞。约好时间，在6千亩梨园集合采摘白酥梨、砀山梨（可根据时令现场采摘购买）、大甜脆枣（可根据时令现场采摘购买），体验慢生活的悠闲洒脱，感受大自然的浪漫风情。

伊芦山风景区

伊芦山在灌云县城东北，是商代大臣伊尹晚年结庐退隐的地方。现存有古代石刻群、三生石、钟庵、石佛寺和七十二藏军洞等众多旅游景点。山腰的六神台上刻有6个人物的浮雕，近年来已引起考古界的重视。六神台地势险峻，攀登不易，当地民谚说：“六神台，六神台，山高上不来，要上六神台，带个薄皮（棺）材。”钟庵是一座古庙，庵前庵后古树名木甚多，风光绮丽，灌云县最大的一株松树就在这里。梅园是伊芦山景区的重要组成部分，位于伊芦山的南侧，占地面积1560亩，目前园内种植了2万多株梅花，主要有红梅、美人梅和绿萼梅等，是中国单纯栽种梅树面积最大、规格最高的梅园。

六神台

梅园一

梅园二

开山岛

开山岛，归灌云县管辖，位于我国黄海前哨，北纬 34° 31′ 46.50″，东经 119° 52′ 17.25″，在灌河口外 9.5 千米处，面积仅 0.013 平方千米，被誉为“海上布达拉宫”。它的外形呈馒头状，海拔 36.4 米，总面积 1.5 万平方米，全岛由黑褐色的岸石组成，属基岩岛屿，怪石嶙峋，陡峭险峻。岛上无树林泥土，亦无淡水水源，兀踞在海天之间、烟波浩渺之中。南、北、东三岸为岩石陡岸，西南为水泥岸壁码头，高潮时可靠船登岛。登岛远眺，水天一色，海鸥翔集，大有“波浪看如倒，蓬莱望若林”之诗境。

开山岛及周围海域为开山渔场，盛产 60 多种海产品，渔业资源极为丰富，是渔民从事海洋捕捞和海水养殖的主要场所，也是海钓的理想之地。此外，附近有被誉为“苏北黄浦江”的灌河口、绿岛度假村、云梯关和二郎神庙等资源。开山岛外是一望无际的大海，帆船点点，海鸥飞翔，是一个天然渔场，苏、鲁、豫 6 个县市的渔民都在此张网捕鱼，一年四季都是一派繁忙景象。开山岛西边是码头，是后来海军登岛时建设的，供停船登岛之用。它的南面还有一片暗礁，只有潮满时渔船才能通过。岛的四周长满了碗口大的海蛎，

开山岛

其壳坚硬，其肉鲜美，是贝壳类中最美味的食品。

开山岛虽为弹丸之地，但因位于灌河口，地形险要，具有重要的战略地位。1939 年，侵华日军从灌河口登陆，首先占领了开山岛，并在灌河入海口南岸筑一炮楼，至今遗址犹存。

中华人民共和国成立后，为了保卫祖国，保卫祖国的领海，保卫祖国的东大门，防止入侵者偷袭，开山岛由济南军区的一个连队驻守，山上修筑了军事设施，岛上建有房屋六七十间及小型发电站、餐厅、会堂和篮球场等公共设施。目前军队已撤防。

岛上升旗

1986 年 3 月，驻守开山岛的部

今日开山岛

2019 年 1 月 23 日 17 时 30 分，“70 后”哨长胡品刚正带着“80 后”的郭路和“90 后”的张奥开始一天里的第三次巡岛。这是他们小组第三次上岛，这次在岛上已经待了 10 天。20 多分钟后巡查结束，一切正常。开山岛，这座孤悬黄海的边防前哨，在王继才同志去世后，由 10 位民兵志愿者分 3 班轮流值守，一个班每次在岛上值守 15 天。

2019 年 1 月 24 日 6 时 50 分，三名民兵志愿者进行庄严的升旗仪式，开启了新的一天。地无三尺平的开山岛，不仅台阶陡峭，每个台阶的高低也不一样，他们走得如履平地，一圈巡岛，岛上的台阶总共有 508 阶，这和王继才同志数过的数字一样，一阶也不少。

队撤编后，开山岛被列为一类民兵哨所。1986年7月15日早晨8时45分，王继才第一次踏上开山岛。王继才、王仕花夫妇从1986年7月15日起，为国守岛30年。2018年7月，王继才去世后，王仕花成为民兵哨所荣誉所长，并由3名共产党员、退伍军人组成值勤班对开山岛进行常态化值守。

故事时间

关于开山岛的美丽传说

开山岛有许多美丽的传说。

相传二郎神担山赶太阳从灌河经过，掉下一块石子，后长成小岛，经过沧桑变迁，这座小岛绿树成荫，香飘岛外，炊烟缕缕。岛上人家以捕鱼为生，和睦相处，安居乐业。

有一天，一只装满铜钱的大船从这里经过，一个海龟精作怪，掀起数丈浪头。眼看大船要沉没，船民们发现小岛，遂拼命将船驶于岛下，把铜钱搬进岛上山洞藏起来，海龟精半夜偷摸上岛，喷出毒气，把岛上的人和树木都毒死了。从此，这座瑰丽多姿的小岛变成了光秃秃的小山。

分享时间

（1）你去过灌云县哪些风景区？有什么样的收获和感受呢？跟同学们分享一下吧。

（2）你最喜欢其中的哪一个地方？为什么呢？

探究体验

在指导老师的帮助下，完成拓印小作品。

拓印的步骤：

（1）挑选一片想要拓印的树叶。

（2）准备一支笔尖不太尖的铅笔。

（3）准备一张稍微有点厚度的白纸，防止拓印时戳破。

（4）将挑选好的树叶以背面朝上的方式放到桌面上，因为树叶的背面的叶脉比正面要清晰，方便接下来拓印。

（5）将准备好的白纸平覆在树叶上面，压好。

（6）用铅笔在白纸上面横着涂，铅笔尽量与白纸平行，不要戳破纸，要涂满整个叶子。

（7）涂满后，叶子的轮廓就呈现出来了，这片叶子就拓印好了。

（8）对拓印作品进行装饰，创造出个性作品。

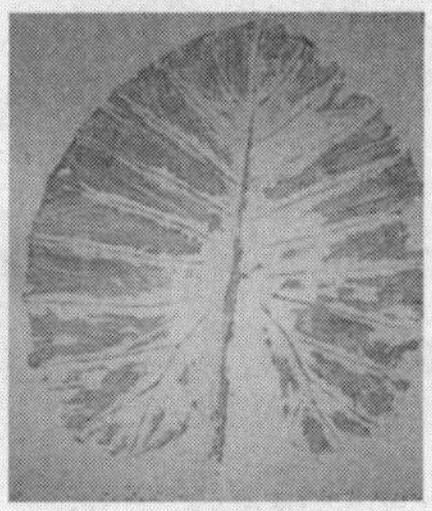

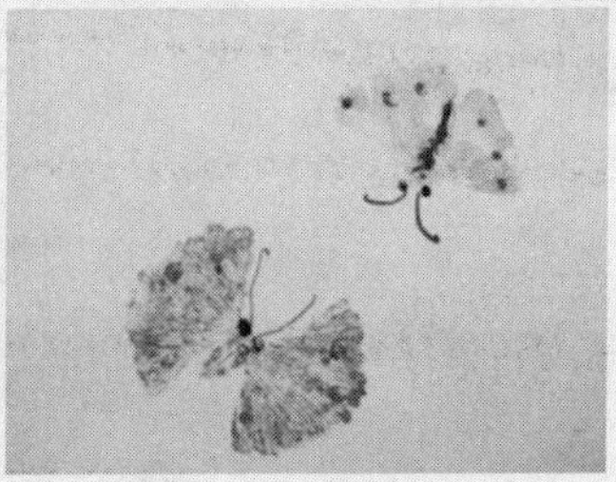

03 舌尖灌云
SHE JIAN GUAN YUN

豆丹传香，黄鱼醉客。
魅力灌云，美食之乡。

1 豆丹

豆丹是灌云县有代表性的地方特色食品之一，被誉为“国内少有，苏北仅有，灌云特有”的美味珍品，向来被灌云人奉为筵中特有的菜肴佳品原料。

豆丹

“小青虫”成特色美食

在灌云，许多人都爱吃一种叫“豆丹”的青虫。豆丹学名为豆蛾，是豆天蛾的幼虫，又叫豆青虫、豆虫，它是一种以吃豆叶、喝甘露为生，在天然无毒、无公害状态下生长的昆虫。它高蛋白、低脂肪，富含不饱和脂肪酸以及人体必需的多种氨基酸，其性温，有温胃之功效，其锌含量甚至超过了海产品牡蛎，具有强身健体、滋润肌肤、预防心血管疾病等功效。豆丹属粗纤维食物，能抽油、排毒、减肥等。

豆丹菜肴

秋风乍起之时，正是豆丹体肥味美的时节，菜市场里到处都是买豆丹的人。此时，大街小巷、饭店酒楼、家家户户都像过节似的在擀豆丹、烧豆丹、吃豆丹，构成了灌云的一道独特风景。

远方的宾客来灌云，如果没能品尝到豆丹，就如同到北京没有吃到烤鸭、到四川没有吃到火锅一样遗憾。因此，灌云的主人以能招待宾朋吃上一顿豆丹而自豪；宾朋也会为能吃上一顿地道的灌云豆丹感到分外荣幸。如果说，在北方以能否吃到海鲜来评定宴席的档次，那么，在灌云则以能否吃上豆丹来甄别宴席的规格。

如今，在灌云吃豆丹，不仅是为了一饱口福，也不仅是一种地方民俗，它正成为一种新的生活时尚和生活理念。在绿色食品、有机食品大行其道的今天，豆丹正好顺应了人们注重营养、讲究保健的潮流。江苏海洋大学食品工

豆丹加工

豆丹菜单

程系的吴胜军教授，是国内为数不多的、以豆丹为研究课题的专业人员，他的数十篇关于豆丹的论文在国内许多学术刊物上发表。他从学术研究的角度向我们介绍豆丹，他说："豆丹不仅有极高的营养价值，而且有相当好的保健功能。从营养价值角度讲，粗蛋白占豆丹的65%，其中Y氨基酸约占总量氨基酸的54%；脂肪占豆丹干重的24%，其中不饱和脂肪酸占总量脂肪酸的64%。在保健功能方面，豆丹体内含有脂肪酸以及36%的亚麻酸。国内外研究表明，亚麻酸具有降血脂、防止血栓形成、抗癌的功效，所以说豆丹具有相当好的保健功能。"

斗转星移，沧海桑田。从前毫不起眼的豆丹，如今摇身一变，由乡间土菜变成了宴席上的大菜。现在，上海、南京、广州等地的许多大饭店，都把豆丹做成了一道招牌菜。过去曾是大豆天敌、人类公害的豆丹，现在竟已成为人们热捧的美味，这真是一个化腐朽为神奇的绝佳事例。在一代又一代厨师的努力下，如今，灌云豆丹的做法不断翻新，可以烧、炒、烩、蒸、炖、炸，用豆丹做的菜肴就达40种之多。

豆丹的美丽传说

豆丹不仅营养丰富、口味醇厚，而且围绕着豆丹还生发出许多动人故事和美丽传说。

连云港市民俗学会专家委员会委员戴淦说起灌云豆丹如数家珍、滔滔不绝。很早以前，在灌云县龙王荡，有一天，突然来了一位老太婆，她一不讨饭、二不卖艺，只是到各家门口去问："你家有没有粮食要簸啊？"后来有人好奇，真的把粮食拿出来给她簸。她簸得干干净净，像水洗的一样，簸好后，她笑笑就走了。村民都很尊敬她，称她为"簸箕奶奶"。话说有一年秋天，收黄豆的时候，"簸箕奶奶"来到田间地头，大人、小孩都在收豆子。这时一群小孩围上来，很尊敬地对她说："'簸箕奶奶'，把我们的豆子簸簸吧！"她说："今天不簸，我弄一点好吃的给你们。"孩子们都高兴得跳了起来。这时，"簸箕奶奶"把簸箕向豆地一簸，就卷来很多枯黄的豆叶，她把枯豆叶簸一簸，豆叶立刻烧了起来。烧完后，她在灰堆里扒一扒就看到像米果一样的东西，孩子们都觉得很好吃。这是怎么回事呢？孩子们仔细一看，这不是烧的豆青虫吗！人群中有人就问："你是神仙风婆婆吧？""簸箕奶奶"微微一笑，说："你们需要我的时候，我再来吧！"这时人们才知道豆青虫好吃，而且是神仙赐予的仙丹，就叫"豆丹"吧！

关于豆丹，还有一个现代版的故事。话说在20世纪60年代，一些南京人下放到灌云，来了以后他们也喜欢吃豆丹。后来他们陆续返回南京，对灌云的豆丹很怀念。灌云圩丰有个老吴，他到南京去，找到以前在灌云下放过的南京的老王，说："我给你带来了点东西。"老王一看是豆丹，高兴地说："南京盐水鸭是我的命，有了灌云豆丹，我就不要命了。"

"小青虫"成为灌云响亮名片

很久以来，灌云的许多文人、学者写出了一系列文章，对豆丹的渊源、加工、开发加以阐述论证。在灌云，吃豆丹不仅具有广泛的群众基础，而且已形成了一种特有的民俗文化。如今，灌云县委、县政府高度重视灌云豆丹的产业化发展，已经成功举办了数届灌云豆丹美食文化节。盱眙把不起眼的小龙虾做成了一篇大文章，带动了当地经济的迅猛发展。我们完全有理由相信灌云的豆丹产业也会像盱眙的龙虾产业一样，在不远的将来，一定能够做大做强。

豆丹名菜

灌云豆丹不仅有美丽的传说，更应该有美好的未来。

豆丹美食文化节

“小青虫”的养殖

灌云的豆丹养殖得益于当地的大豆种植传统。20世纪七八十年代，灌云是有名的大豆之乡，高峰时种植面积达到80万亩。与种植大豆传统相关的是，灌云人还有着吃豆丹的传统。

2016年，灌云县消费豆丹超过5000吨。

2017年，灌云县豆丹地理标志保护的区域范围总面积613公顷，产量0.092万吨，销售额1840万元。2018年，灌云县人工养殖面积已经达到16000亩。

2017年12月22日，中华人民共和国农业部正式批准对“灌云豆丹”实施农产品地理标志登记保护。

灌云豆丹地理标志保护的区域范围为灌云县所辖伊山镇、杨集镇、四队镇、圩丰镇、龙苴镇、下车镇、同兴镇、小伊乡、图河乡、侍庄乡、东王集乡、南岗乡12个乡镇。地理坐标为东经119° 02′ 50″ ~ 119° 52′ 09″，北纬34° 11′ 45″ ~ 34° 38′ 50″。

灌云县杨集镇豆丹养殖协会是灌云县政府授予的“灌云豆丹”农产品地理标志登记申请人，申请使用“灌云豆丹”农产品地理标志者须向灌云县杨集镇豆丹养殖协会提出申请，并按照协会标志使用制度在其产品或包装上统一标注“灌云豆丹”农产品地理标志及公共标示图案。

小链接

特定生产方式

1. 制卵准备

（1）制种房间

选择保湿通风效果较好、无鼠害的房间作为保卵室，打扫干净，用石灰浆刷墙消毒。保卵室面积根据养殖面积和保温架层数确定。另外需要交配室、产卵室、孵化室、消毒室和晾干室各一间。如果保卵室有空余面积，可以兼作交配室，甚至可以兼作产卵室和孵化室。如果面积有限，则需要分开。如果产卵、孵化分开，则需要房间面积 15 ~ 20 平方米，内有供产卵和孵化的架子。

（2）搭架

保卵室内搭保卵架。保卵架用角钢焊成，长 3 米，宽 1 米，共 4 ~ 6 层（4 层以上时，日常管理工作需要梯子或活动货梯），底层距地面高 10 ~ 15 厘米，以上每层高 40 厘米，底层距地面 10 厘米，各层间距 40 厘米，各层铺有底板，四周有挡板，挡板高 20 厘米。

（3）基质配制及上架

将沙土、稻壳灰（或木屑）分别过筛后均匀混合成保卵基质，喷雾加水至手握成团、落地即散为最适。用 84 消毒液 40 倍液和多菌灵 50% 可湿性粉剂 300 倍液喷雾消毒，塑料膜覆盖，阳光下暴晒 15 天后，揭开塑料膜，散尽药物后即可使用。第一年养殖如时间仓促，也可不消毒。在保卵架的木工板上铺一层薄膜后，基质上架。

2. 制种

上架保卵在 10 月底或 11 月初，选择饱满、健壮、体表无伤痕、自然入蛰的豆丹为种虫，将其均匀放置在基质表面，密度 300 条 / 平方米。其上覆盖潮湿的海绵，再覆盖一层薄膜保湿。保卵过程中每周一次揭开海绵，剔除死亡个体，抠掉豆丹头上表面的泥土，并及时把爬出的豆丹放回去；根据第一批大棚大豆的种植时间和加温设施的能力，控制每日升温不超过 2℃，温度达到 26 ~ 28℃。每日控制灯光照 16 小时。发现化蛹后，在保卵架四周挡板上边

小链接

缘内钉上遮阳网或防虫网，供新蛾晾翅用。然后在保卵室的另一端墙上安装紫光灯 1 ~ 2 支，其上覆盖纱网，羽化的豆天蛾成虫翅膀展开后，即被紫光灯诱到网上，开始交配。前一日交配的蛾子在次日上午 10 点手工拆对，拆对后的雌蛾剪足放产卵框中产卵。将塑料沙做成 20×15 厘米信封状，直接放入拆对、目检后的雌蛾，每个信封 1 只。也可将长方形裁成 30×30 厘米，压在裁好的 80 克牛皮纸上。每格放 3 ~ 4 只蛾子。待卵由绿变黄变白，能看到内部黑色或红色的尾角时，将卵拿去消毒。产出的卵纸按日期集中，消毒后的卵纸略微晾干后即可用订书机订在豆叶背面。散卵则用乳白胶粘到牛皮纸的粗糙面。略干后，除去附着不牢的卵后挂到豆叶上，温度控制在 25 ~ 28C°，湿度在 75% ~ 80%，4 ~ 5 天可孵化成幼虫。

3. 幼虫生长管理和大豆田间管理

（1）大豆品种的选择

为了提供尽可能多的豆叶食料，大豆品种选择具有对光照敏感、蛋白质含量高、植株高大、生长旺盛、叶片大的有限结荚习性的类型，如东辛 3 号等品种，以提高大豆叶面积指数，提高养虫数量。与普通大豆种植方式相同，病虫害防治均采用农业、物理方式方法。此外，在大豆上部叶片被取食完之前绑墩，即将相邻的几穴大豆绑在一起，可抗倒伏、改善通风，且方便豆丹取食和转移。绑墩同时打掉植株下部枯黄的和被泥土污染的叶子。如发现地面的落叶和豆丹粪便有生霉现象，则除了需要立即绑墩、打叶和清理外，还需要在地表撒生石灰吸水、消毒。

（2）放养时期

根据田间调查，豆天蛾以一年一代为主和一年两代为辅。从大豆播种时间上看，春大豆多为一年两代，夏大豆为一年一代。从产卵的时间上看，豆天蛾在 7 月上旬以前产卵，多为一年两代，第二代虫体较小，7 月中下旬产卵的一般为一年一代。一年一代的豆天蛾到 8 月底至 9 月上中旬陆续入土过冬。入土早的豆天蛾幼虫逐步发育成蛹越冬，有利于豆天蛾提前发育成蛾产卵，提高豆天蛾商品价值。豆天蛾多在 7 月中下旬至 8 月上旬产卵，到 8 月底至 9 月初陆续入土越冬。从幼虫个体发育来看，放养时间提前有利于幼虫取食生长，

小链接

增大个体虫重；太迟则不能发育到 5 龄，虫体小，影响幼虫产量。

综合分析，豆天蛾幼虫在春大豆上以 6 月上中旬放养为宜，在夏大豆上 7 月上中旬放养，此时大豆叶片生长旺盛，豆叶已充分展开，接入的 1 ~ 2 龄幼虫小，食量少，对大豆生长影响不大，从而使豆荚生长与幼虫生长两者相互影响最小，获得的综合效益最大。

（3）根据大豆的长势具体掌握养虫量

大豆田间密度 5000 ~ 8000 株 / 亩，长势好、枝叶茂盛的豆田，每株放养 1 ~ 3 头；15000 ~ 20000 株 / 亩的豆田，每株放养 1 头。

（4）天敌影响

在豆天蛾幼虫集中放养的条件下，由于豆天蛾幼虫集中产生的气味浓，易引起黄鼠狼、鸟类和瓢虫等危害，从而影响幼虫的产量，应加强防护。根据田间观察，在自然条件下天敌对豆天蛾幼虫的取食约占总养虫量的 5% ~ 10%，1 ~ 3 龄幼虫被寄生、取食率略高于 4 ~ 5 龄幼虫，平均损失率约 80%，因此在大田条件下放养低龄幼虫可适当增加放养量和增强防护。

4. 豆丹采收与后续管理

幼虫生长 30 天左右到达 5 龄，达到收获标准。

5. 产品质量安全规定

大豆种植过程中不得使用农药，使豆丹符合国家食品安全标准。

6. 包装标识等相关规定

包装：标志明显，标清产品、品名、等级和重量（毛重、净重），并注明检验人员姓名或代号。

标识：标志使用人应在其产品或包装上统一标注“灌云豆丹”农产品地理标志及公共标示图案。

运输过程中，注意严防雨淋，严禁用含残毒污染的仓库和车厢，不允许和有毒物品混放混装，贮存在清洁、低温、保湿的室内，以防发霉。

灌云大豆

灌云大豆，是大豆类中营养价值较高的品种之一，含有大量不饱和脂肪酸，多种微量元素、维生素及优质蛋白质。大豆经加工可制作出很多种豆制品，是高血压、动脉硬化和心脏病等心血管病人的有益食品。灌云大豆富含蛋白质，且所含氨基酸较全，尤其富含赖氨酸，正好弥补了谷类赖氨酸不足的缺陷，所以平时人们都以谷豆混食，使蛋白质互补。

灌云县地处黄淮南部沿海地区，位于沂蒙山南，东经 119° 2′ 50″ ~ 119° 52′ 9″，北纬 34° 11′ 45″ ~ 34° 38′ 50″。突出的气候特点是日照充足，雨量充沛，尤其是大豆开花结荚和籽粒充实的 7 月下旬至 9 月上旬，是当地日照足、雨量大的高能季节，有利于大豆多结荚和籽粒充实。因此，相同品种在该地区种植，生产大豆的产量、品质等均优于其他地区。

灌云大豆是灌云县的一大优势作物，生产历史悠久，“灌云大豆，大豆之王”更是闻名全国。据《灌云县科学技术志》载：“1917 年已向美、英等 7 国出口大豆。”《中国实业志》载：“1932 年 12 月，灌云县输出大豆 1.5 万石。”为了加强灌云大豆的良种繁育，1961 年建灌云县大豆原种场，先后繁育出软条枝、灌云大白花、58-161、灌豆 1 号、灌原 1 号、74-5-31 等 17 个灌云大豆新品种，为推进大豆经济的发展做出了重要贡献，特别是该场 1963 年赠送给朝鲜的“软条枝”大豆原种 30 千克，更是被传为佳话。

大豆

灌云大豆

沙光鱼

沙光鱼肉质细嫩，味鲜美，既可红烧，又可做汤，素有“十月沙光赛羊汤”的民谚，可见沙光鱼的功效。沙光鱼“暖中益气，食之主壮阳道，健筋骨，利血脉……”，很有滋补营养价值。

沙光鱼是灌云海边的特色鱼类，可以在海水中生长，也可在淡水中生长，但在“两合水”的河里、滩上生长最快。它个头不大，满口尖牙，鳞细刺软，十分鲜美。家乡五图河的下游就是两合水的水质，所以盛产沙光鱼。

沙光鱼嘴大贪吃，但视力不好，虽然吃荤，但很好钓，无论在钩子上放什么都能钓上来。即使捏个泥团也能引它上钩。但必须在水下抖动钩子，沙光鱼以为是小鱼小虾就咬钩。所以家乡人又叫沙光鱼“瞎逛鱼”。

沙光鱼长得特别快。它一年一死，每年在清明时节产卵，孵化后大鱼死去，小鱼生长迅速。一般到了10月，能长到30多厘米，重量能达500克。

沙光鱼的吃法有两种：一是做汤，二是红烧。

海边人一般吃法多是做汤。做法和做鱼头汤一样。鱼500～1000克，将鱼洗净，去鳞和内脏。在油锅中煎一下，加入热水1500～2500克。大火烧开约5分钟后加入葱和姜。中火熬10分钟后（时间越长越好，肉脱骨后将鱼骨挑出最好）加少许料酒和糖。两三分钟后加盐出锅。装碗后加白胡椒粉，并根据个人口味加少许香菜或蒜苗即可。

沙光鱼

红烧：锅烧热加少许油，加葱、姜和红椒干少许，煸出香味后加酱油和水。水烧开后，放入洗好的鱼（可以不煎），并加少许糖和盐。约 10 分钟后加料酒。片刻出锅。

小链接

有关沙光鱼的神奇传说

传说孙悟空取走定海神针后，东海龙宫就随着海浪晃动起来，吓得虾兵蟹将到处乱跑。怀孕的龙母在慌乱中撞到龙宫的柱子上流产了，没有成熟的鱼籽被海浪逐到岸边。春天的阳光让这些鱼籽孵化出似龙非龙的鱼来，这种鱼长得很快，不到一年就长到一尺长。它们很得意，就很放肆地夸海口："我一年一尺长，十年赶上老龙王！"这话传到龙王那里，龙王很生气，就要灭了它们。龙母知道后就向龙王求情，龙王念其也是自己的骨肉就说道："你一年一脱胎，十年还是小乖乖。"后来沙光鱼只能长到一尺长就死去了。

灌云大糕

灌云大糕，又名"玉带糕"，民间通称"云片糕"，是灌云地区汉族糕类名点，是节庆假日和馈赠亲友必不可少的上等食品，而"玉带糕"的名称，历史悠久，美誉流长，其中还有一段鲜为人知的典故。

灌云大糕

清朝康熙年间，河道大总督、左殿张丞相，在康熙六十年（1721 年）治理河道时，曾驻跸大伊山古佛寺。他感到寺内素餐单调乏味，便问主持僧人大伊山有何名贵食品，老和尚即捧出本地特产的灌云大糕。那形状似本朝一品官饰玉腰带，洁白如雪，清香四溢，蝉翼般的薄片，放进口中，无须细品，穷滋甘甜，已入五脏六腑。张总督不禁拍手叫绝，这种奇膳玉食，初识恨晚，于是提笔在粉墙上题五言绝句道："玉带飘天下，千家万户迎。奇膳炙人口，果不负虚名。"回京时，他特将灌云大糕改名为"玉带糕"，进贡康熙皇帝品尝，引得"龙颜"大喜，变成贡品。

1990 年，灌云大糕荣获首届中国食品博览会银牌奖，为省优、部优。

小链接

云片糕的制作

原料：

糯米500克，大米500克，白糖200克，红豆沙适量（绿豆沙也可以），另外配上各种干果、果仁作为装饰。

云片糕

做法：

（1）两种米混合并用清水浸泡过夜，然后沥干水后稍微晾干。

（2）用料理机轧成粗粉。

（3）轧好的粉，用孔眼比较粗的筛子筛出粒子太大的米粉，再轧一次，或者用擀面杖压碎。

（4）加入白糖和少许清水拌匀。只要捏一下不马上散开就可以了。

（5）蒸锅里铺上屉布，放上一个慕丝圈，里面填上一层米粉。

（6）铺上一层豆沙。

（7）再铺上一层米粉。

（8）点缀上干果、椰条、糖冬瓜粒。

（9）大火蒸熟。

可以放好几天，吃前再重新上蒸锅热一下，比较好吃。

奇泉酱油

奇泉酱油

伊芦山上的奇泉是两个浑然天成相连、有齐腰深的水潭，虽似两个潭，实在一泉中。一年四季，无论旱涝，其泉水静若处子，从不涨落竭涸。科学化验表明，奇泉水既具强心健脾、防病治病、降压降脂、平衡气血之效，也有开发智力、增强记忆、启发思维之功。伊芦人经过一段时间的酝酿，继承了传统优势，利用传统工艺，根据奇泉水的日升量，新建酱油厂，这就是现在名扬省内外的“奇泉”牌酱油生产厂。

花果山风鹅

风鹅已有 3000 多年历史，相传为中华美食鼻祖——商朝宰相伊尹隐居花果山下所秘制。

花果山风鹅是兴云集团鹅业公司与南京农业大学在传统配方的基础上采用现代高科技，共同开发研制的、具有地方特色的保健产品。花果山风鹅采用源自江苏省最大的绿色天然无公害牧场——万顷草场沂河淌的绿色鹅源，运用风鹅低盐嫩化技术，经过 63 道工序精制加工而成。在沂河淌特定的自然环境和饲养条件下，花果山风鹅形成了生长速度较慢、肉质优良和风味独特等特点，是最理想的不饱和脂肪酸和蛋白质来源，其口感、风味具有灌云县鲜明的地域特色。产品低脂肪、高蛋白、皮薄肉嫩、腊香可口，富含人体所必需的不饱和脂肪酸、多种氨基酸和维生素，深得讲究绿色保健的中上层消费人群的青

花果山风鹅

睐，是全国鹅产业化第一块通过国家绿色食品认证中心认证的绿色品牌，被评选为首都国宴特供食品、江苏省名牌产品、2003 年世界女子沙滩排球赛专用食品，荣获江苏省第九届食品博览会金奖。花果山风鹅火爆北京首届国际农产品交易会、上海名特优新产品交易会、江苏农业国际合作洽谈会、江苏省第九届食品博览会，是 21 世纪理想的保健食品，亦是馈赠亲友之佳品，被公认为“世界绿色食品之王”。

古今食品千千万，风鹅还数花果山！

2015 年 1 月灌云县花果山风鹅正式通过国家地理标志保护产品认定，成为连云港市第十一个国家地理标志保护产品，其保护范围为灌云县现辖行政区域。获得国家地理标志产品保护的花果山风鹅，其地理和历史地位将得到进一步推广，这对有效规范花果山风鹅的产品市场、维护品牌声誉、促进特色产业健康发展具有十分重要的意义。

灌云紫菜

灌云紫菜是灌云县圩丰镇的特产。紫菜属海洋天然海藻食品之一，含有大量蛋白质、糖、脂肪、纤维素及钾、钙、铁、磷、碘等无机物，它因具有独

灌云紫菜

特的营养价值，而被称为不可多得的天然绿色保健食品。

圩丰镇濒临灌云县东部沿海，拥有较长的海岸线及滩涂，海水温度适中，营养丰富，适合紫菜生长，发展海洋经济条件得天独厚。该镇充分发挥地域优势，依靠科技力量，大力发展滩涂紫菜养殖并形成了紫菜育苗、栽培、加工、销售、出口一条龙，有力地促进了当地农民增收。

近年来，圩丰镇充分利用沿海优势大力发展紫菜养殖，不断完善相关标准，加快紫菜业标准化建设步伐。紫菜养殖从2006年前的不足千亩发展到现在的2万多亩，养殖户近100户，并先后引进进口全自动加工设备4台（套）。目前，该镇的紫菜产业年产量达2亿张，产值6000万元，紫菜集聚型产业模式基本成型。

手工粉丝

近年来，灌云县在产业结构调整中大力发展优质甘薯产业，全县甘薯种植面积达7万亩，成为带动农民增收致富的重要产业。

灌云县南岗乡有丰富的矿产资源和充足的水资源，水质甘甜，山芋种植面积达2万亩，山芋加工是该乡主导产业，年加工鲜山芋120万千克。其中南于、梁荡等村90%以上农民从事山芋粉丝加工，生产出的山芋粉丝质量好，十分畅销。

元旦、春节临近，江苏省连云港市甘薯种植大县灌云县的粉丝加工迎来旺季，各粉丝加工厂一片繁忙景象。

南岗乡南于村甘薯贩运现场

灌云县南岗乡南于村村民在晾晒甘薯粉

灌云县南岗乡南于村村民在晾晒粉丝

小链接

手工红薯粉丝的制作

山芋粉丝的加工可以鲜薯为原料先加工成淀粉再加工成粉丝，也可以直接以淀粉为原料加工粉丝，另外粉丝加工有传统工艺和现代工艺两种，传统工艺一般是以农户单元进行小规模加工，其生产工艺如下（以鲜薯为原料）：

1. 选薯。选表面光滑、无病虫害、无青头、大小适中的鲜红薯。

2. 清洗。将选好的红薯装入箩筐放入水中，把泥土、杂质洗掉，并把红薯两头削掉。

3. 粉碎。洗净后的红薯应及时粉碎。采用 195 型 12 匹马力柴油机带动的 380 型或 440 型打粉机，边打边加水，打得越细越好，以提高出粉率。

4. 过滤。用 0.7 ~ 1.5 米吊浆布过滤，要过滤 2 次。初次溶液兑稀一些，第二次兑浓一些，过滤液入池 2 天后，把池内水放尽，加入原来水量的三分之一搅拌，再过滤一次，将过滤液放入小池沉淀。

5. 曝晒。当池内全部澄清，把水排尽，取出表层油粉后，把下层淀粉取出吊成粉砣，放在晒场上暴晒。当粉砣内水分蒸发一半时，把粉砣切成若干份暴晒。晒场设在背风向阳的地方，以防灰尘污染。

6. 打浆糊。将 500 克淀粉加 100 克明矾，掺冷水 2500 ~ 3000 克，放入盆内。盆放入锅内煮沸，不断搅拌，成熟度达八九成即可。打成的浆糊可兑 20 千克淀粉面。

7. 漏丝。漏丝前可先试一下，看粉团是否合适，如漏下的粉丝不粗、不细、不断即为合适。如下条太快，发生断条现象，表示粉浆太稀，应掺干淀粉再揉，使面韧性适中；如下条困难或速度太慢，粗细又不匀，表示粉浆太干，应再加些湿淀粉。漏丝前调粉以一次调好为宜。粉团温度在 30 ~ 42℃为好。备好 2 口锅（型号为 8）、冷水缸 2 只，漏勺要中型 48 孔的。漏丝时，浆糊要搅匀，边拌边加温水，水温为 50℃。当淀粉团离手时，抓起一团（把），少许自然垂落，如不断落，即可漏丝。在漏丝时，要预备一锅开水，当锅内水沸腾时才漏丝。丝条沉入锅底再浮出水面时，即可出锅，经过一次冷水缸降温，用手理成束穿到木棒上，经过另一次冷水缸降温，不断摆动，直至粉丝松散为止。然后放在室内，冷透后拿出室外晒丝。

8. 晒丝。将粉丝拿到背风向阳处，晒干后包装即成品。

圆帮樱桃

圆帮樱桃

圆帮樱桃是灌云县东王集乡元帮村的特产。灌云圆帮樱桃红如玛瑙，黄如凝脂，色泽鲜艳，晶莹美丽而且营养特别丰富。

东王集乡元帮村的圆帮樱桃基地，规划面积320亩，一期种植120亩，培育种植2万株大樱桃优良品种种苗，主要种植美早、萨米脱、先锋等品种。基地定位为休闲观光、生态采摘，全部建成后将成为灌云县又一旅游景点。

仙健无花果

仙健无花果

仙健无花果是灌云县侍庄乡侍圩村的特产。

灌云县仙健无花果种植专业合作社成立于2012年7月，侍庄乡侍圩村现有社员306户，种植面积300亩。合作社开发出仙健牌鲜果、果脯、果干、罐头及饮料等系列产品，深受市场好评。

讨论区

你最喜欢吃哪一种美食？你的家乡有什么特产呢？

灌云，传承数千年的商汤饮食文化，独具一格，别具风味，是名副其实的美食之乡！

04 灌云经济
GUAN YUN JING JI

崛起的电商

地处苏北的灌云县，曾是江苏省有名的贫困县，当地政府为了提升经济，动了不少脑筋。但谁也没有想到，一帮“90后”借着衣趣产业，将当地经济、名气提升到一个新的台阶。

灌云县商务局电商办公室主任陆习娟在接受第一财经记者采访时说，在灌云县，有一定规模的生产厂家达500多家，淘宝网店3000多个，每年销售额近20亿元，带动当地2万多人就业，一些在外地打工的老乡，也纷纷返乡加入这个产业。

衣趣产业不仅能帮农民实现增收，还能带动地方关联产业的发展，提升灌云县的知名度。灌云县经济和信息化局在一份报告中称，衣趣产业的发展一方面可以促进灌云县经济社会的发展，另一方面是一项民生工程、惠民工程。

灌云县商务局一份电商情况汇总表显示，灌云县的淘宝店铺主要分布在各乡镇和城乡结合部，产品以服装服饰、珠宝饰品、医药保健、个

服装加工

护化妆等为主。

未来发展：灌云县正计划用 3 年时间在东城区打造一个总投资 32.5 亿元、占地面积 1696 亩的特色主题服饰产业小镇。目前，这个名为“衣趣”的小镇规划设计已完成，在施工场地的效果图上，一座白色钢结构建筑即将成为“灌云衣趣小镇会客厅”，它看上去像一只展翅欲飞的白蝴蝶，更像一件放大后的女性内衣。届时，灌云衣趣小镇将构建场景化、定制化及个性化等主题服饰消费，打造以主题服饰产业为龙头，融合研发设计、面料配件、电商运营、仓储物流、博览交易和供应链金融服务等于一体的全产业链平台。

电子商业园撬动电商经济迅猛发展

讨论区

（1）你的爸爸妈妈会在网上购买物品吗？你家里哪些东西是从网上购买的呢？

（2）你身边有没有做电子商务的人？他们做的是什么产品？

（3）爸爸妈妈网购过程中有没有退过货呢？如果你在网上买东西，你最关注的是哪些方面呢？你觉得怎样做的电商才是一个好的电商呢？

交通建设

2017年，《灌云县综合交通“十三五”发展规划及中长期展望》（以下简称《规划》）通过县规委会审议，并经县政府同意印发实施。

该《规划》旨在积极呼应省、市“十三五”综合交通发展规划，以“服务发展、惠及民生”为主题，以提升交通枢纽地位和交通服务品质为重点，实施“融入沿海大开发、融贯东西大通道、融汇周边大动脉、融合城镇大建设”发展战略，着力构建公路、铁路、水运、海运、航空“五通汇流”的现代综合交通运输体系。到2020年，基本建成以高速公路、快速铁路、干线航道和航空为主骨架，以普通国道、省道、县道、内河航道为支撑，多种运输方式协调发展的综合交通运输体系。到2030年，进一步完善综合交通体系建设，建成一体化的综合交通网络、多层次的综合交通枢纽、高品质的公共出行服务、高效率的现代物流服务，确立灌云沿海重要交通枢纽地位。

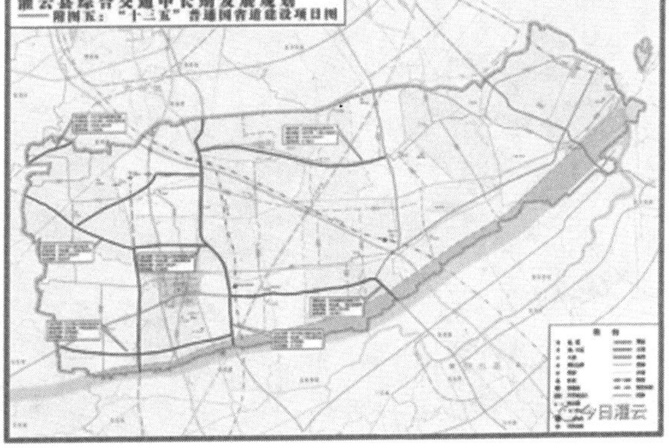

花果山国际机场开建　立体交通激发崛起新动力

《规划》提出，“十三五”期间我县综合交通建设项目总投资约为 137.7 亿元，重点实施路网连接、撤渡建桥、花果山机场建设、铁路综合客运枢纽建设等 33 个项目。

2018 年年底，花果山机场项目用地预审顺利通过自然资源部审查，新机场项目获批预审，新机场项目获批预审用地规模 3205 亩。2019 年 2 月 12 日，连云港新机场项目正式开工！预计 2021 年建成运营。

花果山国际机场在哪?

花果山机场位于灌云县小伊乡，距东南侧灌云县县城直线距离约 14 千米，距市区直线距离约 21.5 千米。

花果山国际机场长啥样?

连云港花果山国际机场定位为区域性国际空港。新机场兼有运输机场和通用机场职能，按照总体规划一次到位，分期建设的原则，一期拟建设飞行区等级为 4D，土地使用面积约 4500 亩，可满足年旅客吞吐量 400 万人次、货物吞吐量 2 万吨的需求。

高铁灌云站

连镇铁路全长约 305.2 千米，全线共设 16 个站，全程设计行车速度为 250 千米 / 小时。其中连云港段长 47 千米，投资 60 亿元，灌云境内约 26.8 千米，北起小伊董集站，南至新沂河中泓，途经小伊、下车、伊山、东王集 4 个乡镇 19 个行政村，在东王集设灌云站。

连镇铁路

连镇铁路南接沪宁城际铁路，可到达上海，北接沿海铁路，可快速进入山东胶东半岛、环渤海经济区。已全线开通，实现苏北与上

灌云站

海、南京等发达城市的无缝对接。

其中连镇铁路灌云站综合客运枢纽工程项目位于东城区，西邻204国道，东邻连镇铁路，占地面积约360亩，主要由连镇铁路灌云站、汽车客运站、城市指挥中心和公交首末站、出租车蓄发区、社会停车场、站前广场和地下停车场等场站设施组成。各交通服务功能区通过地下换乘大厅、地下通道或地面风雨连廊以及手持梯等设施相互联系，实现多种交通运输方式的无缝对接和出行旅客的零距离换乘，体现“一体化衔接、立体化开发”的规划原则。

灌云站以人文圣境、山水福地的概念来构思，以现代中式的建筑风格

小链接

关于连镇铁路

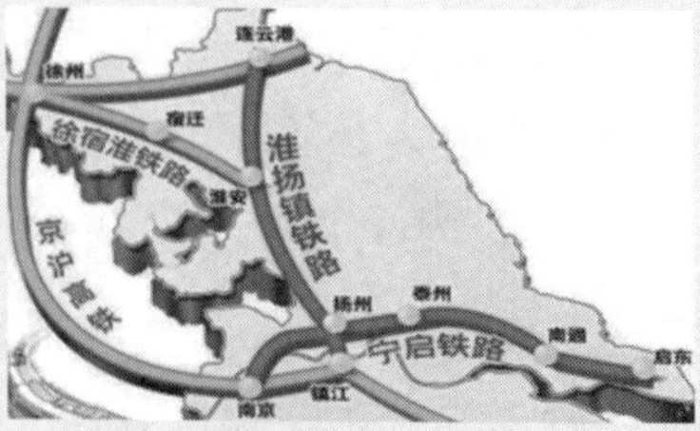

连镇铁路是江苏省中部贯通南北的重要通道，连淮扬镇铁路全线共设董集站（连盐铁路分解站）、灌云站、灌南站、涟水站、淮安东站、宝应站、高邮北站、高邮高铁站、邵伯站（线路所）、扬州南站、江都站（接轨站）、泰安站（接轨站）、镇江大港站、横山站（技术站）、沪宁城际铁路丹徒站（为本线接轨站）和镇江站（为接轨站）16座车站。

来表现当地的文化和山水意向。总建筑面积为 14233 平方米，包含站房面积 6000 平方米、信号楼面积 1033 平方米、雨棚面积 7200 平方米。最多可以容纳 1000 人同时候车。主站房包括地上两层、地下一层。该项目已纳入国家、省“十三五”规划铁路综合客运枢纽建设项目库，概算投资 5.04 亿元。

发展中的燕尾港

短短几年时间，连云港灌河港区燕尾作业区经历了从辐射灌河沿线到辐射大运河、长江、淮河流域，从单一内贸到内外贸并举，从靠泊 5000 吨级到 50000 吨级的跨越式发展。如今，港口对后方产业的拉动优势凸显，临港产业区依托燕尾作业区口岸开放和海河联运优势，高起点完善规划布局，高速度推进港口建设，高标准打造海河联运绿色通道，发展绿色海洋经济，已见成效。

2017 年，灌云县燕尾港全年进出港万吨级以上货轮 160 余艘次，实现海河联运吞吐量 650 万吨，其中集装箱 5000 标箱，超额完成了全年目标任务。2018 年以来灌云县强化与连云港市港口控股集团合作，加快开放开发，强力实施千万吨级大港建设行动，以建设规范化、现代化、信息化和国际化港口为目标，加快发展面向全球的国际贸易，确保海河联运吞吐量突破 800 万吨，争取实现千万吨，力争实现一类口岸开放。

灌云临港始终紧跟国家“一带一路”倡议，发展海洋经济，布局全国乃至全球市场。从港口开发到海洋新兴产业兴起，海洋经济发展方兴日盛，重点围绕港口物流、装备制造、新能源、新医药及新材料等海洋战略性新兴产业，一个现代海洋产业体系格局逐步形成。

探究与思考

（1）高铁的速度是多少？飞机的速度是多少？

（2）出行速度提高了，会带来哪些改变呢？

燕尾港

乡村旅游产业

灌河之北，云台之南，山海形胜之处正是灌云县。一曲以乡村旅游推动县域经济转型升级的田园牧歌正在这里奏响，“打造全国最美县，争创全省绿色发展的标兵、转型升级的样板、后发先至的典范”的愿景正在这里逐步成为现实。

2016年以来，灌云县奋力践行“生态优先、绿色发展”理念，基于对自然资源禀赋、人文历史底蕴和区位交通定位的深刻把握，将发展目光聚焦在亟待振兴的乡村上，围绕“一座佛、两棵树、三朵花、四季景”的总体布局，从零起步迅速打开了“伊山伊水伊甸园，真情真意真灌云”的乡村旅游新局面。

青山绿水看不够，灌云更有美味以饱口福，有历史以做回味：作为烹饪鼻祖伊尹的归隐地，灌云集苏菜与鲁菜之精，兼淮海菜与徐海菜之长，形成了灌云豆丹、灌云芦蒿、王圩西瓜、伊荷浅水藕等一批知名美食和农产品品牌，

生态旅游

好吃又好看；伊尹归隐故事、《西游记》、《镜花缘》原型地传说及耕海煮盐的淮盐文化等，又为美食美景增加了厚重的历史底色。

灌云县乡村旅游计划已初步形成伊甸园童话小镇、伊尹小镇、花溪小镇、衣趣小镇、空港小镇等一批叫得响的乡村旅游特色品牌。目前，乡村旅游作为灌云县经济转型升级抓手的地位得到了充分确证，收益呈现连年翻番的迅猛态势，已成为灌云最具魅力、最具活力、最具影响力的新增长点。

灌云县也先后获得了国家级生态示范区、中国旅游百强县、中国最美乡村旅游目的地、中国最美特色旅游小城、中国十佳“一带一路”旅游特色城市、全国乡村旅游示范城市等称号。旅游产业已进入强势发展的快车道。

采访

（1）你的家乡有什么乡村旅游特色产业？

（2）选择一个项目执行人，拟定一份采访提纲，去采访他，了解家乡乡村旅游产业发展情况，了解农民生活变化。

★★★★★

探究

（1）你去采摘园采摘过吗？去过几次？和谁一起去的呢？可以分享一下采摘的收获与感受吗？

（2）从家庭采摘、踏青、垂钓等亲子游中你有什么发现？

（3）如果让你给家乡的乡村旅游发展提几点建议，你会提哪些方面呢？

★★★★★

果蔬采摘

05 灌云习俗

GUAN YUN XI SU

地方习俗

婚俗

灌云旧时婚俗从谈婚到论嫁的过程较长，一般七八年时间，也有更长的，如双方成年妇女在怀孕时就开始定亲的“指腹婚”和小孩出生后不久就由双方父母定下的“娃娃亲”。

婚事从定亲到成婚一般要经过提亲、传柬子、开生庚、过大礼、择日子、装喜房、迎亲和送亲等过程。

提亲，也称“提媒”“说媒”，先由媒人（红娘）出面说合，男女双方见面相亲，满意后即请人“合婚”，又称“掐八字”。在合婚之后即可定亲。

传柬子是男女定亲的仪式，也是标志，男方随柬子送一些衣料、首饰和礼金给女方，称为“下礼”“过礼”“小礼”。

开生庚。当男女长到16岁后，即可成亲，媒人把女方的“生庚时”即出生年、月、日和时辰写在纸上交给男方。

过大礼是在开生庚的同时，双方商定“过礼”的数量、时间。

择日子。过了大礼就要根据男女双方的“生庚时”请人推算“喜日子”，然后把它写在纸上让媒人送去，叫“送日子”，让女方提前做好准备。

装喜房就是对“新娘房”进行装潢布置，“长寿桌”“喜鱼”和蜡烛是必不可少的。房门上还要挂上“麒麟送子”或“榴开百子”的门匾。

迎亲、送亲。正朝当天，男方派人带上鸡、鱼等吉祥物到女方迎娶，叫迎亲；女方出门后，由其兄或弟，一个在前、一个在后进行护送，叫送亲。

在娶嫁过程中还有压床、踏麻袋、坐富贵、拜堂、吃团圆饭、摸马桶、闹房、喝交杯酒、送房、戳窗和解怀脱鞋等活动，充满喜庆、快乐和风趣。

搂锅。正朝第二天，新娘由全福奶奶陪同上锅“搂锅”，新娘向灶膛塞三个草团，称“烧三把火”，寓意将来小日子红红火火。新娘从米斗里抓三把米撒在锅里，并用饭勺在锅里搂三下，全福奶奶在一旁道喜。搂锅后新娘包团圆饼。早餐全家围在一起吃团圆饼。

生育习俗

怀孕，灌云人称为“有喜”“害伢子”“怀着了”。孕妇在临产时，婆婆和丈夫要在天井烧香磕头，祈祷孩子顺利降生，保佑产妇和婴儿平安。

新生儿出生三天内要喂“三黄汤”（大黄、黄芪和黄连）、洗澡（边洗边说喜话）和起乳名。

婴儿出生六天要带上染成红色的熟鸡蛋向女方娘家报喜，娘家要在十二朝内用笆斗装上红糖、馓子和鸡蛋等给亲家送月礼。到了十二朝，就要“改案”了，在院内设香堂，供上清茶、水果、香、烛，烧龙牌纸，全家磕头、谢恩，祈求天地诸神保佑孩子长命百岁，并设宴招待亲朋好友喝喜酒、吃喜糖、抽喜烟，亲朋好友会给喜钱。

新生儿出生满百天，就要为孩子剃胎头，也叫“剃头刀头”，家长带上喜烟、喜糖，还要付喜钱。

寿庆习俗

灌云地区寿庆习俗流传久远，老人60岁以上，每逢9的倍数年龄时，都会举行仪式庆贺。一般不选择整数年龄，这叫“过九不过十”，同时也预祝老人健康永久，进而启迪人们对长寿的追求和对老人的尊重。

贺寿。亲友贺寿一般不送钱，而是送寿幛、寿字、寿联、寿酒、寿糕、寿桃、寿面和寿烛。但绝对不能送钟，因“送钟”和“送终”同音，不吉祥，故禁忌。

寿堂。寿堂陈设一般是在中堂悬挂《寿星图》，两边挂寿联，寿堂设供桌、点寿烛，寿庆者如是男性一般称“寿翁”，女性则称“寿母”，一般统称为“寿星”。

长寿衣。女儿为寿星做一身从褂子到鞋袜的全新长寿衣，寿衣要做得略长略肥，切忌做短了、瘦了，以免与“短寿”谐音，不吉利。

暖寿。寿庆的前一天晚上，家人在一起吃面条，称为“暖寿”。

寿仪。正式贺寿时，堂中放一张八仙桌，寿星穿长寿衣坐八仙桌旁，面朝外，接受儿孙、亲友贺寿。来人一要为寿星送《寿星图》，二要送寿桃，寿桃用盘子装好，最好是108个，亲友祝寿要说喜话，并有专人道好。

献寿。儿孙向寿星磕头祝寿时，每个人都要表示愿意从自己的寿限中献几岁给老人，并用红笔写在黄纸上作为依据，本人签字画押，拿到土地庙烧掉，称为“献寿”，以讨寿星欢心。

寿筵。让寿星坐上席位置，开宴后，首先吃寿桃，然后再吃其他食品或菜肴，宾客、儿孙们要为寿星敬酒。寿筵一定要吃面条，称为“长饭”，寓意长寿。

讨寿。如寿星是80岁以上的，入席宾客、亲友多喜欢把吃饭的碗筷带走，称为“讨寿”，拿回家让孩子使用，可以过大寿。

冥寿。如果父母未及60岁、70岁去世，其子女在亡父母60岁、70岁生日为其过冥寿，仪式如一般寿庆。

现在，寿庆习俗除“献寿”“冥寿”外，其他都基本保留，寿桃则多改为生日蛋糕，点生日蜡烛也成时尚。

丧葬习俗

灌云地区的丧葬习俗主要有以下几个方面：

入殓。人将死，换上新衣新帽，谓之“换衣”，而后移于柴草和凉席铺成的冷铺。咽气后用白纸盖身、火纸盖脸曰“蒙面”。头前放生米一碗，插筷子一双，曰“倒头饭”；头前、脚后各放油灯一盏，曰“照明”，并烧花、纸轿、纸马、纸船、纸车和纸钱，曰“铺堂”。亲属子女披麻执杖，哭泣尽哀，等所有近亲及表叔娘舅聚齐后向遗体告别，即入殓封棺。

饯程。即为死者送行。入殓后，亲属为之择日饯程，讣告亲友，届时送礼吊唁，为死者饯行曰“送盘缠”。是日，丧户向西而行，沿途撒散冥币，和亲友设宴路祭，至相当路口，一火焚之，意为送死者往西天佛国。

发引。即抬棺埋葬。埋葬前必请阴阳先生看好风水墓地，曰“取风水”。届时孝子披麻执杖，带路先行，俗称“领棺材头”。亲友护送至墓地，挖坑、烘坑、安棺、填土，当晚还有复山、送火等程序。

守孝。亲人亡故，儿女守孝，分三年、一年、百日、七七等多种。守孝期内，儿女不剃头、不婚嫁、不娱乐、不放鞭炮。富者还请和尚放祭奠。清明上坟填土，十月朝送寒衣以表示孝敬和追思。

现在，由于实行火化，一些土葬的迷信习俗大多废弃，但人死后仍保留蒙脸纸、铺堂、泼汤、送饭和送盘缠等习俗。机关职工逝世一般要发讣告，印发死者生平简介、开追悼会、向遗体告别；设灵堂、挂遗像、挂挽联，孝子及亲友佩戴白花、黑纱，献花圈、锦、幛。火化后，骨灰送安息堂或公墓安放。

传统节日

春节

春节是灌云地区最隆重的传统节日。旧时从腊月十八、十九开始扫尘，民谚有“要得发，扫十八；要得有，扫十九”的说法。农历腊月二十三开始送灶（祭灶神）、购年货、做豆腐、蒸年糕和馒头，为老人孩子做新衣。大年三十中午，一家人团聚在一起吃“团圆饭”，午后贴春联，除夕（通称“三十晚”）发压岁钱、守岁。

初一起床前，先吃开口糕，然后起床放开门鞭。鞭炮又叫“高升”，寓意新的一年高升发财。早餐通常是加糖的大米粥和鱼，也有吃汤圆之类的，吃到最后碗里要留一些残羹，叫“年年有余”。早饭后要向长辈磕新年头，向平辈行贺年礼，见面时互道“恭喜发财”“新年平安”。说书、唱戏、散财神、摇仓龙、舞狮子、耍猴子、玩麒麟，锣鼓喧天，十分热闹。

正月初五、十五（元宵节）、二十五，叫小年，通常吃饺子。先把第一碗饺子盛起来祭祖先，然后全家人再团聚一起，美美吃上一顿。

二月二

农历二月初二，当地有“二月二，龙抬头”之说，意谓天气渐暖，龙亦开始活动而万物萌动。当地人在这一天有接出门闺女回娘家、祭土地神和打仓囤的习俗，这一天通常吃荠菜饼或荠菜饺，民谣有“二月二，挑荠菜，荠菜包饼筋拽拽”。

清明节

清明是二十四节气之一，当地家家户户有在门窗上插柳的习俗，中午包饺子吃，先祭祖，午后为祖先扫墓、烧纸、填坟。清明节还有“前十天，后十天”之说，祭祖、扫墓、填坟、烧纸多在前十天进行。

端午节

农历五月初五是端午节，俗称“五月端”。古称五月为“恶月”，五日为“恶日”，是病疫多、灾害多之意，故有门插菖蒲的习俗，为辟邪免疫之意。为纪念爱国诗人屈原，端午节有吃粽子、鸡蛋和插菖蒲、艾条的习俗。

这一天，有小孩子的人家都要用杂草煮汤为孩子洗澡，并在小孩口、鼻和肚脐眼等处涂雄黄，换上新衣服，系彩丝线，佩香袋，意为去秽祛病、辟邪化吉，故端午节也有“娃娃节”之称。

六月六

农历六月初六旧为天贶节，这天早晨有吃炒面（面粉炒熟，用开水冲泡）的习俗，中午多吃饺子，据说可以去温热、免目疾、除腹痛。午时多晒衣被，叫“晒午时”，可以防霉防蛀。传说这天午时如下雨叫“湿龙衣”，主涝，将会连阴雨40天，故有“湿龙衣四十天”之说。

七月半

农历七月十五称中元节，俗称“七月半”。相传七月十五为三官（天、地、水）中地官的生日，故旧时民间这一天多做盂兰会（佛语），超度亡魂。

这天，民间将其作为祭祖之日，故又称“鬼节”。境内盛行中午吃饺子，设宴烧纸，祭祀祖先。

中秋节

农历八月十五，居秋之半，故名“中秋节”，当地人也称“八月半”。中秋节皓月正圆，人间夫妇团圆，合家团圆，故又称“团圆节”。

中秋节，在外的人都要回家团聚。中午全家欢聚在一起会餐，晚上要吃团圆饼，还要在门前宽阔的场地上摆上一张桌子，供上甜梨等食品进行祭月，放鞭炮、烧大香、对着月亮跪拜、祈求平安幸福，极尽天伦之乐。“嫦娥奔月”“吴刚伐桂”“玉兔捣药”等神话传说，多沿此俗，反映出人们对美好生活的追求和向往。

重阳节

《易经》上将“九”定为阳数，故农历九月九日为“重九”，又叫“重阳”。传说汉代人费长房，精法术，一日他对弟子桓景说：“九月九日，你家有天灾人祸，须用绛色布袋，装茱萸挂于臂，再带菊花酒，饮于高山上，可避灾难……”故后来相沿成俗，重阳登高。灌云境内有大伊山、伊芦山等诸山，这一天有很多群众登山，当地人还有吃重阳糕之俗。

1990 年，国家将重阳节定为老人节，为尊老、敬老活动日。

十月朝

农历十月初一，俗称“十月朝”。民间有祭祖、上坟、烧纸之俗，故又称“招魂节”“寒衣节”。灌云民间在这天为死去的亲人烧纸衣，称“十月朝送寒衣”，或到死去的亲人坟前焚化锡箔纸钱。

冬至

冬至俗称“过冬”。这一天，中午设丰盛酒菜，全家会餐，晚上蒸馒头或烙饼。俗话说：“过冬吃块饼，一冬也不冷。”意谓身体强健，能平安度过寒天。

腊八节

农历十二月初八称“腊八”。相传，初八日为佛教始祖释迦牟尼成佛的日子。这一天，当地人用大米、杂豆，加入枣、栗、莲子等煮成素粥，叫“腊八粥”，以纪念佛祖。腊八后不久即是春节，故有“吃了腊八饭，就把年来办”之说。

送灶

相传家家有灶神，注视着人间善恶。每年腊月二十三或二十四是送灶神上天汇报人间善恶的日子。为了讨好灶神爷，各家烧香祷告，放鞭送行，谓之“送灶”。还有用麦芽糖粘灶神画像，并在灶马（纸质供品）两旁贴上“上天言好事，下界保平安”的对联，反映人们求富求安的心理期盼。

除夕

一年最后的一天叫“除夕”，又称“三十晚上”，民间对此节日非常讲究，合家团聚吃团圆饭，贴春联，扎摇钱树，打扫卫生，做好一切迎接新年的准备工作。晚间举行接灶仪式，辞岁、守岁，盼望更好一年的到来。

辩论区

习俗是迷信还是科学?

观点:	观点:

辩论小结:

06 著名人物
ZHU MING REN WU

伊尹

伊尹，一说名挚，号阿衡，夏末商初人。伊尹自幼聪明颖慧，勤学上进，虽耕于有莘国之野，但却乐尧舜之道；既掌握了烹调技术，又深懂治国之道。

伊尹曾尝负鼎俎，以滋味（烹调术）游说于汤，商汤派使者以礼聘迎他，并拜为宰相，尊之为“阿衡”，他助商灭夏建国。汤去世后，他辅佐外丙、仲壬二王。仲壬死后，其侄太甲无道，破坏商汤法制，不理国政，伊尹将其放逐。3 年后，太甲悔过，复归于亳。沃丁八年（约在公元前 16 世纪），伊尹寿至百岁而卒。

伊尹

灌云县境伊芦山是伊尹晚年隐居采药的地方，此山因之得名伊莱山，后演变为伊芦山。《连云名胜一瞥》载：伊尹隐居此山，结茅为芦，故名。伊芦山草木葱茂，盛产药材，伊尹在此隐居后，便采挖药草，研究药性，搜集民间经验。曾作《汤液本草》，将药分为寒、热、温、凉四性，酸、苦、辛、甘、咸、淡六味。后世医家所言药性，皆从伊尹之说。《甲乙经序》《简明中药辞典》等书均云伊尹精于本草药性，并创制汤液——药物加水煎煮取汁饮服的汤剂。《汤液本草·校后记》里尚提及《伊尹汤液》之书名。《吕氏春秋·本味篇》中，还以伊尹的口气论述了烹调术，认为调味之妙正在于甘、酸、苦、辛、咸的巧妙配合。

卞赓

卞赓，字虞卿，因排行第三，人又称卞三，清末武状元。故居在灌云中大街。卞赓幼时不喜文墨，乐意武行，经常耍刀弄棒，到处拜师学艺。稍大后，更是一心练武，以期求得功名。当他考中武举后，又决意进京，参加会试以争夺状元。光绪十八年（1892 年），他如愿以偿，一举夺得状元。

卞赓中武状元后，并未放官，被留在紫禁城看守神武门，过了几年，才被放外任，担任两广参将，率师负责镇守广州。不久，孙中山在广州起义，卞赓未能“平乱”，但又恐遭朝廷怪罪，吞金而亡。时任广州大都督的胡汉民，念他生前未曾加害同盟会和革命军，对他予以优葬。

张大宗

张大宗，字栋臣，祖籍苏州阊门，明末清初迁至蔷薇河畔，传至第三世，移居现小伊张庄。大宗受朝野尚武风气影响，自幼习武，终日与弓、刀、石为伴，并悉心背诵《武经》等应举科目。光绪十九年（1893 年）秋，大宗与二哥大标在南京乡试同榜中举。翌年春，北京殿试，大宗被“钦定一甲第二名”榜眼，授振威将军，诰封三代为武显将军，正室均诰封为夫人。大宗奉旨祭祖回京后，任二等侍卫，把守皇宫。光绪二十六年（1900年），八国联军侵入京城，皇室西逃，大宗随行，保驾至西安。光绪三十一年（1905年），他与大标从北洋陆军学堂毕业，听从乡人翰林沈云霈（海州人）的指挥，在护卫值岗时，对出入禁宫的人员、物品进行严格的检查，此举虽然得罪了一些进出人员，但受到了宫中当权者的赞许，当权者念其忠直，将其从二品衔放任山东济南府城守营参将。

张大宗为官清正，不仅忠于职守，还为他人排忧解难。在京任侍卫时，山东富户张九经到京求挂“千顷牌”，虽耗费了巨资，却终未如愿。张九经感到无颜回乡，大宗知道后，劝他说：“悬挂千顷牌虽可一时免交国课，但目前国库空虚，正处多事之秋，万一支付不了国家一时应急之银两，岂不灾祸不浅？此事弊多利少，倒不如捐纳个官职，回乡也不失体面。”在他的开导下，张九经终于放弃了原来想法，在大宗的帮助下，捐了个候补员外郎的职衔，愉快回乡。时大宗放任山东，张九经亲赴济南，车载白银“酬谢”，被大宗婉拒，张九经愈加敬佩他。

张大宗为官18年，两袖清风，唯有祖遗的田产。辛亥革命后，袁世凯、段祺瑞先后拉拢他，吴佩孚还许以督军之职，他坚辞不就，回乡从农。

大宗居官不傲，富不弃贫。每逢饥馑岁月，经常放饭以济饥民。过年时，对村中贫困户均有周济。民国年间，贫民常以卖私盐糊口，时张庄附近大盐路是盐贩必经之路。盐贩每被盐防队追迫，张大宗便谎称盐贩是他的亲戚，喝令勿追，为贫民解危。一年春，张大宗闲居在家，听到邻村歹徒要谋害从山东逃荒来张庄的王姓夫妇，张大宗气愤不已，一边派人通知王姓夫妇，一边派人整理好室舍，安排他们住在张家院内，王姓夫妻感恩不尽，就此帮张家做些杂事，后在张庄落户定居。

民国十四年（1925年），张大宗病逝。

张大宗生有两子，均少亡。按照旧规，应纳长房长子为承嗣子，他却偏选最小的侄子敦祜。在大宗的影响下，敦祜自幼胸怀大志、勤奋好学，投身革命后，在1948年的宿迁战役中英勇牺牲。他以光辉的一生，回答了父亲对他寄托的厚望。

张大标

张大标，字霞城，灌云县小伊张庄人。光绪十九年（1893 年）秋，与其弟张大宗同榜中举。诰封武显将军，授武义都尉，正五品。先后在山东德州、沙河等地任守备、都司等职。辛亥革命后，回乡务农，曾组织乡民剿匪，对维护地方秩序颇有建树。大标虽属武人，但知文，且爱名人字画，生前曾藏有沈石田山水、黄三寿菊花、高凤翰指画山水、韦鹭西墨梅、赵帮清行书中堂、王寿彭和周维藩等人字画百余轴（毁于“文化大革命”）。民国二十七年（1938 年），张大标病逝，终年 74 岁。

马仲殊

马仲殊，灌云县伊山镇人。幼时读过私塾，民国四年（1915 年）考入江苏省立第八师范学校。民国十年（1921 年）进入东南大学学习，积极参与新文化运动，用白话文作诗写文。民国十五年（1926 年），马仲殊大学毕业后到广州岭南大学任讲师。民国十六年（1927 年），他参加创造社，在鲁迅先生的支持鼓励下，出版了处女作《周年》（自传性质，创造社丛书之一）。民国二十九年（1940 年），他的长篇小说《太平洋的暖流》问世，曾风行全国。民国二十九年起，马仲殊长期在上海的中学和师范学校任教，一边教学，一边创作。著有短篇小说《三太爷》《李星》《屈服》《京沪线上》《邂逅》等；长篇小说有《两难》《一个中学生的日记》《桃色的云》；译著有《大地》《儿子们》（美国作家赛珍珠所作）；文学理论有《文学概论》《中国现代文学思潮》《小说作法大纲》《中学生文学》《中学生小说作法》等。抗日战争期间，马仲殊担任《前线报》笔政，以“老秀”笔名创作了诗歌、剧本。中华人民共和国成立后，马仲殊担任上海市中学教师进修学院中文系副主任、副教授。曾计划写作

《鲁迅传》未成。1958年1月26日，马仲殊病逝于上海，终年58岁。其生平被《中国文学家辞典》收录。

吴书

吴书，1916年生于灌云县。曾在家乡担任小学校长。1937年“七七”卢沟桥事变后，投身抗日救亡活动。1938年加入中国共产党。1939年2月参加革命队伍。历任区委书记、县委书记、县游击大队政委。抗战胜利后，任新四军3师独立旅新2团政委，率部队进军东北，参加辽沈战役和平津战役。中华人民共和国成立后，任中国人民解放军三十九军一一七师政治部主任。1950年10月，随军赴朝参战。1951年2月10日，第四次战役全面展开，他率领部队穿插敌后作战，遭敌人空袭，壮烈牺牲，时年35岁。

汪德耀

汪德耀

汪德耀（1903—2000），生于灌云县。著名的细胞生物学家、教育家。

五四运动时期在北京师范大学附属中学读书，任学生会副主席。1931年获法国巴黎大学博士学位。1932年至1938年任国立北平大学生物系及农学院（今中国农业大学）农业生物系教授，兼任国立北平研究院研究员。1941 年至 1943 年首创福建省研究院，任院长兼动植物研究所研究员。1943 年至 2000 年在厦门大学任教授，曾兼任过系主任、理工学院院长、代理校长、校长等职。病逝于 2000 年 10 月 12 日。其弟汪德昭（中科院院士，水声学专家）、汪德熙（中科院院士，核化学专家）也都是北京师大附中校友。

汪德耀教授长期从事细胞生物学的教学和科学研究，为我国细胞生物学的开拓做出了贡献。

汪德昭

汪德昭

汪德昭，大气电学家、水声学专家，中国水声事业的奠基人。他所从事的大气中大小离子平衡态的研究成果，被国际物理学界认为是“目前普遍接受的郎之万－汪德昭－布里加理论”。开拓我国国防水声学事业，制定了我国水声学的研究发展战略；为国家培养了一大批水声学研究人才；领导实施了水下预警体系，完成了多种国防和民用水声先进设备的研制，为我国海军建设和声呐现代化做出了贡献。

汪德熙

汪德熙，核化学化工专家，灌云人。1935 年毕业于清华大学化学系。

汪德熙

1946年获美国麻省理工学院博士学位。中国原子能科学研究院科技委主任、教授，中国核学会理事长，中国核工业总公司科技委高级顾问。早期从事高分子化学研究。20世纪50年代研制不饱和聚酯玻璃钢。60年代后从事核化学与核化工的研究，提出了解决核燃料后处理萃取流程乳化问题的论点，并组织热试予以证实，使新流程在工业上得以应用。在发展核武器方面，在领导化学线在原子弹引爆中子源的研制、钋–210及其他放射源的研制、氚的提取和生产工艺研究、核爆炸当量的测定、核燃料的分析等方面做了大量研究，并起了重要的组织领导作用。20世纪80年代带领研究生在冠醚化学和高放废液最终处置领域进行研究。1999年获何梁何利基金科学与技术进步奖。1980年当选为中国科学院学部委员院士。

徐红星

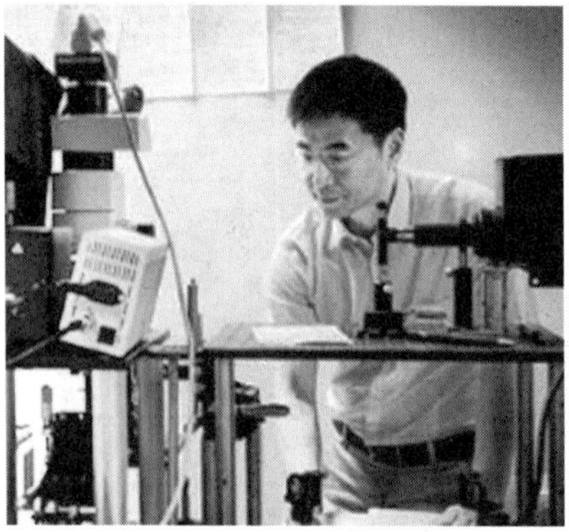

徐红星

徐红星，物理学家。武汉大学教授。1969年5月出生于灌云县。1992年毕业于北京大学。1998年和2002年分别获瑞典查尔莫斯理工大学硕士和博士学位。2017年当选为中国科学院院士。现任武汉大学物理科学与技术学院院长。

徐红星主要从事等离激元光子学、分子光谱和纳米光学的研究。发现成对金属纳米颗粒在光场作用下能够在其纳米间隙中产生巨大的电磁场增强效应，是单分子表面增强拉曼光谱的原因，也是其他基于纳米间隙效应研究的物理基础；提出了等离激元光学力和单分子捕获、表面增强拉曼与表面增强荧光统一的理论，发现表面增强光谱的纳米天线效应，研发了针尖增强拉曼光谱系统，实现等离激元催化反应。发现纳米波导等离激元的激发、传播、发射与激子相互作用的物理机理和调控机制；在纳米波导网络中实现光子路由器、完备的光逻辑、半加器和光逻辑的级联。曾获中国青年科技奖、中国物理学会饶毓泰物理奖。

汪小为

汪小为，1922年6月出生于灌云县，1939年9月肄业于海州师范学校，1940年11月加入中国共产党。历任灌云县河北行署青年抗日队队员，灌云县委敌工部工作员，八路军南进支队宣传员，淮海抗日军政干校学员，淮海文工团分队长，东灌沭中心县委敌工股长，新四军三师十旅文工团分队长，淮海军分区文训大队中队长、大队长，新四军三师十旅文工团长，东北民主联军五师宣传队长，嫩江省龙东县塔哈区委第一书记、区长，第四野战军四十九军政治部宣传科科长，柳州日报社副社长，武汉人民广播电台副台长，中央人民广播电台地播部市台组组长，中央广播局党委学习室主任，中央马列学院学员，中央人民广播电台首都部主任，北京人民广播电台副书记、副台长，北京市广播事业局党组副书记、副局长兼北京电视台台长（正局级待遇）。1985年8月离休，享副部级医疗待遇，曾任连云港市政协第六届委员会委员、中国电视艺术家协会副主席，荣获“解放东北纪念章”“解放华北纪念章”“解放中南纪念章”，中国新闻工作者协会从事新闻工作五十周年荣誉证书，中国文联、中国记协全国百佳老电视工作者奖章，中共中央“中国人民抗日战争胜利70周年纪念章”。因病医治无效，于2016年2月25日逝世，享年93岁。

许厚文

许厚文，中共党员，字质辅，号桂石苑主、苍梧印人。1943 年生，灌云县人，祖籍安徽歙县。师从陈大羽、丁吉辅，现为中国文人书法家协会（香港）会员、江苏省书法家协会会员、北京《东方书法》杂志社篆刻委员、江苏省南京印社社员、连云港市书画院特聘画师、连云港市职工收藏家协会顾问、连云港市苍梧印社终身名誉社长、连云港市历史学会常务理事、《镜花缘》研究会副会长。曾任连云港市书法家协会副主席、苍梧印社社长。

刘友法

刘友法

刘友法（海军中将），1922 年 11 月出生，灌云县人。1941 年加入中国共产党。曾被评为“模范干部”和“模范工作者”，荣获奖章各一枚。中共第九届、第十二届、第十三届全国人大代表，中共第十二届中央候补委员，中共第十三届中央纪委委员，第四届、第八届全国人大代表，第八届全国人大内务司法委员会委员。于 2007 年 6 月 29 日在北京逝世，享年 85 岁。

刘友法于 1990 年 4 月退出领导岗位，1998 年 7 月离职休养。1988 年 9 月被授予海军中将军衔。曾获三级独立自由勋章、三级解放勋章。1998 年 7 月被授予中国人民解放军独立功勋荣誉章。

张弓

张弓（1899—1983），笔名檠铭，灌云人。1924 年毕业于武昌师范大学国文历史部。曾任中国大学哲学系和国文系教授、北平（今北京）临时大学国文系教授。新中国成立后，历任河北天津师范学院中文系教授，河北北京师范学院中文系教授，中国科学院河北省分院语文研究所研究员，河北大学中文系教授、系主任，全国政协第四、五届委员会委员，中国语言学会理事，中国修辞学会名誉会长，高等学校文字改革学会顾问，河北语文学会会长等职。

张弓主要从事汉语修辞学研究，1926 年出版了《中国修辞学》，在修辞学史上占有重要地位。1963 年出版了《现代汉语修辞学》。编有《现代汉语》《现代汉语教学大纲》《古汉语修辞学讲纲》等教材多种。1983 年 6 月 20 日病逝。

榜样的力量

（1）你最欣赏其中的哪一位？为什么？

（2）你的理想是什么？你认为如何做才能实现它呢？

这里有大爱
开山岛精神彰显家国情怀
这里有味道
美味豆丹成为舌尖新宠
这里有潜力
机场高铁展开腾飞翅膀
这里有看头
乡村旅游花开正艳
这里就是灌云

附一

方法指导 1

FANG FA ZHI DAO

问卷调查表的设计

问卷调查表的基本结构：

调查问卷通常由卷首语、指导语、主体、结束语等部分组成。

卷首语：自我介绍与感谢；调查的目的；回收问卷的时间、方式及其他事项。

指导语：填写问卷的说明和其他注意事项，可以和卷首语合并。

主体：由一个个问题及答案组成，涉及被访者的基本情况，如年龄、性别、年级、职业及对事物的看法等。

结束语：再次表示感谢，也可以省略。

问卷调查法的基本步骤：

（1）明确调查主题，确定问卷类型。

（2）围绕研究目的，设计调查问卷。

（3）把握发放时机，及时回收问卷。

（4）统计问卷结果，分析调查数据。

（5）撰写调查报告，展示活动成果。

附二

方法指导 2

FANG FA ZHI DAO

采访的注意事项

一、采访前的准备

（1）掌握与采访内容有关的基本情况和资料。

（2）制定采访方案和提纲。

（3）预约采访对象。

二、创造轻松融洽的气氛

（1）注意第一印象，采访按时赴约，举止文雅，彬彬有礼，态度应端正、诚恳，衣着整洁。

（2）寻找媒介，拉近心理距离。

（3）用身体、动作表示对采访对象的理解，接近被采访者以便增加彼此的亲切感。

（4）面部表情应表现出感兴趣，保持适当的眼光交流。

（5）注意倾听，及时反馈，在适当的时候要补充说明，必要时表述对方内容、解释对方意思。

（6）避免因不感兴趣而忽略采访对象及他说的话。

（7）避免争论和喧宾夺主。

三、注意说话艺术

（1）采访中要努力与采访对象交流思想，在推心置腹的交流中建立知心朋友关系才能把采访引向深入。

（2）对善言谈者，要耐心听取；对离题、漫无边际的谈话要注意引导，不要显得不耐烦或急躁。

（3）对不善言谈者，要轻声慢语、不退不逼，帮助对方回忆和思考。

（4）对不肯交流者，要做好宣传解释工作；对没有时间交谈者，要见缝插针、黏住不放。

（5）根据不同的对象，采用不同的语言表达方式。

（6）最好一次只问一件事情，有针对性。

四、携带物品齐全

（1）一部 DV。

（2）一副三脚架。

（3）一部数码相机。

（4）一支录音笔或一个可录音 MP3。

附三

方法指导 3

FANG FA ZHI DAO

多样的成果展示方式

（1）简单的小课题研究报告。

（2）上网搜集整理材料。

（3）采访相关人物的记录整理。

（4）简单的调查报告。

（5）实践体验、动手制作的成果。

（6）任务单。

（7）绘画等形式的作品。

（8）讲故事、演讲等。

（9）活动感悟。

附四

方法指导 4
FANG FA ZHI DAO

活动过程及时记录

任务单

姓名		小组	
探究任务	1. 老师给出的探究任务。 2. 我（们）自己想完成的探究任务。 （既有师生共同形成的探究问题，也有自主形成的探究问题。）		
探究方法	（写清楚研究选用的方法。）		
学习资源	（记录探究过程中运用了哪些学习资源。）		
探究结果	探究过程：　　　　收获： 发现的新问题： （简写、口述或另附详细报告，讲述探究的过程、探究的结果、发现的新问题。）		

成长记录

活动主题:	姓名:
我的收获: 我需要改进的地方: 活动感言:	

敬 告
ATTENTION

灌云县小学生社会实践基地《青少年道德养成教育》的出版，对于编写者、出版者来说是一项繁复的系统工程，需要得到全社会的支持。

对于书中选用的一些资料，因通联问题，未能一一征询，特此致歉。敬请告知联系方式，我们即付稿酬并奉送样书。地址：江苏省连云港市灌云县城北路灌云县小学生社会实践基地《青少年道德养成教育》编写组，邮编：222200。

此致

谢谢！

灌云县小学生社会实践基地《青少年道德养成教育》编写组

“强富美高”幸福新灌云

青少年道德养成教育

灵秀技艺

徐红梅　孙卫红 ◎ 主编　　杨　伟　王金柱 ◎ 编

QINGSHAONIAN DAODE YANGCHENG JIAOYU

教育

经典宝书

华龄出版社
HUALING PRESS

图书在版编目（CIP）数据

青少年道德养成教育 / 徐红梅，孙卫红主编 . -- 北京 : 华龄出版社，2021.12
ISBN 978-7-5169-2151-7

Ⅰ . ①青… Ⅱ . ①徐… ②孙… Ⅲ . ①品德教育—中国—青少年读物 Ⅳ . ① D432.62

中国版本图书馆 CIP 数据核字 (2021) 第 269125 号

选题策划	人文在线	责任印制	李未圻
责任编辑	高志红	装帧设计	顽瞳书衣

书　　名	青少年道德养成教育	作　者	徐红梅　孙卫红
出　　版 发　　行	华龄出版社 HUALING PRESS		
社　　址	北京市东城区安定门外大街甲 57 号	邮　编	100011
发　　行	（010）58122255	传　真	（010）84049572
承　　印	三河市龙大印装有限公司		
版　　次	2023 年 9 月第 1 版	印　次	2023 年 9 月第 1 次印刷
规　　格	710mm × 1000mm	开　本	1/16
印　　张	24	字　数	250 千字
书　　号	ISBN 978-7-5169-2151-7		
定　　价	98.00 元（全五册）		

前言

PREFACE

欢迎你们走进技艺民俗世界。

技艺民俗，是人们在长期的生产实践和社会生活中逐渐形成并世代相传、较为稳定的文化事项，它是多少代人心血和智慧的结晶，是民族的文化瑰宝和精神食粮。灌云县小学生社会实践基地按照教育部基教一司《示范性综合实践基地实践活动指南（试行）》和《中小学综合实践活动课程指导纲要》的相关要求，根据连云港市社科联的具体安排，开设了技艺民俗体验课程，并组织人员编写技艺民俗体验课程教材。

本教材分技艺民俗、唱民俗、演民俗、绣民俗、剪民俗和画民俗六篇，从技艺民俗的概述、历史沿革、历史传说、技艺特点、传承人介绍、主要价值及传承现状等方面加以叙述，反映了人们的文化习惯、生活习惯和饮食习惯。

技艺民俗不仅让我们在活动中学习知识、学会做人，在活动中爱上家乡的技艺民俗、学习家乡的技艺民俗、传承家乡的技艺民俗、创新家乡的技艺民俗，更是要我们努力成为一个有知识、有技能、有智慧、有情操的人。

2020 年 8 月

目 录
CONTENTS

01 技艺民俗
JI YI MIN SU

中国是一个拥有悠久历史和民俗传统的国家，中国境内土生土长的各民族中，都有广大人民群众创造的各类民俗文化，代代传承。这些民俗不仅丰富了人们的生活，还增加了民族凝聚力。

工鼓锣演出照

技艺民俗起源于人类社会群体生活的需要，在各个民族、时代和地域中不断形成、扩大和演变，为人们的日常生活服务。民俗就是这样一种来自人民，传承于人民，规范人民，又深藏在人民的行为、语言和心理中的基本力量。

豆丹

技艺民俗是人民传承文化中最贴切身心和生活的一种文化。劳动时有生产劳动的技艺民俗，日常生活中有日常生活的技艺民俗，传统节日中有传统节日的技艺民俗，社会组织有社会组织技艺民俗。

模式化即不是随意的、临时的、即兴的，而通常是可以跨越时空的，这就是

老虎鞋

技艺民俗具有传承性、广泛性及稳定性的前提：一次活动在此时此地发生，其活动方式如果不被另外的人再次付诸实施，它就不是技艺民俗；只有活动方式超越了情境，成为多人多次同样实施的内容，它才可能是人人相传、代代相传的技艺民俗。另外，技艺民俗又具有变异性。技艺民俗是生活文化，而不是典籍文化，它没有一个文本权威，主要靠耳濡目染、言传身教的途径在人际和代际之间传承，即使在基本相同的条件下，它也不可能毫发不爽地被重复，在千变万化的生活情境中，活动主体必定要进行适当的调适，技艺民俗也就随即发生了变化。这种差异既表现为个人的，也表现为群体的，包括职业群体的、地区群体的、阶级群体的，这就出现了技艺民俗的行业性、地区性。如果把时间因素突出一下，一代人或一个时代对以前的技艺民俗都会有所继承、有所改变、有所创新。这种时段之间的变化就是技艺民俗的时代性。划分技艺民俗的范围和类别的原则总是与其定义联系在一起的，既然我们把技艺民俗定义为群体内模式化的生活文化，那么，我们就以技艺民俗事象所归属的生活形态为依据来进行逻辑划分，于是，我们得到以下三大类八小类的民俗。

物质生活民俗

耕种

（1）生产民俗：农业、渔业、采掘、捕猎、养殖等物质资料的初级生产方面。

（2）工商业民俗：饮食、服饰、居住、交通等日常生活方面。

（3）生活民俗：饮食、服饰、居住、交通等日常生活方面。

缝纫

衣食住行

社会生活民俗

（1）社会组织民俗：家族、村落、社区及社团等组织方面。

（2）岁时节日民俗：节期与活动所代表的时间框架。

（3）人生礼俗：诞生、生日、成年、婚姻和丧葬等人生历程方面。

志愿清扫

节庆

庙会

精神生活民俗

舞龙舞狮

（1）游艺民俗。

（2）民俗观念：诸神崇拜、传说、故事、谚语等所代表的民间精神世界。

技艺民俗是传统技艺文化中的一个重要组成部分，它源于劳动人民的真实生活，并高于真实生活，而且以丰富多彩的形式存在于现实生活中。技艺民俗丰富多彩，犹如繁茂的鲜花竞相争艳。它涵盖的艺术种类繁多，包括老虎鞋、工鼓锣、挂廊、麦杆画、淮海戏、糖画等，它们都是劳动人民集体智慧的结晶，是巩固、凝聚人民团结的有力武器，对于保持中华民族文化的独特审美性，并传承传统技艺文化精神起着极为重要的作用。

技艺民俗文化虽然丰富多彩，但是有些并没有很好地被重视起来，有的在目前只是一些潜在的等待开发的资源，甚至有一些濒临灭绝，这一系列现象反映出技艺民俗文化所处的劣势。在文化市场中，技艺民俗文化处于落后的状态，尤其是近几十年技艺民俗文化面临着更加严峻的挑战。怎样在新时期保护

淮海戏演出剧照

麦杆画

并发展好技艺民俗文化资源，也成为值得我们考虑、探索乃至解决的问题。

值得欣喜的是，党和国家现在十分重视对民间技艺民俗的保护，文化和旅游部还加强了对文化、生态保护区和民间文化遗产项目传承人的保护。社科联组织加大了对文化、学校和基地等职能部门的监督指导，让我们看到了技艺民俗文化发展的希望。

找一找 问一问

走进乡村找一找，我们家乡有哪些技艺民俗文化？它是不是非物质文化遗产？

问一问你们的父母前辈，他们小时候的文化娱乐是什么？他们会哪些技艺民俗文化？让父母前辈给你们讲一讲家乡技艺民俗文化故事。

皮影戏

赛龙舟

手扎灯笼

想一想 做一做

走进基地，看一看非遗文化墙，想一想这些非遗文化在我们现实生活中有没有利用的价值？如何利用这些技艺民俗文化来改变我们的生活？

滚铁环

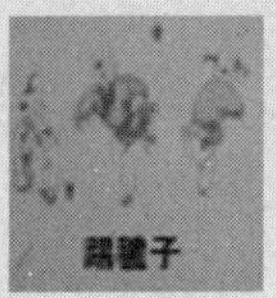

踢毽子

丢手绢

做一名小小技艺民俗文化的传承人，分享你传承、推广技艺民俗文化的思路。

02 唱民俗
CHANG MIN SU

唱民俗以说唱为主要表现形式，主要包括工鼓锣、淮海琴书、麒麟调等。本节主要介绍工鼓锣和淮海琴书。

工鼓锣

工鼓锣简介

工鼓锣又名淮海锣鼓。工鼓锣表演方便，自由灵活，艺人只携带一鼓一锣，摆上一条长凳便可说唱。使用的乐器，鼓小如球，两旁有环，宜吊于鼓叉上；锣小如盘。左手敲锣，右手敲鼓。据说，它的形成和大禹治水（史载禹的父亲鲧因治水失败被处死于东海县羽山）有关，但据有关专家考证，大约在清代中叶，工鼓锣才形成了完整的说唱形式。

革命战争时期，在革命根据地党组织和民主政府的关心领导下，工鼓锣艺人根据政策，编唱了《打倒小东洋》《伪军十叹》《反扫荡》等新书目，起到了团结人民、教育人民、打击敌人、消灭敌人的有力作用。一些艺人利用特殊身份，亲身参加革命战争，有的为革命光荣牺牲。在淮海战役中，艺人踊跃支援前线，鼓舞士气，被淮海地区民众亲切地称为“淮海锣鼓”。

工鼓锣唱腔淳厚质朴，说表丰富多彩，活跃在街前屋后、农家场院，极受人民群众的喜爱。据1985年统计，连云港市灌云县以此谋生的职业艺人就有200多人，工鼓锣的书目有150多部，其中现代题材的书目约占30%。

工鼓锣发展沿革

工鼓锣历史悠久，但起源于何时尚无史料可考。艺人中世代相传的说法有二：一是大禹的父亲鲧治水失败，在羽山被处死，禹接着负责治水工程。禹在鼓邦两边的环上系带子，挂在颈上敲着催工，后世说书人又添了一面锣，沿用下来，遂称为“工鼓锣”。二是东周列国时，楚庄王殿下大臣崔公为奸臣所陷害获罪，被发配淮安府，途中断了盘缠，遂唤解差借来锣鼓，诉其冤情，说今唱古，深得人心，群众接济崔公，从此崔公便以说书为生，故又称为“公鼓锣”。

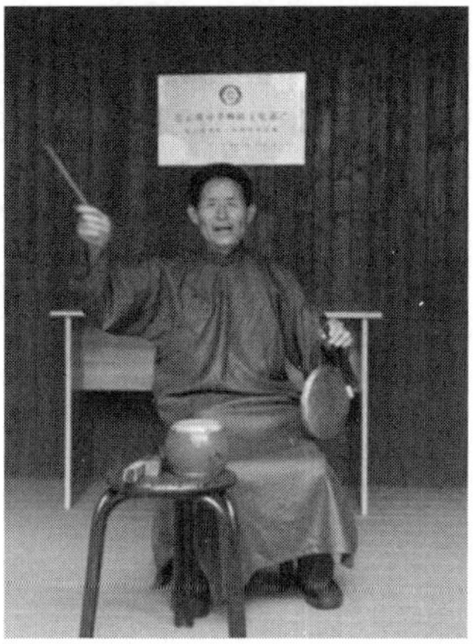

张同举在连云港老街表演工鼓锣

我国古代曲艺形式中的说唱因素发展至隋唐时期才日臻成熟，“使具有我国民族特色的曲艺艺术正式形成”（《中国曲艺史》，春风文艺出版社，第67页）。上述两种说法有着明显的传奇色彩，但从中也可看出工鼓锣在民间形成历史的久远。艺人在摆之规，相者，分成相也，乃先秦时代具有曲艺性质的歌谣形式，工鼓锣以此称谓作为习俗，约束同行的艺人，其流传渊源也可略见一斑。据灌云县艺人张学余（1907—1989年）回忆，至他这一辈，工鼓锣已师传7代，历经200余年。

张福昌传授工鼓锣说唱技艺

工鼓锣演出照

中华人民共和国成立后，工鼓锣艺人在党的领导下，得到各级政府文化部门的重视。他们纷纷参加各类曲艺团体，除了发挥本曲种“快马轻骑”的特点外，还博采众长，推陈出新，在继承传统的基础上，学习兄弟曲种的演唱特点，在表演艺术上得到很大的提高。当时，灌云县从艺者就有200余人。工鼓锣艺人还多次参加市、省乃至全国曲艺会演，并多次受到嘉奖。1958年8月，中国曲艺家协会会员张同举随江苏省曲艺团赴京参加全国首届曲艺会演，受到了周恩来、董必武等党和国家领导人的亲切接见。他演唱的工鼓锣书目《单刀赴会》由中央人民广播电台录音播放。21世纪张同举被授予“新中国曲艺50年特别贡献曲艺家”的光荣称号，市文联等单位在灌云县召开张同举从艺60周年纪念大会，隆重表彰这位一生为工鼓锣艺术做出杰出贡献的曲艺艺术家。

工鼓锣的唱腔特点

工鼓锣吟唱

工鼓锣属吟诵类曲艺，其声腔是在当地方言语音基础上转化而来的，带有似唱非唱、说唱相间的特点。其用灌云及周边地区的乡音俚语演唱，具有浓郁的地方色彩。

工鼓锣唱腔的曲式为上、下句对偶结构，艺人演唱时灵活自如，俗称“一条藤”，主要有“开篇”“喜调”“刀马词”“慢流水”“出马”等。其中的“开篇”旋律低回凄楚，速度缓慢，感情色彩浓郁，多用于表现悲恸、哀怨等情绪的唱段。“喜调”唱腔明朗，速度较快，多用于表现热烈、欢快、喜悦的唱段。“刀马词”是工鼓锣中独具特色的一种唱腔，发声方法独特，共鸣声大，高亢宏厚，速度快，用以表现高昂、激烈的情绪，多用于两军交战及故事冲突紧张的唱段。“慢流水”唱腔委婉，速度较慢，多用于表达思念、回忆等情境唱段。“出马”旋律轻盈流畅，速度中等，曲调中夹有数板，说唱性较强。

工鼓锣传承人介绍

东张派系：创派人张学余，1910 年生于灌云县界圩乡。自幼拜龚会元为师，学唱工鼓锣，1945 年参加县曲艺集训队。1953 年当选为灌云县曲艺协会副会长，擅演传统书目《七义梅》《反唐》《水旱山》等。此派注重刻画人物，说唱表演，绘声绘色。

南徐派系：创派人徐立业，人称“徐大嘴”。1912 年出生于灌云县伊山镇。幼年随父徐广顺学艺，少年时代就登台献艺，青年时代又转投声名卓著的周姓艺人学艺三年，技艺大进，声名远扬，被同行尊为“大王”。徐立业为人机智，有正义感，抗战期间，编唱新书，宣传抗日，遭伪军追捕。

北徐派系：创派人徐保江，板浦镇人，自幼跟徐礼学工鼓锣，尽得家传。

召开工鼓锣传承

工鼓锣展演专场

同时还在前人基础上大胆创新，自编唱段，丰富传统书目内容。《聚义图》《西宋》《北宋》《曰唐》等书目，烂熟于心。于20世纪初就唱于灌云北部地区。他在演唱中注重细节描绘，情节丝丝入扣，锣鼓在前人基础上适当加花。演唱扣人心弦，形成一派风格，风靡一时。其徒严必涛得其精髓，在连云港市区独树一帜，其表演为广大听众交口称赞。其传人李云发、杨维金、季广启、何义绕等都是目前较为出名的艺人。

西张派系：创派人张同举，1917年出生于灌云县伊芦乡，后定居侍庄乡马圩村，2007年去世。他20岁师从著名工鼓锣艺人唐桂荣，1943年参加了由共产党员、大鼓艺人潘长发自发成立的灌云县艺人抗日救国会，编演新书，宣传抗日。他善于吸收地方其他艺术元素，形成唱词典雅、行腔多变、节奏跌宕起伏的艺术风格。

主要价值及传承现状

工鼓锣是经历代艺人不断创新、加工、积累起来的宝贵艺术文化遗产。上百部书目中的唱词、说表蕴含着大量的地方风俗、语言、思想观念等文化信息，是反映人民群众生产、生活状况的极好资料，具有一定的历史价值。工鼓锣的声腔流派、演唱技艺是历代艺人智慧的结晶，有较高的艺术价值。工鼓锣现在仍在中老年中拥有大量听众，可以用这种曲艺形式宣传党的方针政策、新时期的新人新事，创作反映现代生活的新书目，发挥其娱人、育人的功能，具有很高的利用价值。

淮海琴书

淮海琴书概述

淮海琴书又名“坠子”，也叫“打蛮琴”，或叫“苏北琴书”，是全国范围内流行较广的一大曲种。它源于河南，变革创新并植根于淮海，是特有的淮味民间艺术品之一。淮海琴书以说唱见长，以优美的音乐和悦耳的唱腔吸引着不同年龄层次的听众，其形式活泼，以音韵甜美著称，为人民群众所喜闻乐见，在江苏曲艺界占有一席之地。说书人把这个题材编成曲艺脚本，利用河南坠子伴奏，采用柳琴戏唱腔，最后逐渐演变成淮海琴书。

淮海琴书演出照

淮海琴书的表现形式

淮海琴书一般是“双档”演唱，多是一男一女，俗称为“死夹档子”，一人拉坠子，另一人敲琴打板。有时也有单档演出的，只敲扬琴唱，或者只拉坠子唱，用脚绑代板；有时采用多人演唱，配以笛子、二胡和三弦等，大有戏曲演唱的风味，可谓妙趣横生。

淮海琴书独特艺术

淮海琴书在长期的传播过程中形成了独特的艺术特色。连云港市地跨北方方言区和江淮方言区，由于艺人使用的方言不同，在传播过程中，淮海琴书遂又形成了南、北两种具有不同演唱风格的流派。属于北方方言语系的琴书艺人，其演唱风格以朴素见长，具有粗犷、豪放、刚烈和朴实等特点。属于江淮方言语系的琴书艺人则以华丽见长，具有委婉、细腻、缠绵和柔软等特点。

淮海琴书传统曲目

淮海琴书，经过艺人几百年传承、创新，创造了许多优美的曲牌，如

《百鸟朝凤曲》演出照

《百鸟朝凤曲》，演奏者凭借指功就能奏出婉转悠扬、悦耳动听的鸟鹊争鸣、鸡鸣狗吠之声，可谓别具一格。其伴奏乐器有坠胡、扬琴、木板，主要乐曲有大八板、小八板、悲曲、过门。“过门”变化较大，随着演员的唱腔变化和情节变化，有长有短。琴书伴奏乐的特点是伴奏时坠胡的上下把位滑动幅度大，尤其悲调伴随演员的唱腔催人泪下。

淮海琴书主要特征

淮海琴书唱腔曲牌分为“滚板”“抒情”“喜调”和“悲调”等数种类型，不仅演唱者有喜怒哀愁的声调表情，在乐器的过门上也有明显的区分。喜怒哀乐的唱腔和音乐相吻合，对剧中人的性格刻画有极大的渲染力，唤起听众的共鸣。淮海琴书演唱的一个特点是乐器只伴奏过门，唱句中不用音乐伴奏。这样就保证了演唱者吐出的字字句句全部清晰地、无干扰地送进听众耳朵，保证了演唱效果，留给听众的印象是入耳、入脑、好听、好记，深得广大听众的喜爱。

淮海琴书演出照

淮海琴书练习

淮海琴书相关介绍

海州、板浦、南城等连云港地区拥有大批淮海琴书听众，但以乡村中老年人为主，有的爱好者闲暇之余会忍不住哼上几句。海属一带的淮海琴书传承发展以涟水县最为瞩目。为传承好这一优秀民族文化遗产，涟水县历经数年收集、整理淮海琴书相关资料，积极申报市级非物质文化遗产保护名录。目前，该县已陆续举办了几期淮海琴书培训班，县里每一次文艺演出活动，会调演都有淮海琴书参加，并将淮海琴书演唱设置成资料片，不定期地在涟水电视台播放。目前，涟水正在进一步收集、整理、加工淮海琴书相关资料，准备申报省级非物质文化遗产保护名录。

分享时间

问一问

走进农家问一问父母前辈，在改革开放前他们观看或收听的曲艺形式有哪些?

听一听

让非遗传承人讲一讲关于工鼓锣或淮海琴书的传说，听一听他们讲述经历过的故事。

想一想

（1）现代人为什么喜欢节奏明快的街舞或广场舞?

（2）如何能让工鼓锣等民间说唱技艺在家乡旅游文化建设中发挥作用?

做一做

（1）让学生体验工鼓锣或淮海琴书的技艺操作，感悟民间艺人技艺的精湛和“只要功夫深，铁杵磨成针”的道理，从小学会尊重艺术。

（2）你来写一段歌颂家乡变化的歌词，然后用工鼓锣或淮海琴书的唱腔唱出来。

（3）尝试一下看你能否将一首现代歌用工鼓锣或淮海琴书的方式唱出来。

（4）学会感恩，购买一盒工鼓锣或淮海琴书的磁带，送给你的爷爷，让他在休闲的时候听一听，以引起他对过往生活的怀念。

03 演民俗
YAN MIN SU

淮海戏

淮海戏概述

淮海戏，是一种传统地方戏曲剧种，主要流行于连云港市、宿迁市、淮安市及盐城市的北部城乡。它源于沭阳吴集镇的“拉魂腔”，因用板三弦伴奏，又称“三刮调”。早期是沿门说唱民间故事的“门头词”，清道光十年（1830年）后，艺人自由结班发展成为打地摊演出的小戏。清光绪六年（1880年）后，曾与徽剧、京剧等先后搭班合演。它以沭阳方言为标准音，并结合兼顾附近的泗阳、海州乡音。2008年6月，江苏省淮安市、连云港市联合申报，经国务院批准，淮海戏被列入第二批国家级非物质文化遗产名录，遗产序号：705IV–104。

淮海戏演出照

淮海戏的发展历史

淮海戏在民间被称为“小戏”，与柳琴戏、泗州戏同源于“拉魂腔”，因流行于淮海地区，曾称“淮海小戏”，1954年正式定名“淮海戏”。

据传说，清乾隆年间海州一带流行“太平歌”“猎户腔”，后衍变为说唱民间故事的“打门头词”，因以三弦伴奏，又名“三刮调”。至道光年间，开始打地摊演出的“对子戏”“三小戏”，女角均由男艺人扮演。“随身衣，就脚鞋”，化妆十分简陋。后来，逐渐增添了一些本头戏；伴奏除三弦外，又增加了大锣、小锣、铙钹等打击乐；唱腔上形成了刚劲粗犷的男腔“金风调”、高亢远扬的女腔“二泛子”；表演上，丑角脱胎于农村生活，创造了“鸡刨塘”“麻雀跳”等步法身段；旦角注重跷功，在“扭”中形成了“耍手巾”“耍扇子”“推衫”“投跟”等表演技巧。

1880年后，徽剧、京剧先后流入淮海地区，在交流中，迅速丰富和提高了小戏的表演艺术，出现了一大批一家班、同庄班、师徒班等班社，流传地区不断扩大，除淮海地区的10多个县、市外，延伸至皖东北一带，吸收了剧目，革新了唱腔，丰富了表演。光绪二十六年（1900年），出现了第一代女艺人，艺术上也有了新的发展。至抗日战争前夕，行当已齐全，分五角生（小生、文堂生、老生、奸白、勾角）和五角旦（奶小旦、花旦、青衣、彩旦、老旦）两类十行；服装、化妆、脸谱均由京剧引进；伴奏的皮三弦改为板三弦；剧目除自己原有的以外，又从京剧、徽剧、僮子戏、工鼓锣、小唱本移植改编，得到了极大的丰富，号称有“三十二大本，六十四单出”。

淮海戏花旦

淮海戏老旦

淮海戏《柴米河畔》剧照

淮海戏现代戏

1940年，中国共产党建立淮海区抗日民主根据地，先后组织了“艺人救国会”及实验小组，编演了《柴米河畔》《三星落》《反内战》等现代戏。1947年，成立了大众淮海剧团，从此小戏正式搬上舞台演出，并定名“淮海戏”。中华人民共和国成立后，沭阳、灌云等十多个县、市先后成立了淮海剧团；1956年，大众淮海剧团更名为江苏省淮海剧团，继而泗阳、灌南、涟水、宿迁、滨海和连云港等十多个县、市也先后成立了专业剧团。

“文化大革命”期间，剧团或被撤销，或与其他剧种合并为文工团。许多主要演员被揪斗，不少中青年演员被迫改行。1976年省、市、县各淮海剧团先后恢复建制。除恢复上演传统剧目外，还创作了《春回粮仓》《十里香》《儿女情》《果园风情》等现代戏。各市、县戏校和培训班已培养了一批学员，基本解决了淮海戏艺术接班人短缺的问题。

淮海戏的产生有三种说法，一是清乾隆年间，山东历城唐大牛、唐二牛兄弟因灾年饥荒，身背大鼓和三弦，到沭阳一带卖唱乞讨，有邱、葛、杨姓三人从其学艺，播下淮海戏的种子；二是200多年前，海州民间盛行“太平歌”和“猎户腔”两种民歌，当地邱、葛、杨三人加以改造，形成“怡心调”和“拉魂腔”，后三人分别去淮北和县南卖艺，逐渐形成今日的泗州戏、柳琴戏和淮海戏；三是淮海戏源于秦腔，据清代李调元《雨村剧话》记载：“秦腔始于秦州，盛于长安，流入晋、冀、鲁、豫至淮水止。”据此推断，淮海戏为秦腔一支，是融会徽剧、京剧和柳琴戏后创立的新剧种。清代乾隆、嘉庆年间，艺人多个体分散活动，走村串户，在农家门前演唱，要点粮食和熟食，故又称为“打门头词”。

淮海戏的艺术形式

淮海戏传统戏

淮海戏长期扎根于人民群众中，不但能适应舞台演出，也能在街头、乡村“摆地摊”。它的音乐唱腔非常丰富，有浓郁的地方特色，群众喜闻乐见，城乡民众在行路、干活或休憩时都要哼唱淮海戏，淮海戏已成为本地群众文化生活中不可缺少的内容。它的表演艺术有极其浓郁的乡土气息和丰富的民间色彩，具有独特的艺术价值，如“猪吊腰”“鸡刨塘”“野鸡溜”“驴打滚”“狗拜年”“鳖爬走”“脚尖走”“膝盖走”“鬼扯转”“穿八字”“矮步蹬”等艺术表演形式，极其生动有趣。淮海戏的剧目生产和剧目创作非常便捷，它不受陈规老套和清规戒律的约束，创作上演反映农村和现实生活题材的现代戏，为现实生活服务，广受群众欢迎。

淮海戏的唱腔曲调

淮海戏在发展过程中几经变更，在沿门说唱“打门头词”时期称“三副调”；后称“拉魂腔”，也叫“肘鼓子”；形成戏曲后又称“小戏”，抗日战争时期称“淮海小戏”；1954 年淮海小戏参加华东地区戏曲会演，由江苏省文化局定名为“淮海戏”。淮海戏的唱腔大体为男女同弦异腔，男女主要曲调分别是“东方调”和“好风光调”。这种曲调可塑性大、风格性强，有各自的功能，各为多种行当演唱。组腔时，“好风光调”唱法变化多样，可构成大、小唱段。“东方调”中间数唱自由，可变换多种感情，形成长短不一的完整唱段。其他

淮海戏现代戏《秋月》剧照

辅助调有“二泛子”“彩调”“金风调”等。它们各有个性，格调鲜明，表现叙述、抒情、悲愤及欢乐等感情和情绪各有所长。

淮海戏的服装道具

淮海戏的形式早期比较简单，既没有旋转多变的五彩灯光，也没有艳丽配套的行头服装，更没有音部齐全的乐队。常见的是地上放一张芦席作为舞

淮海戏《梨花情》剧照

淮海戏《三上轿》剧照

台，一条长凳乐队坐着，观众围在四周。演出时，一人同时担任几个角色；手巾、扇子作为道具，女的穿长裙，男的穿大褂，戴上自制的胡子，这些便是演员的全部装扮。乐队仅有三弦和大锣。中华人民共和国成立后，才根据剧目需要，制作灯光、布景、道具，演出也逐渐走上正轨，淮海戏的传统剧目甚多，素有“三十二大本”“六十四单出”之称。

淮海戏的传承与保护

20世纪70年代末到80年代末是淮海戏活跃和辉煌时期，自90年代开始，随着电视、网络等现代传媒的普及，特别是我国港台及西方文化的冲击，人们对淮海戏的兴趣也逐渐减弱，尤其是年轻人中少有听众。随着经济的发展和社会的变革，人们忙于生产经营，生活节奏加快，听众越来越少，年老的艺人难以继续演唱，年轻艺人纷纷改行，淮海戏面临后继乏人、濒临消亡的危险。淮海戏已经被列为省级非物质文化遗产保护项目。抢救和保护承载着地区丰富历史文化内涵的淮海戏，对研究、传承和发展历史文化具有重要的科学价值和艺术价值。

柳琴戏

柳琴戏概述

柳琴戏，传统戏曲剧种之一，由流行于民间的小演唱“拉魂腔”和“肘鼓子”相结合而形成。在没有被称为“柳琴戏”之前，又称“拉魂腔”。1953年正式定名为“柳琴戏”。柳琴戏起源于清乾隆年间，距今200多年。源于江苏海州，是苏北的“太平歌”与“猎户腔”。“太平歌”是农民在收获季节为抒发喜悦之情而创造的一种曲调；“猎户腔”则是当地的猎户在狩猎之余，根据当地流行的民歌、号子等，结合当地的山川景色和自然音响形成的一种曲

柳琴戏演出照

柳琴戏演出照

调，经民间艺人丘、葛、张（一说“杨”）三人加工而成为拉魂腔。后来丘、葛分别去皖北、鲁南传艺，因此在当地流行。

柳琴戏的发展历史

柳琴戏的发展大体经过了四个时期。

在最早的说唱时期，半农半艺的贫苦农民在农闲时，以一家一户或一两人结伴，走乡串街“唱门子”乞讨。唱的节目被称为“篇子”。篇子多反映农村生活。此时的沿门说唱，既无弦乐伴奏，也无服装道具，只有演唱者以板或梆子自打节拍。大概是因为缘于上门乞讨的唱腔，所以，原始的柳琴有快板的味道，是两根弦的，简单而直接，上门乞讨者，要在对方认清自己并关门之前，拨动对方心弦，获得同情，并驱使对方下意识地施舍。

约在1920年前后，一些柳琴戏班社开始由农村进入集镇或城市演出。由于徐州交通便利，又是柳琴戏流行区最大的城市，因此，到中华人民共和国成立初期，徐州市区就云集了同义班、常胜班、义和班等多个较有影响的大班社，汇集了厉仁清、王素秦、相瑞先、姚秀云等著名艺人。当时徐州城内分布有同兴戏院、群乐戏院、民众戏院和和平戏院等十多家戏院，每日多达十台左右的戏竞相上演。柳琴戏成为市民娱乐生活的主要内容。

柳琴戏的派别

肘鼓子与拉魂腔相结合初步形成了戏曲剧种以后，又逐渐流传到苏北、皖北和豫东地区。由于流行地域广阔，所以有了东路、南路、北路、中路之分。从临沂起到沿海为东路；由枣庄、徐州到涡阳、蒙城为中路；经郯城、邳县、新沂转向泗阳、灵璧一带为南路；从滕州到徐州和丰县、沛县、萧县、砀山等地为北路。

它们既有共同的渊源关系，又有各自的地方特色，都在当地逐步形成戏曲剧种。中路与东路唱腔基本相同，唯南路，生、旦的唱腔较有区别。剧种在发展过程中，吸收、借鉴了京剧、梆子等剧种艺术成分不断丰富、发展自己的剧目、音乐伴奏和表演艺术。

柳琴戏《花为媒》剧照

柳琴戏《梁山伯与祝英台》剧照

柳琴戏《喝面叶》剧照

柳琴戏《红嫂为亲人细熬鸡汤》剧照

柳琴戏的代表作品

柳琴戏的代表作品有《墨子》《状元打更》《小包公》《喝面叶》《屠夫状元》《李二嫂改嫁》《杨三姐告状》等。

柳琴戏的艺术特色

柳琴戏《回娘家》

柳琴戏的音乐唱腔，基本属于板腔体一类。唱腔除有慢板、二行板、紧板等板式变化外，唱段的起、转、收都有一定的程式性板头。演员起腔、行腔比较自由，伴奏可紧随唱腔而灵活变化。

柳琴戏的音乐唱腔地方特色尤为鲜明，男唱腔粗犷、爽朗、嘹亮，女唱腔婉转悠扬、丰富多彩、余味无穷。演唱者可以随心所欲地发挥、创造，自由地变化。“怡心调”是本剧种最大的特点。此外，在唱腔的落音处，女腔常用小嗓子翻高八度，男腔加入衬词拖后腔，也风格独特。节奏大多是有板无眼的 1/4 节拍，除了大部分是后半拍起唱外，还有连续切分的变节奏，给人以欢快、活泼、跳跃之感。唱腔旋律与地方语言有着密切的关系，唱腔中的音程大跳经常出现，再加上频繁的转调，使人听起来既新奇多彩又自然和谐。

柳琴戏的唱腔

柳琴戏的唱腔以徵调式与宫调式为主，徵调式温和缠绵，宫调式明快刚劲。柳琴戏唱腔曲调有哈弦、起板、导板、连板起、拉腔、射腔、起腔、含腔、平腔、停腔、柔腔、叶里藏花、雷对调、一哟调、老公调、回龙调、垛板、调板、闸板、冒调花腔、四六长腔和男女拉拉腔等。此外还有从民间小调变化而来的过河调、赶脚调、送郎调、补缸调、叠断桥、打牙牌、千金小组进花园调、小放牛、八段锦、调兵调和叶落金钱等。

柳琴戏的伴奏与乐器

柳琴戏板式大致可分为慢板（又叫幽板、澄清板）、二行板（又叫流水板，其中还有快慢之分）、数板、紧板和五字紧板等。

柳琴戏的音乐工作者创作和改编了很多伴奏曲，有的已形成了新的传统曲牌，如苦中乐、绣花牌、水龙吟、什样锦、朝天子、抱妆台、云灯、游场、建都、扫灵、哭灵堂、三清曲、走马出兵、赏花、娃娃令、迎春曲、传情曲、鸳鸯戏水、喜临门、叶落金钱、进花园、会佳丽等。

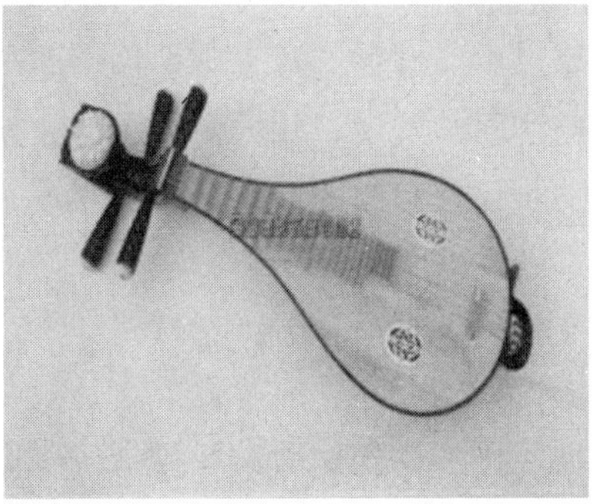

土琵琶

柳琴戏“文场”有土琵琶、笛子、唢呐、笙、管、二胡、小三弦等，“武场”有“四大件”，还运用了电声乐器。伴奏音乐也运用了和声、配器等技法。值得一提的是，柳琴戏的主弦乐器从只有两根丝弦的土琵琶，经过改革、多次研制相继制成了三、四、五、六弦的多种高中音柳琴。

柳琴戏的角色

柳琴戏有自己特殊的角色名称，如小头、二头、二脚梁子、老头、老拐、大生、勾脚、毛腿子和奸白脸等，小头即闺门旦，二头即青衣，二脚梁子即青衣兼花旦，老头即老旦，老拐即彩旦，大生即老生，勾脚即丑，毛腿子即花脸，奸白脸即白面。柳琴戏演员的身段、步法明显带有民间歌舞的特点。

柳琴戏存在的问题与传承

1. 存在问题

应该承认的是，柳琴戏正慢慢“失宠”，剧团普遍面临的问题是负担重，经济拮据，工资不能保证，人才流失、断层现象严重；戏曲创作与演出市场严重脱节，演出场所设备陈旧不堪。剧团也同样面临着生存的挑战，柳琴戏面临着传承与保护的困境。自改革开放以来，柳琴戏在主管部门的正确领导下日益活跃、发展、壮大，可总体上讲，还处在一种保守封闭的状态，思想不解放，放不开手脚干事。

艺术传承形式：图书

2. 文化传承

柳琴戏在长期发展过程中吸收了各种姊妹艺术的优点，并与流行地人民群众的生活发生着密切联系，成为一种地域文化的载体。但 20 世纪 80 年代以来，随着人们物质生活水平的提高，电影、电视的迅速普及，以及多种娱乐形式的出现，柳琴戏观众逐渐减少，表演团体悄然萎缩，柳琴戏慢慢退出人们的视野。到今天，人们很难再看到一场纯粹的柳琴戏演出，听到几句纯正的拉魂腔声调了。

具有独特风格的柳琴戏，它的产生、发展、完善过程，对我国地方戏曲的探索与研究有着重要的历史意义和现实作用。它的许多传统剧目中至今还保留着深刻的时代印记，对研究我国的民俗文化很有参考价值。柳琴戏音乐唱腔从最初的仿“姑娘腔”花鼓调发展成为今天的板腔体，对中国地方戏曲板腔音乐的研究具有重要的参考价值和学术价值。

柳琴戏唱腔婉转悠扬、动人心弦，而且包含诸多古声古韵（姑娘腔等），具有较高的美学价值。

柳琴戏贴近群众、贴近生活，深受群众喜爱，众多的传统剧目和现代戏，

柳琴戏《芳林嫂》剧照

内容健康，通俗易懂，具有寓教于乐的作用，对弘扬我国优秀传统文化和社会主义精神文明建设有不可代替的作用。

分享时间

找一找

走进乡村找一找在什么地方、哪些场合，你会看到人们在演唱淮海戏或柳琴戏？

听一听

（1）聘请淮海戏、柳琴戏演员或剧作者到基地，听他们讲淮海戏或柳琴戏的故事。

（2）播放淮海戏视频或录音，听一听淮海戏的优美唱腔。

比一比

古代的服装和现代的服装、古代的化妆和现代的化妆有什么区别？你从中得到什么启发？

分享时间

想一想

（1）你长大后想报考艺术院校吗？想成为淮海戏演员吗？为什么？

（2）你从艺人身上学到了什么？你知道什么叫“台上一分钟，台下十年功”吗？

做一做

（1）体验一下淮海戏或柳琴戏的唱腔，从委婉的唱腔中感悟戏曲的魅力、戏曲带来的乐趣和享受，从而喜欢上淮海戏、热爱淮海戏、传承淮海戏。

（2）体验淮海戏或柳琴戏中的龙套动作，感悟艺术的艰辛，知晓掌声背后的辛酸、荣誉背后的汗水，懂得“要想成功必先吃苦”的人生哲理。

（3）淮海戏、柳琴戏面临创作枯萎期，从小养成爱学习的习惯，长大后能用手中的笔弘扬生活中的真善美，贬斥社会上的假恶丑，为淮海戏的传承做出自己的贡献。

（4）请丢下手机、远离电脑，多学习一些艺术技能，培养艺术情操和素养，成为德智体美劳全面发展的社会主义接班人和建设者。

04 绣民俗
XIU MIN SU

老虎鞋

老虎鞋概述

老虎鞋制作是民间艺术的一个组成部分，和虎文化密不可分。西方国家在一次测试人类最偏爱的动物活动中得出结论，老虎排在所有动物的第一位，可见人类对老虎的喜爱程度之深。老虎为百兽之王。“龙生云，虎生风”，人们喜爱其八面威风，而老虎鞋满足了人们崇尚、传承虎文化的心理需要。2007 年，老虎鞋被江苏省人民政府批准为第一批江苏省非物质文化遗产名录项目。老虎鞋，玲珑剔透，精美绝伦，是民间难得的手工艺术品，很值得收藏家收藏。对民俗研究也有较高的价值。如果成批生产，使其形成产业规模，老虎鞋系列产品的发展前景是不可估量的，它对美化和丰富人们的新生活，发扬光大我国民间优秀文化传统意义深远。

老虎鞋

老虎鞋的历史

三国时期的关羽、张飞、赵云、马超、黄忠被誉为五虎上将，乃至将门虎子、虎女，连调兵的信物也称虎符。中国人名字里带“虎”字者甚多，小孩戴虎帽、穿虎鞋、睡虎枕的历史源远流长。在传统的图腾里，除了日月山川，就是龙凤虎麟。我国出土的汉、唐文物中，就曾出现过虎枕、虎鞋、虎帽和其他虎饰品。可见早在汉、唐时期，民间就盛行虎服饰和虎物品。自古以来，人们信奉老虎，老百姓相信虎鞋能避邪，带来吉祥。相传，大宋精忠报国的民族英雄岳飞幼时最喜欢穿母亲做的老虎鞋，明太祖朱元璋一出生就穿着仙人赐予的老虎鞋。在苏北平原乃至全省、全国，穿老虎鞋的习俗在民间世代相传。

老虎鞋的传承人物

老虎鞋传承活动

老虎鞋的制作以口传心授的方法传授。当前代表性传承人有王占芳、马桂兰（伊山镇）、杨维珍（穆圩乡下坊村）、张纪俊（龙苴镇）、邵广花（同兴镇大新村）、邵玉美（伊山镇麻袋厂）、封士玉（伊芦乡）等。

王占芳，女，同兴镇人，现住伊山镇，自幼随母学做老虎鞋。特点是做工精细、美观，其作品曾多次在连云港市文化产品博览会上展示，令人爱不释手，县潮河湾民俗馆有收藏并长期展示。

马桂兰，女，又名马兰，伊山镇人，1985年随母学习制作老虎鞋，她敢于创新，制作品种多，并获国家专利，多家媒体予以报道。

老虎鞋的制作过程

工具和原料：布、彩线、报纸、浆糊、针。

方法和步骤：

一双地道标准的老虎鞋必须全部手工缝制。从打袼褙、纳鞋底、做鞋帮、绣虎脸、掩鞋口，直到把鞋帮和鞋底缝到一起，一双老虎鞋算是基本竣工了，但还要经过一番装饰，等扎上虎须、缝上带子之后，才算大功告成。

老虎鞋制作

老虎鞋制作

老虎鞋的特色

老虎鞋式样繁多，有成人穿的，也有老人穿的，还有儿童和婴儿穿的。婴幼儿穿的老虎鞋，虎头富有生机，传神、威风，小巧玲珑，十分精美；老虎的胡须一般用红色或黄色丝线制作，采取夸张和抽象的手法，胡须短而密集，色彩浓烈，迎合人们企求喜庆、祥和的愿望；老虎的眼睛过去用手工缝制，现在则改用塑料纽扣或塑料小圆球配件，使之更加有立体感；老虎的耳朵一般用对比色布料衬托，这样又具有农民画的风味；虎头的绒毛用黄色或白色绒毛，显得十分威风；小小的绒毛虎尾巴正好充当鞋拔，小巧而有力。老虎的眼睛、

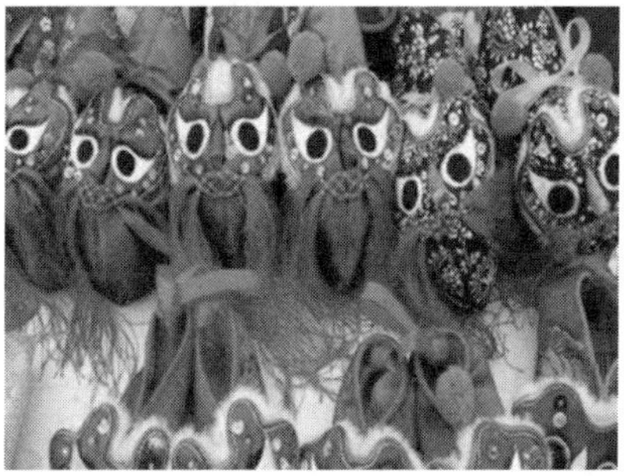

成品老虎鞋

耳朵、胡须、尾巴浑然一体，搭配巧妙，栩栩如生。老虎鞋在鞋面布料色彩的选择上，有时偏黄，有时偏红；在花纹的选择上不拘一格，但求神似，不求形似。民间手工缝制的老虎鞋作品具有极高的实用价值、美学价值、民俗学价值、民族文化认同价值和收藏价值。

民间常以虎来作为孩子的伴生物，除具驱邪镇定的作用外，还有祝福孩子虎头虎脑、虎虎有生气之意。它是孩子的保护神，是母亲一颗爱心的艺术表现。老虎鞋显得善良、美丽、雅拙、顽皮、生动，成为众亲友送给小孩满月时的必备礼物。老虎鞋透气、吸汗、环保、不臭脚，更适合儿童的脚部发育，防止扁平足，促进儿童的健康成长。

老虎鞋的发展现状

绣制老虎鞋是一门古老的民间艺术，源远流长。但随着市场经济的繁荣和发展，手工制作老虎鞋的工艺师越来越少，人工操作影响了绣制技艺的创新提高，在一定程度上制约了老虎鞋的生产规模和产量。

十字绣鞋垫

十字绣鞋垫是在普通绣花鞋垫的基础上，预先制作了十字绣鞋垫图案所需要的带针孔的网格，是绣花鞋垫的再次创新，解决了普通绣花鞋垫刺绣费力费时、定位不准确、图案不规整等问题，让刺绣者轻松穿针引线，实现了和十字绣一样的效果。针孔利用模具或者机械，在空白鞋垫上制作出贯通整个鞋垫的网眼，和十字绣布一样的排列方式，减小穿针时的摩擦力，而且确保位置准确，实现鞋垫的“十字绣”化。

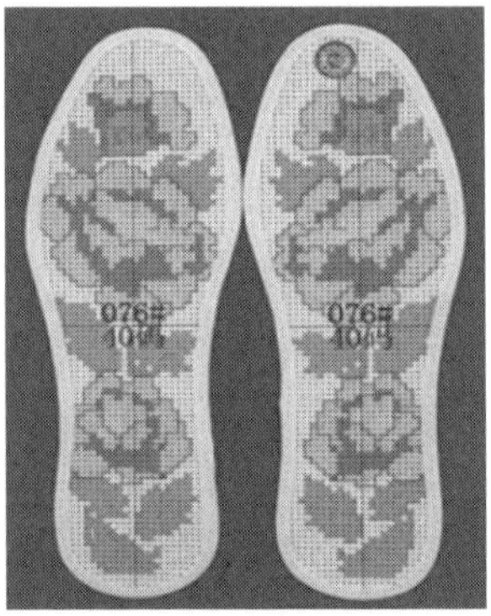

十字绣鞋垫

十字绣鞋垫的特点

针孔十字绣鞋垫预先制作好和绣布一样的网格状小孔，每个小孔完全穿透，采用普通绣针就可以轻松完成刺绣过程，完全不用顶针，真正做到了十字绣的概念；针孔十字绣鞋垫采用DMC色系的标准绣线，色彩准确，颜色艳丽，保证绣品和图纸能够非常接近；针孔十字绣鞋垫图纸和鞋垫对应关系准确，图纸上所看到的就能在鞋垫上实现出来，无论大小号，都可以与图纸一一对应；针孔十字绣鞋垫套件采用6~7层优质棉布加高级无纺布衬底，透气吸汗，经久耐穿，绣完后更加结实耐用。

十字绣鞋垫的制作方法

制作前保持双手洁净，避免污染鞋垫，手上有汗水及时擦净，否则容易使鞋垫变软；鞋垫变软后，用熨斗熨烫后可以重新恢复挺展；鞋在绣之前不可水洗，整个图案刺绣完成后方可水洗；在鞋垫上选定中心点作为图案起始的第一点；以中心点为定位依次绣出其他图案；背面接头可采用打结或埋线法处理，埋线长度不少于3个绣格；针穿过针眼时尽量保持垂直，这样能保证绣针准确进入预先制作好的绣孔；保持拉线的力度均衡，否则容易造成绣格大小不一，影响图案的准确性。

丝带绣

丝带绣简介

丝带绣是用色彩丰富、质感细腻的缎带为原材料，在棉麻布上配用一些简单的针法绣出的立体绣品。丝带绣是继十字绣之后一种更具有创意的新兴手工DIY刺绣项目。DIY丝带绣套件里，每件均配以多种针法，摆脱一般绣品针

丝带绣天鹅

法单调的弊端。丝带绣的刺绣针法与普通丝线绣的针法相同，但其效果又与丝线绣不同，丝带绣的效果粗犷，立体感强，适合绣晚装、毛衣、靠垫及各种装饰画等。丝带绣相比十字绣用时少，色彩鲜亮，解决了人们忙于工作没有时间的问题，一幅小的丝带绣作品只需几个小时，甚至几十分钟就能完成。

丝带绣花篮

起源发展

在早些时候，法国的宫廷妇人偶然间发现，将传统只是用来做服饰修饰的丝带随意设计成鲜花图案并绣在布上，绣品不但有着色彩绚丽的华彩，更同时具备丝绸般的高贵细腻，着实令人为之着迷。一时间，丝带绣像一阵风一样传遍了法国宫廷。欧洲当时的达官贵人、社会名流也无不以穿上配有丝带绣图案的服饰为荣。后来，丝带绣作为一种新兴的手工工艺，也悄然地登陆中国，在我国逐渐盛行。

绣法

丝带绣针法有二十几种，针法简单，大部分人都能看懂。而且一幅画一般仅仅两三种针法，最多五六种技法，每一套绣品都配有绣法技法详细图解说明，好懂易学。

多层玫瑰绣

1. 针由图中位置穿出

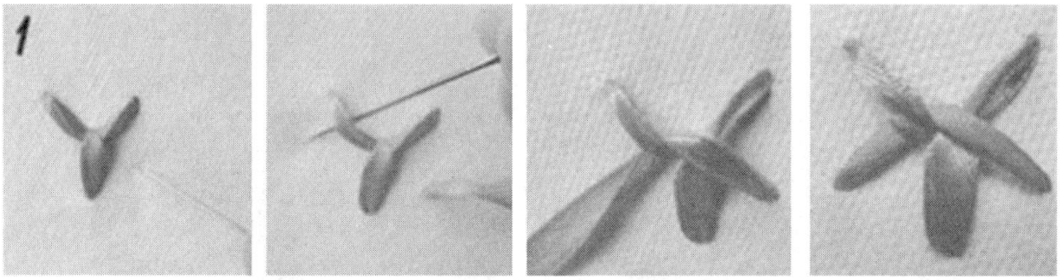

2. 针交替盘绕数次（在盘绕中扭转丝带，可绣出更立体的玫瑰绣）

3. 完成

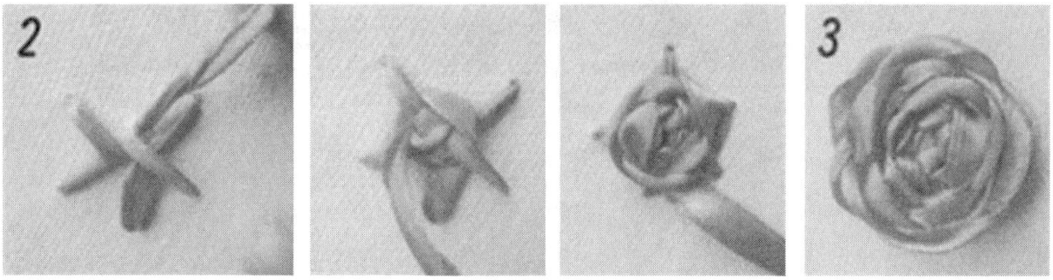

清洗方法

丝带绣绣品绣好后，不小心弄脏了怎么办？丝带绣绣品不小心沾上了水溶性墨怎么办呢？洗的时候，丝带会掉色吗？笔者肯定地跟你说：墨是水溶性的，沾水即掉。另外，只要丝带的质量过关，洗的时候，丝带是不会掉色的！

选购

选择丝带绣首先要先了解丝带绣的材料。一般丝带绣的主要材料有底布、丝带、绣线（毛线和一般绣线）、针法标注的图纸、针法图解说明图和绣花针等。以上材料的好坏，直接关系到成品的效果，所以在选择丝带绣的时候首先要确定所选择产品的丝带和底布有没有掉色的现象（一般的方法是把所选的丝带和底布放在水里浸泡一段时间），然后再看产品的图纸上有没有明显的针法标注，不同的针法是否有不同的标明及每一种针法是否有详细的图解说明。在确定好以上几点以后，还要看产品的包装设计，然后就可以根据个人爱好选择自己喜欢的丝带绣产品了。

丝带绣作品一

丝带绣作品二

保存方法

（1）切勿保存在潮湿环境中。

（2）尽量避免阳光直射，严禁暴晒。

（3）严禁挤压，尽量把绣品卷成一卷保存（可放在保存画的画筒中）。

（4）注意防火防虫。

注意事项

丝带绣绣制应注意什么呢？丝带绣绣制过程中注意一些细节问题，对于丝带绣成品的美观度和艺术度非常重要！

（1）丝带的反正（有时需要将比较亮的一面朝上，有时需要将比较暗的一面朝上）及摆设。

（2）丝带绣在绣制时最好保持丝带的自然松紧状态，丝带拉得太紧容易使绣布发皱变形，缺乏灵气；丝带放得太松也不合适，在丝带绣成品的使用过程中容易被挂起丝，影响美观。

（3）在绣制丝带绣的过程中要避免针法错误，绣布背面不宜相互直拉，否则会造成丝带过于浪费，以致无法完成绣品。在绣制丝带绣时最好掌握针不管从哪里入尽量从旁边出来的方法，这样可以节约丝带的用量。剩下的丝带不要丢掉，积攒起来可以用来发挥自己的想象力创作其他丝带绣作品。

（4）在绣制丝带绣的叶子时要先从叶子的顶部绣起，丝带的亮面朝上，丝带绣针法保持适当的斜度，丝带针脚呈V字形，这样绣出的叶子比较漂亮。

（5）在绣制丝带绣的立体花瓣时，不要盘得太紧凑，要让丝带保持一种蓬松状态。这样绣出的立体花瓣比较有朝气。

探究研讨

想一想

（1）为什么大人要给小孩穿老虎鞋？你能体会到老虎鞋上隐含着的祝愿吗？你能感受到那一针一线中饱含的母爱吗？

（2）父母前辈为我们付出了那么多，我们应该为他们做些什么呢？

（3）父母前辈利用家中的废旧衣服做成袼褙，做成鞋垫，做成老虎鞋，我们如何利用废旧衣服，使它变废为宝？

★★★★★

05 剪民俗

JIAN MIN SU

挂廊制作

挂廊概述

挂廊

所谓挂廊，顾名思义就是挂在廊下的装饰品，用于过年或婚庆、过寿等喜庆场合。挂廊给人的感觉类似于灯笼，却比灯笼经济实惠得多，并且安全性更好。民俗云“贴挂廊，过新年”，只要贴上了挂廊，就表示新年已经到来了。

挂廊的由来

腊月三十这天，家家门前窗户上都贴上用彩纸剪刻的挂廊，甚至还有贴在锅灶、门上的挂廊。站在门前一望，处处彩纸飘动，给新年增添了几分节日气氛。说起这挂廊的来历，倒还有一段传说。传说姜子牙兴周灭纣之后，受元始天尊之命在封神台封神，封罢各路神仙之后，即将下台，他的老婆马氏披头散发来到太公面前倒身下拜。太公低头一看，原来是当初的结发妻子。只因当年太公落难，卖面被风吹散，开店被火烧，摆个相面摊子，又遇上玉石琵琶精捣乱，马氏骂他没出息，逼着太公写休书，好让她回娘家。如今太公已身居周朝丞相，赫赫有名，而马氏好吃懒做，却落得乞讨度日。她听说姜太公做了大官，心想也总该顾念当初夫妻一场，大小封个官，这也保她一辈子快活了。哪晓得，太公见马氏站立台下，开口封道："你好逸恶劳，封你为穷神。"马氏听罢，泪如雨下，哀哀哭泣而去。马氏走后，太公陡然想起，封她为穷神，她走到哪里，哪里就会被她吃穷，如何是好？忙补上一句："见破纸而回。"什么意思？哪个晓得？马氏得了个穷神封号，从此便到哪家就偷吃哪家，顿饭斗米、整鸡、整羊。哪有人家禁得住她这么吃？于是家家将红纸剪破贴在门前，马氏看见破红纸，疑是姜太公的八卦阵，专门来捉她这个白吃食的，一下子再也不敢进别人家的门了。随着历史的兴替、文化的传承、观念的更新，挂廊被赋予更多的内涵。并流传这么一个谜语："长方形，一块板儿，哩哩拉拉胡椒眼儿，中心衬着图和字儿，辞旧迎新添风采儿。"由于年年挂贴，越剪越精美，图案清晰绚丽，花纹细腻精美，花样百出，名曰"挂廊"，又名"挂钱"。

挂廊的制作工具

挂廊类似于剪纸，都是把彩纸雕凿出各种各样的镂空图案，但却并非用剪刀剪，而是雕凿而成的。剪纸一般是单幅的，挂廊是很多张一起制成的，是批量生产。做挂廊的工具很多，有锥子、刻刀、凿子等，凿挂廊不仅要细心，还要有体力。

挂廊的内容

挂廊的内容丰富多彩，常见的有"年年有余"，上面是四个汉字，下面是两条连在一起的鲤鱼，还有很多美丽的装饰图案。另外，还有"新年发财""全家幸福""喜庆盈门""国泰民安"等。挂廊在内容上，既有中国的传

春节挂廊

统文化，又融进许多时代的因素，如前些年见过的“大包干好”“喜迎奥运”等，不仅紧跟时代步伐，更体现出人民群众无限的智慧。

剪纸

剪纸概述

剪纸在中国农村是一种历史悠久、流传很广的民间艺术形式。剪纸，顾名思义就是用剪刀将纸剪成各种各样的图案，如窗花、门笺、墙花、顶棚花、灯花等。这种民俗艺术的产生和流传与中国农村的节日风俗有着密切关系，逢年过节抑或新婚喜庆，人们把美丽鲜艳的剪纸贴在雪白的窗纸或明亮的玻璃窗上、墙上、门上、灯笼上，节日的气氛便被渲染得非常浓郁喜庆。

剪纸的内容很多，寓意很广。祥和的图案祈望吉祥避邪；娃娃、葫芦、

新婚剪纸

莲花等图案象征多子，中国农民认为多子便会多福；家禽家畜和瓜果鱼虫等因与农民生活息息相关，也是剪纸表现的重要内容。

作为民间艺术的剪纸具有很强的地域特点。剪纸虽然制作简便、造型单纯，但其能够充分反映百姓的生活内涵，具有浓郁的民俗特色，是农村众多民间美术形式的浓缩与夸张。从对剪纸的了解中可以便捷地了解中国民间美术的其他方面。

剪纸的历史

剪纸的发明是在西汉时代（公元前6世纪），在此之前是不可能有剪纸艺术出现的，但当时人们运用薄片材料，通过镂空雕刻的技法制成工艺品，却早在未出现纸时就已流行，即以雕、镂、剔、刻、剪的技法在金箔、皮革、绢帛，甚至在树叶上剪刻纹样。《史记》中记述了西周初期周成王将梧桐叶剪成“圭”状赐其弟，封叔虞到唐地为侯。战国时期就有用皮革镂花（湖北江凌望山一号楚墓出土文物之一）、银箔镂空刻花（河南辉县固围村战国遗址出土文物之一），都与剪纸同出一辙，它们的出现都为民间剪纸的形成奠定了一定的基础。南北朝时期《木兰辞》中就有“对镜贴花黄”的诗句。而中国最早的剪纸作品发现，是新疆吐鲁番火焰山附近出土的北朝时期（386—581年）的五幅团花剪纸。这几幅剪纸采用重复折叠的方式和形象互不遮挡的处理手法。

《木兰辞》剪纸作品

唐代剪纸已处于大发展时期，杜甫《彭衙行》诗中有“暖汤濯我足，翦纸招我魂"的句子，以剪纸招魂的风俗当时就已流传民间。唐朝崔道融的诗中有"欲剪宜春字，春寒入剪刀"这句。这里所讲的"宜春字"，也就是现在人们所熟悉的剪纸。唐朝李商隐《人日即事》诗："镂金作胜传荆俗，翦彩为人起晋风。""翦彩"也就是剪纸。从现藏于大英博物馆的唐代剪纸可看出当时剪纸手工艺术水平已极高，画面构图完整，表达一种天上人间的理想境界。唐代流行缬，其镂花木版纹样具有剪纸特色，如现藏日本正仓院的"对羊"，其羊的纹样就是典型的剪纸艺术表现手法。唐代民间还出现了利用剪纸形式制作的漏版印花板，人们用厚纸雕刻成花版，将染料漏印到布匹上，形成美丽的图案。另外，在敦煌莫高窟也出土过唐代及五代的剪纸，如《双鹿塔》《群塔与鹿》《佛塔》等都属于"功德花纸"一类，主要是用来敬供佛像，装饰殿堂、道场。其画面构图复杂，有具体的内容。除此之外还有《菩萨立像》《持幡菩萨立像》等水墨画镂空剪纸，是剪纸与绘画相结合的作品。

南宋时期，已经出现了以剪纸为职业的艺人。据宋人周密《武林旧事》记载，此时杭州的"小经济"多达上百种。其中就专门有"剪镞花样"者，有的善剪"诸家书字"，有的专剪"诸色花样"。宋代造纸业成熟，纸品名目繁多，为剪纸的普及提供了条件，如成为民间礼品的"礼花"，贴于窗上的"窗花"，或用于灯彩、茶盏的装饰。宋代民间剪纸的运用范围逐渐扩大，江西吉州窑将剪纸作为陶瓷的花样，通过上釉、烧制使陶瓷更加精美；民间还采用剪纸的形式，用驴、牛、马、羊等动物的皮雕刻成皮影戏的人物造型；蓝印花布工艺制作的镂花制版是用油纸板雕镂成纹，刮浆印花的花版纹样就是采用剪纸的技法，有阴、阳刻之分，长线要割断，以点分虚实。

明清时期剪纸艺术走向成熟，并达到鼎盛。民间剪纸艺术的运用范围更为广泛，举凡民间灯彩上的花饰、扇面上的纹饰及刺绣的花样等，无一不是利用剪纸作为装饰再加工的。而更多的是中国民间常常将剪纸作为装饰家居的饰物，美化居家环境，如门栈、窗花、柜花、喜花、棚顶花等都是用来装饰门窗、房间的剪纸。剪纸艺术虽然来自民间，但到清代已经成为全民性艺术，就连当时的皇亲国戚也都离不开剪纸。北京故宫的坤宁宫是清代皇帝结婚时的洞房。按照满族人的风俗，宫殿前后窗的窗纸都是裱糊在外面的。墙壁用纸裱糊，四角贴有黑色的"囍"字剪纸角花，顶棚中心是黑色的龙凤团花剪纸。宫

民间剪纸作品

殿两旁的过道墙壁上也贴有剪纸。从剪纸的纹样、用料和用色来看，与普通农家的顶棚花、墙花相比，除了剪纸图案稍大以外，基本没有差别。

20 世纪初“五四”新文化运动期间，在先进知识分子蔡元培、鲁迅、刘半农、周作人等人的倡导下，中国民俗学的雏形建立。他们广泛收集民间文学资料，同时也努力收集民间美术作品，其中就有民间剪纸这一项。20 世纪 30 年代，艺术家陈志农在北京开始了民间剪纸的研究与创作。他用速写和剪影的形式描绘了老北京大量的风俗民情、串街小贩、作坊工匠、食摊茶挑、集市庙会及市井闲人等。20 世纪 40 年代，以现实生活为题材的剪纸开始出现。1942 年，毛泽东发表的《在延安文艺座谈会上的讲话》指出“文艺为工农兵服务”的文艺方针。此后，延安鲁艺的艺术家陈叔亮、张仃、力群、古元、夏风等人开始学习当地具有深厚群众基础的民间剪纸，对民间剪纸进行了搜集、发掘、整理和研究，并创作出了一大批反映边区人民生产、生活和战斗的新剪纸作品。作品运用了民间传统的样式，描写了抗日战争和边区建设的新内容，推动了群众性剪纸的创作和发展，使传统的民间剪纸发生了革命性变化。1944 年，陕甘宁边区还首次展出了西北地区的民间新剪纸作品，为中华人民共和国成立后剪纸艺术的发展拉开了序幕。可以说延安的剪纸开创了中国剪纸的新纪元。

中华人民共和国成立后，在“百花齐放，推陈出新”文艺方针的指导下，艺术家们创作了大量表现社会主义新人新事的新剪纸作品，开拓了剪纸创作的道路，也丰富了中国民间装饰美术的形式和内容。在新剪纸作品的创作中除了表现各行各业新气象的剪纸外，儿童、体育、杂技、歌舞等也成为剪纸最常见的题材。

剪纸艺术自诞生以来，在中国历史上就没有中断过。它充实于各种民俗活动中，是中国民间历史文化内涵颇为丰富的艺术形态之一。

剪纸的分类

1. 单色剪纸

单色剪纸是剪纸中最基本的形式，由红色、绿色、褐色、黑色和金色等各种颜色剪成，主要用于窗花装饰和刺绣的底样，主要有阴刻、阳刻和阴阳结合三种表现手法。用于刺绣底样的剪纸，常用剪刺结合的手法。刺是以针尖在花纹的细部刺出小型圆点，在一些部位留出“暗刀”，可以作为刺绣时套针换线的依据。折叠剪纸、剪影和撕纸等都是单色剪纸的表现形式。

（1）折叠剪纸

折叠剪纸是民间最常见的一种剪纸制作表现方法。所谓折叠剪纸即经过不同方式折叠剪制而成的剪纸。最早的“对马”“对猴”等团花就是经折叠剪出的。折叠剪纸折法简明，制作简便，省工省时，造型概括而有一定变形，尤其适于表现结构对称的形体和图式，如人、蛙、蝶、龟、倒影和对鱼等，对于几何纹、花卉、景物和器具等题材都能适应，而且展开极为对称，又能变化出多种形式，如两方连续、四方连续或多方连续，这是它能长久得以流传的一个主要原因。折叠剪纸对中国的剪纸普及和工艺图案造型发挥着重要作用。

蝴蝶展翅

（2）剪影

剪影是剪纸艺术中的一种古老形式，通过外轮廓表现人物和物象的形状，所以它最注重外轮廓的美和造型。剪影由于受轮廓造型的局限，一般以表现人物或其他物体的侧面为佳。其工具主要是剪刀和刻刀，纸一般用黑色或重色纸，在表现人物侧影时，一般是边看对象边剪。剪影很适合表现透光效果，是一种很有特色的剪纸类型。

（3）撕纸

撕纸是由传统的民间剪纸变形出的新类型。其方法是利用不同类型的纸，

撕纸拼贴风景画

采用手撕的方法去造型。以手代剪自然会受到很大的局限，不适合表现巧工细琢的效果，但正是这种局限，又恰恰显示出它独特的艺术个性，有一种古朴雅拙、豪放雄健的格调。在撕纸过程中经常会出现一种随意性，因此撕纸有一种自然天成的韵味。

2. 彩色剪纸

随着剪纸表现形式的探索和发展，彩色剪纸的形式和技法在逐渐增多，有点染、套色、分色、填色、木印、喷绘、勾绘和彩编等。诸种形式各有自己的特色和独到之处：点染剪纸滋润、装饰性强；套色剪纸脆利、色块鲜亮；分色剪纸分色截然、色感丰富；填色剪纸则单纯、洁净、鲜明，均给人不同的感受。

（1）点染剪纸

以颜色在刻纸上进行点色为点染剪纸。这种剪纸也属于刻纸，在设计上阳线不多，偏重于小面积的阴刻，以留出大面积的阳面进行点染，类似于木版年画的效果。点染剪纸所用颜色，一般系民间染布

点染剪纸作品

用的品红、品绿等，统称“品色”。品色一融到生宣纸，便立即上下左右渗透扩散开来，一次可染三五张。渗透不足的部位，可翻过来在背面补笔。调制品色时掺入白酒或酒精，渗透性更强，可用在宣纸等吸水性较强的纸质上。酒精和白酒中不含胶，酒精挥发后纸面依然平整，不起皱，能产生较好的晕染效果。点染时，一支毛笔蘸一种色，互不串穿，配色原理如同水彩、水粉画调色，如黄、蓝相混呈绿色，红、蓝相融呈紫色等。有的厂家采用流水作业，染工一字排开，一人染红黄，一人染蓝绿，轮到最后一个人时就全部染完了。

（2）套色剪纸

套色剪纸通常以阳刻为主，与点染剪纸相反，进行大面积镂空，给套色留有余地。在作品的背面贴以色纸块，多用黑纸或金纸剪刻，按肤色、服饰、器物和花木等分别贴以不同的颜色。在拷贝箱上用铅笔把所需套色的形状勾画下来，再根据铅笔形状剪下来，按部位用小毛笔蘸糨糊粘好，可先套小色块，后套大色块，所套颜色以一个色调为主，一般以三四色为宜，套色要少而精，注意冷暖对比关系。有时套色有意超出或不到轮廓线，显得更生动。例如，套一个姑娘的脸庞、脸颊的红晕，剪成椭圆形，很具民间囡娃的艺术情趣。套色剪纸不必处处全套。不论全部套色还是局部套色，都应考虑是否套得有必要，谨防事倍功半和费力不讨好。全部套色要强化主调，局部套色要注意少而精，起到画龙点睛的作用。套色剪纸虽用色较为自由和便于选择，但多一种颜色就要确实起多一个的作用，两种颜色可以概括，就绝不要增添第三种颜色。用色精练、手法简洁又恰到好处，是艺术高超的表现。

套色剪纸作品

（3）分色剪纸

分色剪纸有的也称为剪贴剪纸，是两种或两种以上单色剪纸的组合拼贴，基本上还是单色剪纸。它是用剪好的不同颜色、形状的纸拼成一个画面。拼贴组合时要注意颜色之间的协调性，不宜过于琐碎。也有一种是将剪纸分成主纹和底纹，然后以底纹衬托主纹，交错重叠拼贴的。例如，一幅剪纸中天空是蓝色，云是白色，地是草绿色，蒙古包是紫灰色，骆驼是赭石色，分别剪好后，拼贴在一起。这种剪纸鲜丽明快，装饰性很强。

分色剪纸作品

（4）填色剪纸

填色剪纸亦称笔彩剪纸，着色时运用笔绘。具体做法是，将黑色剪纸贴到白衬纸上，用笔在线条轮廓内涂绘。平涂效果与套色剪纸相似，只是手法不同。填色后可出现浓淡变化和自然晕出的效果。注意用笔不要呆板和反复涂改，可充分利用自然浸开的效果。

木印剪纸作品

（5）木印剪纸

木印剪纸是印刷与剪刻相结合的一种剪纸形式，其方法有的在木刻印刷即“开相”后再镂刻，也有的在木版印好的剪纸上再染色，还有的直接印刷成剪纸效果直接贴用。木印剪纸近似民间木版年画，可大量制作，多用于表现戏曲人物和神话故事的题材，与纯刻纸相比具有更强烈的表现力，但不及点染刻纸那样完美自然。

（6）喷绘剪纸

喷绘剪纸是经喷笔（喷枪）喷染成的剪纸。可喷在衬纸上，也可喷在裱好的剪纸上，喷笔喷出的雾点，有特殊效果，像薄雾、晨露、霜雪、雨珠，点有大小、疏密之分。

（7）勾绘剪纸

勾绘剪纸是剪纸与绘画相结合的一种形式。一种是以剪刻为主，兼用毛笔勾绘细部，也有全用线条勾出画面，然后用剪刀将空白处镂空的；另一种是用金箔纸刻出花纹的大体轮廓，使某些局部空白，并适当勾以线条。由于它是剪画结合，很多细部可以直接用笔画出。剪画结合可以产生一种新的意趣，既使用了绘画技法，同时也保留了剪纸的独特性。

（8）彩编剪纸

彩编剪纸是一种编剪并用的剪纸类型，就是用各种色彩的纸条，经过不同的裁剪和编织，组成各种几何图案及花卉、动物和人物等。其线条明快、构图别致，除了具有装饰作用外，还具有广泛的实用价值，可用于席编、筐编、刺绣和儿童手工制作等。

3. 立体剪纸

立体剪纸既可是单色的，也可是彩色的。它是采用了绘画、剪刻、折叠和黏合等综合手法产生的一种近于雕塑、浮雕的新型剪纸。它吸取了现代美术的技巧，充分体现了写实与美术浪漫的特点，使剪纸由平面感变为立体化，可用于观赏造型及儿童的手工制作等。

剪纸的构图方法

剪纸的基本材料是平面纸张，基本单元是线条和块面，基本语言符号是装饰化的点、线、面，加上受到材料的限制，剪纸不善于表现多层次复杂的画面内容和光影效果及物象的体积、深度和起伏，因此只有扬长避短，在构图上采用平视构图。

民间剪纸用展开式的思维方式，极度随心所欲。在创作者的剪刀下，剪纸成了没有体积、没有空间、不讲透视、不顾比例，凭着经验和灵性任意取舍的自然挥洒、大胆创造。为表现自己的想法，创作者可以打破自然的客观法则和空间的限制，将不同时空的物体放在同一个平面上。这种静态的平面化能表现三维、四维甚至多维的空间，并通过

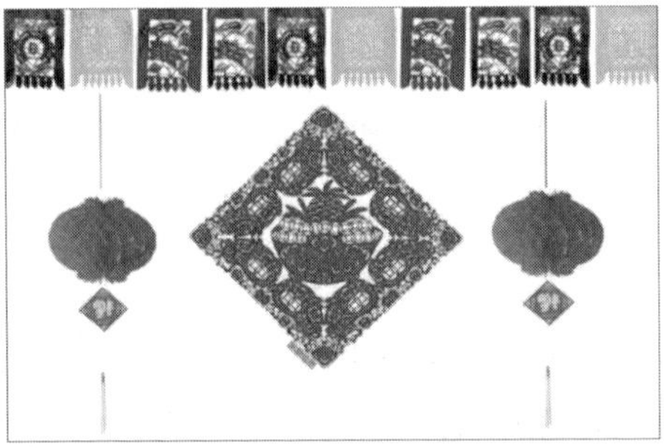

民间剪纸

动态的思维，连续描绘自己心中的世界。

民间剪纸就是利用纸的局限大做文章，在局限里自由驰骋，变不可能为可能，把三维世界简化成二维空间。无限远的空间，无限复杂的形体都被放置在一个平面上，扁平的轮廓成了剪纸的造型基础。因此，民间剪纸的独特表现力就是在彻底的二维空间观念基础上实现的。剪纸创造者发挥了其至真至纯的艺术天性，打破客观世界的束缚，多角度、多方位、多层次地表现其心中的艺术客体。

民间剪纸的这种构图思维不受生活惯例、题材内容的局限，将若干形象创造性地组织起来，使之产生连贯、对比、衬托的作用。这种平面化取物的表现手法增强了剪纸的主观性、时空性、立体性、全面性，其最终目的就是追求造型的完整。求全的心理是所有这些的根本，在民间剪纸中，被剪的物体前景、后景在一个平面上出现，物象之间互不遮挡、互不重叠，既能看到眼前的物象，又能完整地看到后面的物象，从而呈现出较强的装饰风格。出于质朴的、求全的思想感情和审美定式，创作者更是打破实现的障碍，运用表里统一的手法，全面地表现物象。对于剪纸而言，现实的物象背面、顶面、底面或内部虽然是看不见的，但是它是存在内心感悟的，看不见的是合理的，但不剪出来却是不合理的。

总之，民间剪纸不受自然物象固有形的束缚，不以外表的模拟为满足，把所有的物象在平面上表现。同时为追求造型的完整性、全面性，又对不同空间、时间中的不同景物进行描绘，充分体现了创造者的绝妙匠心以及求全的审美愿望。

剪纸作品

剪纸作品

剪纸的用途

张贴用：直接张贴于门窗、墙壁、灯彩及彩扎之上以为装饰，如窗花、墙花、顶棚花、烟格子、灯笼花、纸扎花和门笺等。

摆衬用：用于点缀礼品、嫁妆、祭品及供品，如喜花、供花、礼花、烛台花、斗香花和重阳旗等。

刺绣底样：用于衣饰、鞋帽和枕头，如鞋花、枕头花、帽花、围涎花、衣袖花和背带花等。

印染用：作为蓝印花布的印版，用于衣料、被面、门帘、包袱、围兜和头巾等。

剪纸的形式

窗花：用于贴在窗户上做装饰的剪纸。农家窗户多是木格窗，有竖格、方格或带有几何形花格，上面张糊一层洁白的“皮纸”，逢年过节便更换窗纸并贴上新窗花，以示除旧迎新。窗花的形式有装饰窗格四角的角花，也有折枝团花，更有自由的各式适合花样，如动物、花草、人物，还有连续成套的戏文或传说故事窗花。总之，为适应不同形状的窗格做不同的布置。

喜花：婚嫁喜庆时装点各种器物用品和室内陈设用的剪纸。一般是将剪纸摆衬在茶具、皂盒和面盆等日用品上，或贴在梳妆镜上。喜花图案多强调吉祥如意、喜气洋洋的寓意。色彩为大红，外形样式有圆形、方形、菱花形、桃形和石榴形等，配以各种吉祥的纹样，如龙凤、鸳鸯、喜鹊、花草和牡丹等。构图布局有“花中套花”的方法。

礼花：摆附在糕饼、寿面、鸡蛋等礼品上的剪纸。礼花多取吉祥喜气的图案。在海州人们为庆贺生子的“喜蛋”上贴剪纸，或将蛋染红露出白色花纹。在灌云农村互相馈赠寿礼用乌龟图案以象征长寿。有龟形糕饼，也有龟形剪纸。

鞋花：用作布鞋鞋面刺绣底样的剪纸。其形式一般有三：一是剪成小团花或小散花，绣于鞋头，称“鞋头花”；二是配合着鞋面的形状剪成月牙形，

窗花

喜花

鞋花

称“鞋面花”；三是由鞋头花的两端延伸至鞋帮，称“鞋帮花”。另外还有一种鞋底花，旧时多用于寿鞋，或绣于布袜底上。鞋花布局一般多疏朗，题材有花草、小鸟等。有的鞋花在局部剪开而不镂空，此称“暗刀”，是绣花时套针换色的依据所在。

门笺：又称“挂笺”“吊钱”“红笺”“喜笺”“门彩”“斋牒”，一般用于门楣上或堂屋的二梁上。其样式多为锦旗形，天头大、两边宽，下做流苏。门笺多以红纸刻成，也有其他颜色的或套色的。图案多为几何纹或嵌以人物、花卉、龙凤及吉祥文字，如“普天同庆”“国泰民安”“连年有余”“风调雨顺”“金玉满堂”“喜鹊登梅”“福、禄、寿、喜、财”“五业兴旺”等。张贴时或一张一字，或一张一个内容，成套悬挂，一般以贴五张为多。贴门笺除有迎春除旧之意外，也有祈福驱邪之意。

斗香花：一种套色剪纸，多用于祭祖祀神等传统民俗活动时的装饰，剪纸的题材多选用戏文、历史故事、民间传说、花卉和人物等吉祥图案。斗香花一般用金色和大红、桃红、绿、蓝、橘黄、淡黄、黑等蜡光纸组成，颜色丰富，效果十分强烈。剪纸时需用七层蜡光纸和一层皱纹金纸叠在一起，按照统一的样式刻花，完成刻花之后，再根据剪纸艺人的灵感将每张刻花的不同部分拼凑起来，重新贴在一张白纸上，最后将白纸也刻成图案完全相

斗香花

同的样式。因此，一套斗香花可以做出八张花样相同、颜色各异的剪纸。

剪纸旗幡：用于民俗活动中剪成旗幡形的剪纸。如民间重阳节时，以色纸剪成三角旗插在重阳糕上，非常好看。在丧礼中，送葬用的花幡也有用素纸剪成的。剪纸旗幡与佛教中引路菩萨所持幡状物相关；在纪念逝者过周年时的斋事中也有剪纸而成的“招魂纸幡”，以及悬挂经堂梁上的“疏”（其形也类似于幡）。

剪纸的内容意义

民间剪纸善于把多种物象组合在一起，并产生出理想中的美好结果。无论是用一个还是用多个形象组合，皆是“以象寓意”“以意构象”来造型，而不是根据客观的自然形态来造型，同时，又善于用比兴的手法创造出多种吉祥物，把约定俗成的形象组合起来表达自己的心理。追求吉祥的寓意成为意象组合的最终目的之一。地域的封闭和文化的局限，以及自然灾害等逆境的侵扰，激发了人们对美满幸福生活的渴求。人们祈求丰衣足食、人丁兴旺、健康长寿、万事如意，这种朴素的愿望便借托剪纸传达出来。

民间剪纸《鹿鹤同春》是民间传统的主题纹样。在民间文化中鹿称为“候兽”，鹤称为“候鸟”，鹿鹤同春是春天和生命的象征。民间“鹿”与“禄”同音，鹤又被视为长寿的大鸟，因此鹿与鹤在一起又有“福禄长寿”之意。在社会生产力相对低下的时期，人力劳动成为生存的保证，摆脱病魔和死亡的痛苦是人们永恒的理想。民间剪纸以各种形式表达出对生命的渴望，呵护生命，颂扬生命，表现生的欢乐，对生命的崇拜成为人们虔诚的信仰。《鹰踏兔》是民间洞房的喜花之一，也是传统纹样，在民间流传极广。鹰喻“阳”，同鸡、乌、鸦一样。在民间神化中太阳被称为“三足乌”，民间称太阳为“鸦”。兔寓意“阴”，民间称月为“兔”。鹰踏

《鹿鹤同春》剪纸

兔暗喻男女情爱，反映了生殖崇拜的主题。民间剪纸中常见的坐帐花、喜花都以隐喻的方式表达出对生命繁衍生息的崇拜与追求。以“扣碗”“抓髻娃娃”“鱼唆莲”等为主题的剪纸作品比比皆是。在民间剪纸中有许多反映生产生活的画面，这些作品有着一个最大的相同点，就是对主体进行夸大，大大的鱼、大大的辣椒、大大的蚕、大大的谷粒等，通过剪纸，人们虚构美好的形象来慰藉自己的心灵，来张扬人征服自然的伟大创造力，以期建立自己的理想世界，并肯定人的力量，鼓舞人们继续奋斗的勇气。

探究研讨

找一找

走进乡村找一找，剪纸艺术还在哪些地方运用?

问一问

探询剪纸艺人，学习剪纸需要具备哪些素质?

想一想

（1）过年了，看到门前和窗前飘拂的挂廊你会想到什么？你是否想到过年的喜气？你是否想到对来年美好生活的祝愿？你是否想到美好生活离不开党的英明领导?

（2）假如让你设计一幅单式挂廊，你会设计什么图案和使用什么祝福语？假如让你设计一幅连式挂廊，你又会设计什么图案和使用什么祝福语?

做一做

（1）走进基地剪纸活动室，欣赏剪纸艺术作品，感悟剪纸艺人精美的设计和高超的技艺，激发学习剪纸艺术的热情。

（2）设计一幅单式挂廊图案，体验剪纸艺术的整体布局，感悟剪纸艺人的审美情操。

（3）用工具刻一幅单式挂廊，体验剪纸艺人的细心琢磨，感悟剪纸艺术劳作的艰辛。

06 画民俗
HUA MIN SU

这里的画不是指传统意义上的用笔墨纸砚画出来的画，而是指用物体拼粘形成的画，如糖画、布贴画、麦秆画、贝雕画和沙画等。

糖画制作

糖画概述

糖画是一种传统民间手工艺术，是以糖为材料来进行造型的。所用的工具仅一勺一铲，糖料一般是红糖、白糖加上少许饴糖，放在炉子上用温火熬制，熬到可以牵丝时即可以用来浇铸造型了。在绘制造型时，艺人用小汤勺舀起熔化了的糖汁，在石板上飞快地来回浇铸，画出造型，民间艺人的手上功夫便是造型的关键。当造型完成后，随即用小铲刀将糖画铲起，再粘上竹签。

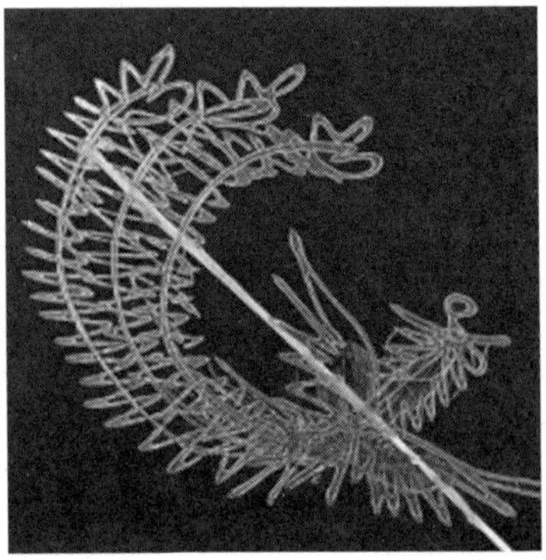
糖画

糖画的题材

糖画的题材有小说和戏曲人物、吉祥花果、飞禽、走兽、文字等内容，以人物和动物的造型最为有趣，若是侧面的形象，便以线造型；若是正面的形象，则用糖料将其头部堆成浮雕状。由于糖料具有流动性，即使相同的形象，亦不会出现雷同的造型。民间艺人在长期实践中掌握了糖料的特性，同时根据操作的特点，在造型上多施以饱满、匀称的线条，从而形成了独有的风格样式，给人以美的享受。

糖画的种类

糖画分为平面糖画与立体糖画两种。最常见的糖画是平面糖画。除了平面糖画，手艺好的艺人还会在大理石板上将平面“零件”拼接出风格各异的立体糖画来，像极了一件装饰品，令人不忍吃掉。若要做一个花篮，先用糖稀做个圆糖饼，再接着倒一个小一点的圆圈，利用两次糖稀的冷热不同，一提，立体的花篮筐底就出来了。再加上提梁、花卉等，整个花篮不再是平面的糖画，而是立体的、生动的、丰富多彩的了。

集市上的糖画艺人和糖画

糖画作品

糖画的历史

据考，糖画起源于明代的“糖丞相”。清代小说家褚人获的《坚瓠补集》

里载，明俗每新祀神，“熔就糖”印铸成各种动物及人物作为祀品，所铸人物“袍笏轩昂”，俨然文臣武将，故时戏称为“糖丞相”。

到了清代，糖画更加流行，制作技艺日趋精妙，题材也更加广泛，多为龙、凤、鱼和猴等普通大众喜闻乐见的吉祥图案。《坚瓠补集》中有一首诗，真实记录了糖画盛行的情况：“熔就糖霜丞相呼，宾筵排列势非孤；苏秦录我言甘也，林甫为人口蜜腹。霉雨还潮儿屈膝，香风送暖得全肤；纸糊阁老寻常事，糖丞来年亦纸糊。”

2012年，市面上出现制作糖画的智能机器设备——甜舔嘴智能糖画机。该机器以程序驱动电机，以类似自动雕刻的机械自动化工艺在平面载体上自动完成糖画的制作。不需要美术功底，不需要经验和技巧，操作容易，制作快速！图形多达几百上千种。可以说，这是对传统糖画工艺的一次革命！

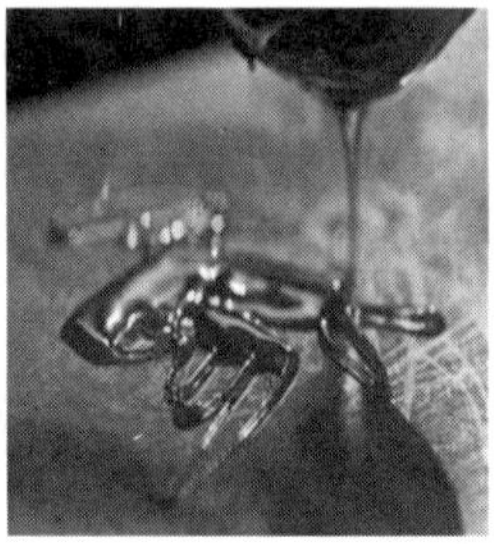

糖画制作

糖画的传说

关于糖画，还有一个更加生动有趣的民间故事。相传唐代四川大诗人陈子昂在家乡时，很喜欢吃黄糖（蔗糖），不过他的吃法却与众不同。他首先将糖熔化，在清洁光滑的桌面上倒铸成各种小动物及各种花卉图案，待凝固后拿在手上，一面赏玩一面食用，自觉雅趣脱俗。

后来陈子昂到京城长安游学求官，因初到京师人地两生，只做了一个小吏。闲暇无事时，他便用从家乡带去的黄糖如法炮制，以度闲暇。一天，陈子昂正在赏玩自己的“作品”，谁知宫中太监带着小太子路过，小太子看见陈子昂手中的小动物便吵着要。太监问明这些小动物是用糖做的时，便要了几个给太子，欢欢喜喜回宫去了。谁知回宫后小太子将糖吃完了，哭着吵着还要，惊动了皇帝，太监只好上前如实回禀。皇帝听完原委，立即下诏宣陈子昂进宫，并要他当场表演。陈子昂便将带去的黄糖熔化，在光洁的桌面上做了一枚铜钱，用一支竹筷粘上送到小太子手中，小太子立即破涕为笑。皇帝心中一高兴，脱口说出“糖饼（儿）”两字，这就是“糖饼（儿）”这一名称的由来。由此陈子昂便得到了升迁，官至右拾遗。

糖画作品

后来，陈子昂解衣归里后，为了纪念皇帝的恩遇，同时也因闲居无聊，便收了几个徒弟传授此技。这些徒弟又传徒弟，并将它传向四方。有的干脆以此为业，走村串乡做起糖饼儿生意来。这糖饼儿生意虽小，但因曾得到过皇帝的赏识，所以生意十分兴隆，学的人越来越多，并代代相传，这一技艺从此就流传下来。在一些大街小巷里经常会看见糖饼儿人的身影，周围围着一圈好奇的人。

糖画的制作

在绘制糖画之前要先熬糖。熬糖前先准备一块大理石板，上面刷上油，油要刷得薄一些，这样可以防止糖粘在大理石板上。把一个铜锅放在火上，加入适量清水，再放入白砂糖。水与糖的比例是 2 ∶ 1。也就是说放两份水，放一份白砂糖。白砂糖放入以后要轻轻搅动一下，防止粘底。水温要逐渐升高，为的是利于糖溶解在水中。水开之后，把水蒸气排到空气中。这时，糖液的温度逐渐升高，糖液中的水分逐渐减少。可以看到，糖液开始起大泡了。这是因为糖液中的水分少了，糖液的张力就大了，空气在排放的过程中，会在糖面上起一些大泡。熬糖的目的是把糖液摊成糖片，以便在糖画绘制中使用。待颜色变黄，泡也变小了，火候就差不多了，趁热把它倒在大理石板上。待糖液完全

糖画制作

糖画制作

凝固后，把糖片切碎，收入盘中。质量好的糖块在常温下，半个月都不会熔化。这样熬制出的糖透明度较高，非常脆，不粘手、不滴油、不流液，才能作为绘制糖画的材料。在绘制糖画之前，首先要化糖。化糖就是把准备好的糖块放在糖锅内熔化。熔化糖要用小火，火大了糖就会焦，用温火将糖慢慢熔化，当糖完全熔化后就可以绘画了。

做糖画的人是没有底稿的，画稿全在他的头脑里。做糖画必须胸有成竹，要趁热一气呵成。糖画艺人汲取了传统皮影制作的特征及雕刻技法，十二生肖说来就来，张飞、赵云、花鸟鱼虫、飞禽走兽，随着缕缕糖丝的飘洒，便栩栩如生地呈现在人们面前，再趁热粘上一根竹签，便大功告成。

尽管现在从事糖画行当的人数较过去有所下降，但是如今，糖画的这种魅力逐渐又得到了越来越多人的认可和关注，糖画艺人的地位也日益提升，以蔡树全为代表的一些艺人们通过各种形式被认可。蔡树全现为连云港市民间文艺家协会常务理事。出生于灌云糖艺世家的他，先后在国内各大都市及日本、德国、西班牙、新加坡等地做糖画表演。其作品及艺术成就被国内外近百家报刊、电视台宣传及专题报道过，并被中国民间文艺家协会授予“民间工艺美术大师”，被联合国教科文组织授予“一级民间工艺美术家”称号，被中国民间工艺美术家委员会授予“国际民间工艺美术家”称号。

麦秆画

麦秆画的概述

麦秆画又称麦秸画、麦草画，是一种历史悠久的汉族传统工艺美术品，始于隋唐时代的宫廷。它和剪纸、布贴一样是一种剪贴艺术。它是利用麦秆自然光泽和抢撕成丝的特性，经烫色或染用，经过熏、蒸、漂、刮、推、烫及剪、刻、编、绘等多道工序，一般不着色，根据需要进行剪裁和粘贴而成。

麦秆画作品

麦秆画的特点

麦秆画具有光泽透亮、装饰效果好、艺术感染力强等优点。作为一种古老的汉族民间艺术，麦秆画古朴，富有立体感、层次感，散发出自然光泽，一般运用国画形式构图，嵌贴于镜框内，作为欣赏品。

麦秆画的历史

麦秆画是中国独有的工艺品，源于我国古代的中原地区，伴随小麦主产区存在。它的历史悠久，成熟的麦秆画作品可以追溯到隋唐时代。虽然来自民间，但由于工序复杂、技艺精湛，麦秆画一度是炙手可热的皇家贡品。据连云港市麦秸画工艺非遗传承人张成明介绍，做麦秆画是个

麦秆画作品

复杂的过程，因为它的工序相对多，一道工序出现一点问题，可能这幅画就达不到完美程度。麦秆画的制作融合了国画、版画、剪纸等多项工艺，一幅完整的麦秆画作品，需要经历熏、蒸、漂、刮、烙及描、绘、编、剪、刻等近20道工序，完全可以用“麻烦”二字来形容。而且，越到后续环节，越接近核心工艺。

麦秆画的制作工艺

麦秆画的材料只有一种——麦秆，颜色全部用烙铁烫出来，无任何染色。金子般的颜色，然后通过深浅不一的色彩过渡，达到单一颜色表现整体色彩的效果，如鸳鸯的每一片羽毛都经过由浅到深的色彩处理。

麦秆画的制作工具

中小号轻便剪刀、裁纸刀、绘画用品、玻璃纸、调色工具、水盆或大铝锅、毛巾、电熨斗、毛笔、板刷、各式刻刀、针、粉扑、镊子。

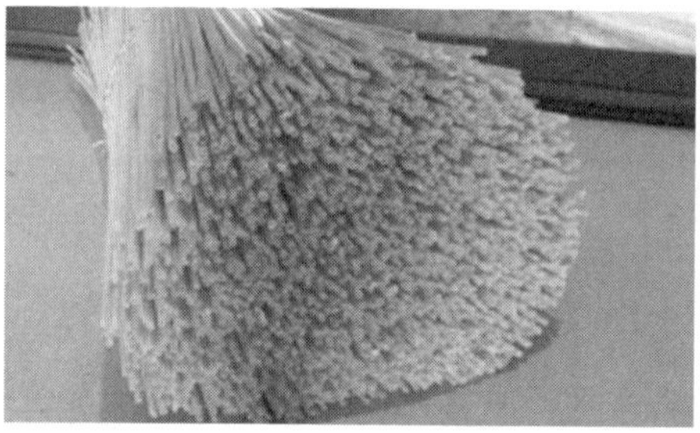
麦秆

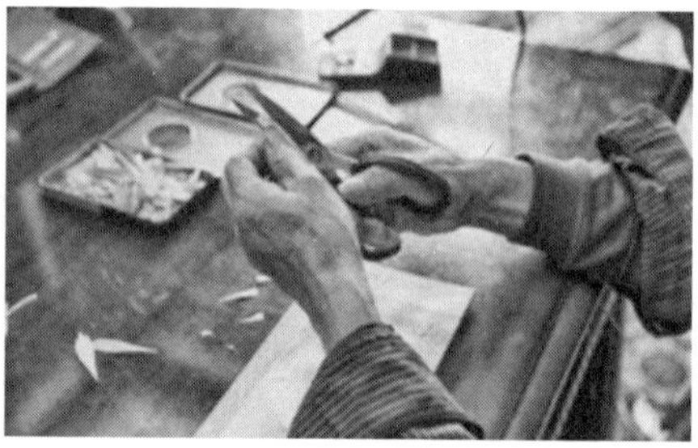
剪麦秆

麦秆画的制作

1. 选料

在选择麦秆的时候，注意选择那些圆挺、粗壮的麦秆，选好之后去掉它

麦秆画制作

选料

的根节部和顶梢，只留下中间的那一部分，再用小刀把麦秆剖开，压成片状，把里面的薄膜刮去。

2. 染色

用漂白粉漂洗选出来的麦秆，使麦秆洁净、润白。如果需要原色的麦秆，那么选择的时候就应该仔细一点，选择色泽一致、洁净的麦秆。需要染色的麦秆要用水煮一下，进行脱脂，也可以用米汤浸泡，然后放入颜料中进行染色。在染色的过程中要经常翻动麦秆，这样可以保证染色均匀。

3. 制作麦秆纸

染色后把麦秆晾干，然后一条一条地贴在棉丝纸上面，做成麦秆纸，在贴的时候不要重叠，也不要留间隙，刷胶的时候也要注意刷均匀，刷多了胶容易从麦秆间溢出来，会把麦秆弄脏；少了又粘不住，所以胶的量要合适。

4. 设计

麦秆画也需要设计，它的设计和绘画是差不多的，但是需要注意麦秆上的一些丝纹，设计中要让麦秆拥有自然和谐的色调和光泽，设计的主题要明确。

5. 做底稿

大的图案需要做一下底稿，把玻璃纸放在设计稿上面，然后按照设计的轮廓用针刺出小孔，最后把刺的玻璃纸放在加工麦秆画的纸板上，用粉扑在上面轻拍。

6. 剪贴

按照需要把麦秆纸剪成几部分，之后再用胶贴到对应的位置上去。

学生体验麦秆画制作

学生体验麦秆画制作

7. 整理装框包装

认真核对有没有遗漏的部分，检查满意后装入玻璃画框中。

作品赏析

探究研讨

问一问

聘请非遗传承人糖画艺人等走进基地，为我们演示制画过程，问一问他们学画的初衷，请他们讲一讲学画过程中发生的故事。

比一比

糖画、麦秆画、布贴画等你喜欢哪一种？为什么？

想一想

（1）过去有一种说法叫“师徒如父子”，这句话是什么意思呢？

（2）糖画、麦秆画、布贴画等各有什么价值？是独自欣赏还是馈赠亲友？是独自收藏还是用来出售？

★★★★★

附一

探究指导 1

TAN JIU ZHI DAO

探究方法我知道

我可以选择的探究方法：

（1）发现生活中的一些现象，提出自己的问题，将问题转化为研究小课题，体验小课题研究的过程与方法。

（2）上网搜集相关资料，记录整理相关内容。

（3）设计采访提纲，选择采访工具，在基地老师的带领和指导下，采访相关人物，深入了解活动主题相关内容。

（4）设计研究主题相关的调查问卷，在同学、老师、社区群众及其他所需调查的对象中开展问卷调查或现场调查，分析调查的内容与数据，总结调查结果，形成简单的调查报告。

（5）通过小组合作、进行实践体验及动手制作等方式完成探究任务。

（6）选择合适的成果汇报形式，完成小组或个人的成果展示，如任务单、小课题研究报告、绘画作品、讲故事及活动感悟等。

附二

探究指导 2

TAN JIU ZHI DAO

活动任务我设计

任务单

姓名		小组	
探究任务	1. 老师给出的探究任务。 2. 我（们）自己想完成的探究任务。 （既有师生共同形成的探究问题，也有自主形成的探究问题。）		
探究方法	（写清楚研究选用的方法。）		
学习资源	（记录探究过程中运用了哪些学习资源。）		
探究结果	探究过程： 发现的新问题： （简写、口述或另附详细报告，讲述探究的过程、探究的结果、发现的新问题。）		

附三

探究指导 3

TAN JIU ZHI DAO

我的成长与反思

1. 成长评价

探究活动情况评价

等第	评价标准
优秀	1. 选择了合适的方法，熟悉活动的一般步骤，能关注问题设计的质量和层次，便于较自然地开展活动。 2. 小组分工明确，团结协作，能圆满完成任务。 3. 丰富多样的成果与汇报形式。 4. 活动开展留存的资料内容翔实，形式多样。
良好	1. 掌握活动的一般步骤，能较有序地开展活动。 2. 小组分工较明确，能基本完成任务。 3. 有自己的成果与汇报形式。 4. 活动开展资料保存良好。
合格	1. 能在老师的帮助下制订合理的活动方案。 2. 能在老师的帮助下小组合作完成探究活动。 3. 活动留存了资料。
不合格	不能按要求完成任务。

评价形式：教师在评价量表上依据评价标准评判出等第，也可小组成员互评、小组个人自评。

2. 成长记录

活动主题:	姓名:
我的收获: 我需要改进的地方: 活动感言:	

敬 告

ATTENTION

灌云县小学生社会实践基地《青少年道德养成教育》的出版，对于编写者、出版者来说是一项繁复的系统工程，需要得到全社会的支持。

对于书中选用的一些资料，因通联问题，未能一一征询，特此致歉。敬请告知联系方式，我们即付稿酬并奉送样书。地址：江苏省连云港市灌云县城北路灌云县小学生社会实践基地《青少年道德养成教育》编写组，邮编：222200。

此致

谢谢！

灌云县小学生社会实践基地《青少年道德养成教育》编写组

守护精神家园　传承文化记忆